商务部十二五规划教材

中国国际贸易学会十二五规划教材

POCIB 国际贸易从业人员技能竞赛参考用书

国际贸易操作与核算

GUOJI MAOYI CAOZUO YU HESUAN

杨鹏强 编著

中国商务出版社

图书在版编目（CIP）数据

国际贸易操作与核算/杨鹏强编著.—北京：中国商务出版社，2015.8（2019.12重印）

商务部十二五规划教材　高等职业教育物流专业十二五规划教材

ISBN 978-7-5103-1345-5

Ⅰ.①国…　Ⅱ.①杨…　Ⅲ.①国际贸易－贸易实务－高等职业教育－教材②国际贸易－经济核算－高等职业教育－教材　Ⅳ.①F740.4

中国版本图书馆 CIP 数据核字（2015）第 192254 号

商务部十二五规划教材
中国国际贸易学会十二五规划教材
POCIB 国际贸易从业人员技能竞赛参考用书
国际贸易操作与核算
GUOJI MAOYI CAOZUO YU HESUAN

杨鹏强　编著

出　版：中国商务出版社
发　行：北京中商图出版物发行有限责任公司
社　址：北京市东城区安定门外大街东后巷 28 号
邮　编：100710
电　话：010-64269744　64218072（编辑一室）
　　　　010-64266119（发行部）
　　　　010-64263201（零售、邮购）
网　店：http://cctpress.taobao.com
网　址：www.cctpress.com
邮　箱：cctp@cctpress.com；bjys@cctpress.com
照　排：北京科事洁技术开发有限责任公司
印　刷：北京建宏印刷有限公司
开　本：787 毫米×1092 毫米　1/16
印　张：13.75　字　数：315 千字
版　次：2015 年 8 月第 1 版　2019 年 12 月第 2 次印刷

书　号：ISBN 978-7-5103-1345-5
定　价：32 元

编　委　会

顾　　　问　易　江　郭记中　严　新　吴小京

策　划　人　杨鹏强　张永生

专业指导　李　齐

编委会成员　(按拼音字母排序)

安　琪　陈春慧　李　齐　罗　艳

刘　娟　刘禅念　焦　亮　唐沙利

王　云　杨鹏强

总　序

进入 21 世纪，国际服务经济增长迅猛，全球产业转移的重点转向服务业。近几年伴随着信息技术的推进，全球经济经历了一场结构性变革，生产环节的价值增值能力日趋局限，而不断涌现的一站式流程服务将全球服务经济带入了一个新的时代，美国经济学家 Steve Kremper（2004）将其称之为服务供应链。在产业升级转型的背景下，最具代表性是国际物流服务供应链的快速崛起。刚刚发布的《中国银行业发展报告（2014）》也指出五大银行转型的方向集中在高端服务业、现代物流、贸易融资等领域。协同育人不仅是社会经济转型的要求，也是教育部高等职业教育改革和高校协同机制创新工作的内在要求。在教育部 2011 年高等学校创新能力提升计划的基础上，2014 年广东省教育厅以协同创新为引领，全面推进"创新强校工程"。南华工商学院现代物流研究中心在李齐教授、杨鹏强副教授的带领下，基于十几年来校企交互物流人才培养经验，提出校企交互国际物流服务集成人才的跨校跨专业协同育人概念。

国际物流服务供应链是指以国际物流服务集成商为核心企业，通过与功能型服务商的合作，对国际物流服务供应链上的资金流、物流、信息流的控制来实现客户价值及物流服务增值的过程。国际物流服务供应链（图 1）是一个三级供应链结构，即客户、国际物流服务集成商、国际物流功能服务商。

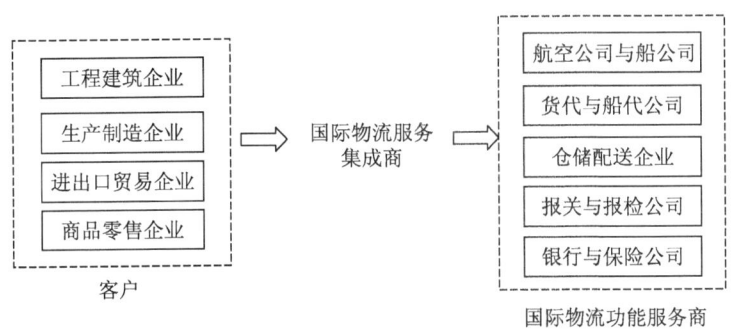

图 1　国际物流服务供应链结构图

国际物流服务集成商则是一种新业态，是国际物流服务供应链的核心。与传统的功能服务商相比，集成商的业务是全方位、一站式的流程服务（图 2），与大数据时代客户需求相吻合，这就预示着国际物流服务集成商有极大的市场需求和发展前景。

国际物流一站式流程服务已经成为国际物流发展的主流。欧美国家的国际物流业十分发达，其强大的物流能力不仅体现在货物运输能力上，还体现在其流程增值服务方面，包括仓储与配送服务、报关与报检等通关服务、港口服务、航运服务等。以被世界银行称为世界物流冠军的德国为例，德国制造业企业专注于产品研发，而把一些标准材料和零部件采购、配送、通关等国际物流服务通过合约打包形式外包给物流公司，其合约期限有一两年的，也有长达十年的，专注主业、外包副业，德国制造业和物流业的双向成功的秘诀就在于此。中国一些走在同行业前列的功能服务商已经意识到这种变化并进行积极的应对，包括业务转型和人才的储备。从国际物流服务供应链发展趋势看，国际物流功能服务商向国际物流集成商转型是大势所趋，而相应复合人才培养不仅十分必要，也非常迫切。

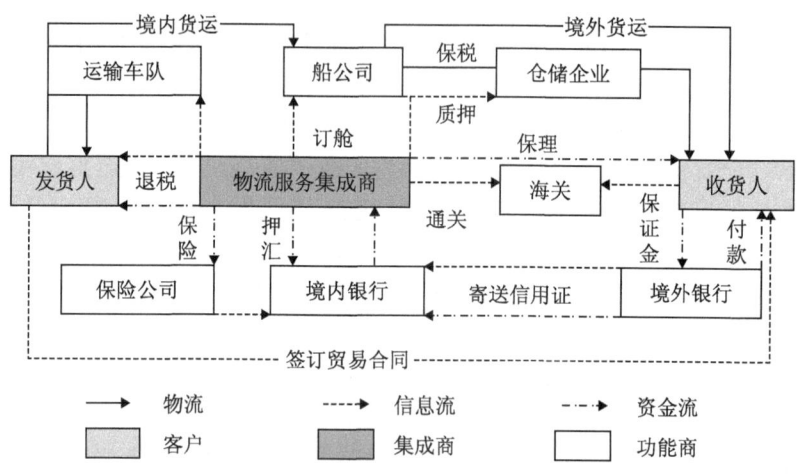

图 2　国际物流服务供应链业务流程图

中国国际物流企业主体是功能服务商，且以中小企业为主。我们多年对企业调研时发现，功能服务商在员工招聘时有两方面要求：一是业务经验，二是对企业的忠诚度。其中，业务经验是指对传统物流业务的熟悉程度和客户资源，而忠诚度主要是避免客户流失而不是员工的去留。原因有两方面：其一，高等院校人才培养和企业现实需求的脱节。业务经验要靠实践经历的逐步积累，这恰恰是高等院校毕业生的短板，所以出现高校毕业生相对过剩，而企业需要人才相对不足的局面。其二，现实工作与未来发展的脱节。尽管企业的人才要求是基于实际工作的考量，但现实是，传统的业务经验并不能满足物流业务模式的转变，客户流失也并不单靠忠诚度就能解决，业务创新才是避免客户流失的最终保障。

国际物流服务供应链的快速发展对从业人员提出新的更高的要求，国际物流服务集成人才应具备以下复合能力。

（1）电子通关能力（包括报关、报检、报税、保税加工海关监管、保税物流海关监管）。

（2）制单与跟单能力（包括贸易合同、货运提单、保险单、信用证等单证处理）。

（3）货代能力（包括询价、订舱、配箱、结算）。

（4）外汇核销与融资能力（包括货币兑换、现汇与期汇交易、国际借贷、结汇）。

（5）流程设计能力（包括采购流程、通关流程、贸易流程、配送流程）。

上述复合能力需要整合各种资源协同育人。我们认为与国际物流服务供应链相关度比较高的专业有：报关与国际货运、港口与航运管理、物流管理、国际经济贸易、金融管理与实务、电子商务等专业。这些专业学生就业的岗位群主要集中在报关报检、国际货物代理、保税货物仓储、物流配送、金融保险代理服务、电子商务、信息服务等业务岗位。在国家大力发展现代服务业和大数据时代的推动下，这些岗位现在均面临新的转变，即业务融合和流程化。相关企业也向综合服务商过渡。在上述背景下，中国商务出版社和南华工商学院现代物流研究中心共同推出了商务部十二五物流类专业规划教材，系列教材共有 9 本，体现了物流类专业协同育人的特点，见下表。

国际物流服务供应链系列教材统计表

序号	教材名称	职　业　能　力	建议课时
1	物流信息系统	电子通关能力（包括报关、报检、报税、保税加工海关监管、保税物流海关监管）	64
2	国际物流单证实务	制单与跟单能力（包括贸易合同、货运提单、保险单、信用证等单证处理）	64
3	货运代理英语实务	货代能力（包括询价、订舱、配箱、结算）	64
4	供应链金融实务	外汇核销与融资能力（包括货币兑换、现汇与期汇交易、国际借贷、结汇）	64
5	国际贸易操作与核算	流程设计能力（包括采购流程、通关流程、贸易流程、配送流程）	32
6	物流营销实务	流程设计能力（包括采购流程、通关流程、贸易流程、配送流程）	64
7	电商供应链实务	流程设计能力（包括采购流程、通关流程、贸易流程、配送流程）	64
8	国际航空物流实务	流程设计能力（包括采购流程、通关流程、贸易流程、配送流程）	64
9	国际危险品物流实务	流程设计能力（包括采购流程、通关流程、贸易流程、配送流程）	64

本系列教材的编者队伍是在南华工商学院优秀人文科研基地带头人李齐教授和杨鹏强副教授的带领和参与下，由各专业主任构成的资深教师团队和国际物流行业、企业专家共同组成的，十年来联合研发课程，采用以能力目标为导向，基于职业教育（校企合作、工学结合、工作过程系统化等）课程整体开发方法，以确保专业课程与国际物流行业的有效融合。这些编者既有丰富的物流教学经验和行业工作经历，也有编写教材的经验，是典型的双师型人才。

本系列教材通过与行业企业国际物流服务集成商结合，引入行业的工作过程、主要工作岗位及其任务等，并与相关的职业资格标准对接，内容选择、项目载体设计思路、内容编排顺序（如能力递进）、学习程度用语、课时和学分、教学模式和方法、学生考核等环节经过了充分论证和讨论。本系列教材旨在引领和推动高等院校对现代物流业教学改革，探索物流供应链相关专业在风云涌动的国际市场中培养人才的新路径，为我国新一代国际物流服务集成商提供及时和合用的人才。

本系列教材的作者是广东省十二五哲社课题"基于服务驱动的跨境供应链研究"（课题号：GD14XGL44）的研究团队，是现代物流研究中心继 2009 年推出广受欢迎的实用型报关与国际货运专业系列教材后又一团队力作。我们希望广大高校在使用本系列教材的过程中积极发现问题，收集反馈意见，使本系列教材能够与时俱进，不断贴近我国产业调整与升级需求，贴近企业发展需求，真正实现工学结合、学用一致的职业教育理念。

本系列教材编委会

2014 年 11 月

编 写 说 明

本教材面向应用型本科和普通高职学生编写，旨在培养学生将来从事国际物流服务集成工作时所需的职业技能和综合素质，主要包括电子通关能力、制单与跟单能力、货代能力、简单的财税能力、流程设计能力及分析问题和解决问题的能力等。

一、编写思路

以培养工作能力为目标，基于工作过程，以学生为中心，采用做、学、教倒序一体化为主导的教学模式。根据课程内容的需要，将全书分为若干个项目，再根据项目完成过程的分析，将每个项目分成若干个任务；每个项目前及每个任务前都有一个导言，用于吸引读者的注意，并与读者的原有知识结构产生联系，为学习者进行新的学习建立基础。

二、主要特色

本系列教材采用全国高职高专教育现代教育技术培训基地项目教学的思路来编写教材，具有以下特点：

1. 目标明确。课程开宗明义以职业岗位需求为准。用具体、可测量或可检验的语言，准确描述本课程的能力、知识、素质目标，用关键术语链接出项目训练的各个节点，是典型"工学结合、项目导向、任务驱动"教学模式项目化教材。

2. 启发开放。以职业能力培养为重点，与行业企业合作进行基于工作过程的课程开发与设计，充分体现职业性、实践性和开放性的要求。根据行业企业发展需要和完成职业岗位实际工作任务所需要的知识、能力、素质要求，选取教学内容，并为学生可持续发展奠定良好的基础。

3. 生动有趣。本系列教材设计了系统化的贯穿项目，每个项目下设计了多个相互关联的任务，并且项目、任务和知识链接与课程目标高度吻合，能通过这些项目、任务和知识主题学习的完成，达到对学生的能力培养要求。项目设计具有故事性，使学生以体验的心情去学习，有利于学生保持学习的愉悦。

4. 行业载体。根据课程目标所涵盖的典型工作任务的要求，确定各教学单元内容和要求，设计学生应获得的知识、技能与素质等训练项目。教学活动的设计与实际工作岗位任务要求一致；遵循学生职业能力培养的基本规律，以真实（或仿真）工作任务及其工作过程为依据，整合、序化教学内容，科学设计学习性工作任务，做、学、教结合，理论与实践一体化，实训、实习等教学环节设计合理。

5. 学生主体。每个项目均从引导任务开始，到知识链接、操练与深化、归纳总结、巩固训练、项目训练总结、推荐阅读和课后训练项目，设计多个学习活动，结合个人自学、团队合作、上台演绎等学习方式，变被动接受为主动学习，重视过程性考核、使学生从头到尾参与到所有学习活动中。

6. 仿真实训。每个项目均有引导任务训练、操练、巩固训练、课后训练环节，要求教师根据课程特点有针对性地采取工学交替、任务驱动、项目导向、课堂与实习地点一体化等行动导向的多种形式的教学模式。使用的实训数据，强调学生要实时操练与检查。

三、使用说明

每个项目的组成部分和使用说明如下：

1. 关键术语：通过八个左右关键术语使学生以最快的速度了解本项目所涉及的知识点、技能点及素质点。

2. 学习目标：以"能或会＋程度副词＋操作动词＋操作对象"的格式，如"能熟练操作"让学生明白经过本项目训练后能够实施的职业技能、能够了解的相关支撑知识和能够默会的职业素质。

3. 引导任务：通过引导任务开始了本项目的教学旅程，以一定的训练方式、手段及步骤让学生通过学习初步具备本项目所要求的能力、知识和素质目标。训练项目采用问题导向教学法，由情境内容引入和提出要解决的问题，给学生准备回答的时间，在点评学生答案的同时告知本项目要开展的教学内容和要达到的教学目的。

4. 知识链接：引导之后，唤起学生对知识的渴望，通过链接的相关知识丰富自身的知识体系，这是符合生物学的知识树成长方式，深度扎根，广度延伸，向上发展的处理方式。

5. 操练与深化：学生在课内课外的项目训练中讨论、头脑风暴和操练技能与知识。从粗线条掌握初步或基本能力，到细节逐步深入对基本能力的体会。

6. 归纳总结：教师带动学生归纳之前在项目任务训练中遇到知识点、能力点和素质点，特别要强调职业素质、道德素质、职业态度、方法能力、社会能力在今后职业生涯的重要性等。

7. 巩固训练：教师布置设计好的仿真工作任务，要求学生按公司业务分工组织相关任务，实训分配，让学生根据提供的情境分角色以实战的心态完成练习任务，复习和巩固之前操练的技能和知识，针对重点难点进行反复演练。

8. 项目总结：一个项目结束后，教师和同学好好合计一下，从中学到了什么，目标达到了吗？教法有没有需要调整的地方，学习需要更主动些吗？三言两语总结一下。

9. 推荐阅读：提供与本项目有关的相关教学资源的出处，供学生查阅拓展学习使用。

10. 课后训练：布置课后训练项目来检查项目训练的成果，通过可展示的方式如情境模拟表演或方案报告、核算表格呈现和检验学习成果。

本系列教材由南华工商学院现代物流研究中心研究团队主持编写，合作企业提供了部分素材并对稿件进行了审核，全国高职高专教育现代教育技术培训基地宁波基地专家对课程标准做了点评。编者水平有限，不足之处在所难免，欢迎有关专业人士和广大读者批评指正。

本系列教材编委会
2014 年 11 月

前　言

　　《汉典》中核算（Business accounting）意为核查计算，主要应用于财务处理，是计量与记录的过程；但笔者认为核查计算不是财务人员的专享，每一个国际贸易和国际物流从业人员都应该具备基本的核算能力，正确核算一次交易的收益是判定需不需要接下一个客户订单并进行操作的前提。笔者在南华国际经济与贸易系（现为外语外贸学院）从教 12 年，深感错误的课程设计对学生的危害，应用型本科和高等职业院校的外经贸类专业学生对数学有天然的恐惧感，历史上经济数学、统计学等课程充满了外经贸类专业的课程体系，而任课教师实在无法向学生说明导数、矩阵、各种统计分布模型是如何在国际贸易的日常交易中起作用的。笔者任报关与国际货运专业主任之时，在 2003 年教学计划改经济数学为统计学，2005 年取消统计学，2008 年设计"报关与国际货运核算"课程。2009 年笔者辞去专业主任一职，升任主管系部教学主任及至 2014 年外语外贸学院兼管教学常务副院长，开始在全系及二级学院推广该理念，呼吁高等学校应用型学生不要落入数学的圈套，而需要训练更为实用的算术和逻辑推理能力。2011 年按国际贸易类专业工作任务与职业能力分析职业需求对课程进行解构与重构，开始计划编著《国际贸易操作与核算》教材以满足应用型本科和高等职业院校实际的核算要求。2014 年教育部副部长鲁昕关于职业教育的大刀阔斧的改革，使编者更加深信不疑培养应用型人才的大方向是对的，教材应符合大趋势。

　　从设计"报关与国际货运核算"课程到转型为"国际贸易操作与核算"课程的 6 年中，笔者对课程标准做了一次次严谨的修改，在本书将应授课老师的要求提供最新的课程标准和授课计划、教学单元设计，供使用本书的教师参考。2012 年南华工商学院教师高职教育教学能力培训请来了宁波职业技术学院的项目化教学专家团队，在专家的指点下，笔者对本门课也进行了项目化改造，课程效果大大提高，笔者多次在学院教学能力测评和教学评估中说课。2013 年下半年商务部直属中国商务出版社策划商务部十二五规划 9 本系列教材，本课程教材自然列入其中之一。

本书以瓶子家装公司的国际贸易报价核算为贯穿项目线索，采用项目导向，引出许许多多的关联知识点，试图把国际贸易核算的全景图展示在读者面前。全书共分 7 个项目。项目 1 认知国际贸易成交价，开始了对商品成品定价的旅程，采购原材料自己生产或委托他人加工或直接采购成品来转售都是可能的选项，解读是学习他人定价的方法之一；项目 2 核算生产成本和进货成本，核算单位成品消耗原材料的数量，进而得出单位原材料成本，加上人工成本和管理成本可核算出产品的生产成本；项目 3 核算进出口实际成本，进口时进口到岸价格要加上关税和国内流转税形成实际进口成本；出口时则涉及出口退税收入，出口退税政策使得生产成本或商品进货成本必须修正为实际生产成本或进货成本；项目 4 核算进出口流通费用，商品开始了国际贸易流通的旅程，国际贸易流通成本包含国内流通费用和国际流通费用；项目 5 核算外贸资金结算与融通，解决资金缺口的问题；项目 6 核算进出口税金利润，解决项目能不能赚钱的问题；项目 7 报价核算综合训练，完成整个报价流程，解决该单生意操作各个环节的预演，这门课程结束后，请同学们自选一个商品做出综合报价方案（课程产品），以检验学习效果，并将其展示出来。本书不厌其烦地描述国际贸易交易的每一个细节，旨在让从事跨境供应链行业的每位学生明白，泛泛而谈的理论如果没有落实到每一个行业环节每一个细节中，则永远也成不了行业成功人士。本书使用服装行业作为载体是因笔者曾在跨国纺织行业担任了 6 年的高级管理人员，也感谢笔者的太太 MARY ONG 提供服装生产和设计方面的细节，她是一名出色的服装剪裁师。2015 年 7 月，动笔两年来终于如释重负，梳理了过去二三十年来的外贸实践与理论，时而恍然大悟，时而如获至宝，当年的交易情景历历在目，把这等感受与读者分享，希望每个看到此书的人都能与编者有同样的感受。

商务部十二五规划教材的出版计划到本书为止已完成一大半，本套教材也是南华工商学院外语外贸学院教学团队教改项目的成果，我们在此把工学结合的成果展示出来，为高等院校的实践教学提供样本。笔者感谢十年来的老朋友《国际贸易》杂志吴小京社长助理的大力支持和张永生编辑的认真校对，同时感谢南华现代物流研究中心的帮助。本课程有幸得到教育部全国高职高专教育现代教育技术师资培训基地两任中心主任周亚教授和姒依萍教授的点评并提出不少改进意见，国际经济与贸易系 2010 届毕业生李平经营的网店"瓶子家时装"　（http：//lynnhouse. taobao. com/？spm＝2013. 1. 0. 0. Toumo4）为本书提供了丰富的素材，从事多年服装销售的李平和她先生的协助，使得本书更加鲜活和实操。本书与国际贸易从业人员技能竞赛 POCIB 的思路是一致的，感谢 POCIB 竞赛优秀指导老师广东外语艺术职业学院国际商务系罗艳老师的协助，本书可作为 POCIB 比赛相当有用的参考教材。阿里巴巴集团旗下深圳市一达通企业服务有限公司十几年在外贸服务的深耕不仅演化出两千多种贸易组合，而且创造了外贸服务行业快速盈利的奇迹，该公司的案例也是本书内容设计的重要参考内容。感谢写作期间获一达通肖锋副总经理支持和肯定。在此书出版之际，也借此向笔者已故义父菲律宾海外纺织集团前董事长张子文（MR. EDMIUND TIU）先生致以崇高的敬意，笔者年轻时对服装制造及贸易的认识很大一部分源自于他的身传言教。感谢南华外语外贸学院唐忠诚老师和刘健锋老师耐心向笔者讲解 SIMTRADE 系统的使用，也感谢 2012 级、2013 级南华外语外贸学院的同学在使用教材初稿时提出的宝贵修改意见。

本书还有许多需要改进和提升的地方，望读者有良好的教材客户体验，随时随地发挥众筹的力量，提出改进意见，一起来完善该教材，成绩归功于所有的读者朋友，联系邮箱 rmstudioph@163. com，谢谢！

杨鹏强

2015 年 7 月于广州大学城

目　　录

项目1 认知国际贸易成交价

实 训 目 的

【能力目标】
1. 能够利用商务单据的数据解读合同条款；
2. 能够核算成交总价和成交单价；
3. 能够找对成交方式的英文表述栏目；
4. 能够准确说出进出口发票的成交方式、成交单位。

【知识目标】
1. 熟悉成交方式的英文表述栏目，贸易术语的含义；
2. 掌握成交数量与成交价格衍生出的各种外贸数量关系。

【素质目标】
训练逻辑推理，透过现象看本质的本领。

【关键术语】
合同条款；外贸发票；单证解读；交易核心；价格构成

交易定价是国际贸易的核心内容，价格核算的过程也是国际贸易操作过程的体现。本课程从解读供应商或同行的交易发票开始，从外贸发票的信息中推演出相应的贸易合同条款，从而一步一步熟悉报价核算操作，真正做到"知己知彼，百战不殆"，实战而有趣。我们以瓶子家女装工贸有限公司的服装饰品进出口交易为贯穿项目来演绎。

1.1 引导任务——生产型出口企业原料采购发票与价格解读和审核

1.1.1 任务分析

任务1-1：瓶子家女装公司进口台湾珍珠雪纺布的交易解读。

瓶子家女装工贸有限公司2015年6月从台湾进口珍珠雪纺布，准备做成无袖背心款雪纺衫出口到欧洲，供应商很快传来了通关的相关单据，业务员小彭从中找出了发票审核相关信息。国际贸易中最主要的商业单据就是发票，它是合同履行的证据，固化了最终的国际贸易交易结果。请实训小组审核如下发票，如图1-1所示，你们希望从中得到什么信息？解读出哪些主要合同条款，分析出哪些数量关系？仔细体会一下小彭及相关国际贸易执法部门视发票为重点审核单证的原因。

INVOICE & PACKING LIST

INVOICE NO:	FME-116180	DATE:	JUN.01, 2015
MESSRS:	LYNNHOUSE FASHION INDUSTRIAL & TRADING CO., LTD.
Shipped per:	"OOCL AMBITION" V-224W	Sailing on or about:	JUN.05, 2015
From:	KEELUNG, TAIWAN	to GUANGZHOU, CHINA

FOR EXPORT TO ABROAD OR HONG KONG

Marks	Description	Quantity	Unit Price	Amount
LYNNHOUSE GUANGZHOU C/NO. MADE IN TAIWAN	75DX75D HIGH TWIST PEARL CHIFFON FOR LADY'S DRESS/59" 100% POLYESTER,PLAIN STYLE,WOVEN，PLAIN DYED ANTI-STATIC, SHRINK-RESISTANT DENSITY：119X104 PER INCH，WEIGHT：78 GSM	15212.87 MTR 16637.00 YDS	1.10	USD
			CFR GUANAGZHOU	18300.70
			LESS PREPAYMENT 30%:	5490.21
			TOTAL TO BE INVOICED:	12810.49

TOTAL：100 P' KGS

Gross Wt.: 1881.0 KGS
Net Wt: 1778.3 KGS

* Details as per attached sheet *

TAFFETA (HONG KONG) CO.,LTD.

图1-1　购买雪纺布的发票

1. 背景理解

瓶子家女装工贸有限公司（LYNNHOUSE FASHION INDUSRIAL & TRADING CO.，LTD.）由国际经济与贸易系的毕业生创立，起步时从服装批发市场批发服装零售给大学城的学生，从实体店入手，一家家开设分店扩大经营。2010年在淘宝开设网店，2014年将生意扩展到世界各地。创立"瓶子家"品牌，下单给广州和其他地区的服装厂进行OEM贴牌生产。瓶子家的创始人长期在国际贸易行业摸爬滚打，练就了一身贸易定价能力。希望通过该课程把这些知识分享给更多的年轻创业者，通过实训来快速成长。本书的贯穿项目开始于这单购买进口服装布料的交易。这次从台湾采购的面料是梭织平纹全涤纶珍珠雪纺，如图1-2所示。

"雪纺（Chiffon）"的学名叫"乔其纱"，乔其纱的名称来自法国（Georgette），又称乔其绉，以高捻绉经、绉纬织制的一种丝织物，坯绸经精练后，由于丝线的退捻作用而收缩起绉，形成绸面布满均匀的皱纹、结构疏松的乔其纱。

图1－2　各种颜色的雪纺纱

经丝与纬丝采用S捻和Z捻两种不同捻向的高捻纱，按2S、2Z（两左两右）相间排列，以平纹组织交织，织物的经纬密度很小。乔其纱的轻、重、厚、薄、透明度以及绸面绉缩效应等，主要取决于丝线的粗细、并合数、捻度以及经纬密度。若纬丝只采用一种捻向，织得的乔其纱称为顺纤乔其纱，顺纤乔其纱呈现经向凹凸褶裥状不规则皱纹。根据所用的原料可分为仿真丝雪纺和真丝雪纺。仿真丝雪纺一般成分为化纤类的100%涤纶，质感轻薄，柔软，外观清淡雅洁，自然垂感好，亲肤感觉好，穿着飘逸、舒适，洗多也不易脱色，不怕暴晒，可机洗，牢固性好；真丝雪纺成分是天然纤维类的100%桑蚕丝，外观上和仿真丝雪纺是一致的，长期穿着对人的皮肤很好，凉爽透气，吸湿强，这些是仿真丝雪纺达不到的。但真丝雪纺洗多后容易变灰变浅，暴晒会发黄，需要手洗，易绷纱，缝合处易扯破。雪纺面料以多种浅彩色色调和浅素色泽为主导产品，具淡汝素雅之美感。一般面料门幅150厘米，每米克重约在130克，适于制作宫灯工艺品和春夏女性时装，如连衣裙、高级晚礼服、头巾等。

OEM（Original Equipment Manufacturer），字面意思是原始设备制造商，指一家厂家根据另一家厂商的要求，为其生产产品和产品配件，亦称为定牌生产或授权贴牌生产。即可代表外委加工（代工），也可代表转包合同加工。最早流行于欧美等发达国家，它是国际大公司寻找各自比较优势的一种游戏规则，能降低生产成本，提高品牌附加值。中国大陆习惯称为协作生产、三来加工，俗称加工贸易。随着中国经济的发展，区域经济的雁形转移，形成了东部发达地区接单，中西部企业为东部企业OEM生产，甚至国内企业接单，到东南业寻找成本更低的代工厂。目前我们所指的加工贸易，主要指的是原材料从关境外采购，成品也出口到关境外两头在外的情况。

2. 提出问题

实训小组认真审查、分析发票，找出认为在国际贸易履行合同中涉及的各方面内容，讨论并推选发言代表，在老师的引导下提出相应的问题并试着解答。

（1）体现贸易合同履行最主要的单据是什么？

（2）成交价格的四元素是什么？

（3）发票上还有哪些内容是需要关注的？

1.1.2　任务实施

实训小组分析完发票后，请写出一份分析报告，详细解说每个细节，最后制成PPT，在课堂分享给其他同学，老师可边点评边鼓励同学进行课堂讨论，发问。分析一般可以列出发票的三大部分：首文、本文和结文。

1. 发票首文

（1）本发票名称为"INVOICE & PACKING LIST"，显然供应商把发票和装箱单合二为一了，省去多制一份单的工作，国际贸易中如果货品单一，可以采取此方法，以节省制单时间和减少重复制单的输入错误。这种发票叫联合发票（Combined Invoice），可以包括商业发票、装箱单、重量单、产地证和保险单的内容。同学们要注意，有的交易在信用证注明不要此种发票。

（2）发票编号（INVOICE NO.）。

放在发票的左上角 FME－116180，这个发票编号由英文缩写＋流水号构成，因为外贸发票的格式没有统一要求，所以每个公司可以自行设计发票编号，通常用英文缩写表示客户的代码，流水号表示接单时间、工艺要求、顺序号等，在国际贸易中可以研究供应商发票编号所隐含的信息以便更好地服务对方，同时也可以思考开出的发票编号应如何设计以便于归档。

（3）签发日期（DATE）。

本发票的右上角显示出票日期为"JUN.01，2015"，2015 年 6 月 01 日。有的商家也会把签发地点放在相近的位置。

（4）买方（MESSRS）通常在左上角，"MESSRS"是法语"先生"的意思，是发票的抬头：瓶子家女装工贸有限公司（LYNNHOUSE FASHION INDUSRIAL & TRADING CO.，LTD.）

（5）国际货运。

①运输线路。

货物的起运地为台湾基隆（From：KEELUNG，TAIWAN），目的地为中国广州（to：GUANGZHOU，CHINA），是否经香港换船中转，发票无从得知。

②运输方式。

本发票中栏目"使用……运输"（Shipped per）内容是"OOCL AMBITION" V-224W，即头程船为香港东方海外集装箱班轮有限公司的"OOCL AMBITION"及航次为"V-224W"，所以运输方式为水路运输，从承运人是香港公司推断，有可能经香港中转。如果有第二程从香港到广州的船名和航次号须在货运单证找。

③运输时间。

开航月份（Sailing on or about）为 2015 年 6 月 01 日（JUN.01，2015）。

本发票首文除了给出发票的基本信息如标题、编号、签发时间、买方等外，还展示了该批珍珠雪纺的装运条款，如运输线路、运输方式、运输时间等。

2. 发票本文

本文部分注明这批货物是从台湾销往国外或香港（FOR E×PORT TO ABROAD OR HONG KONG），主要由商品条件、商品价格相关条款构成。

（1）商品条件。

①唛头（Marks）栏目里有如下文字：

LYNNHOUSE

GUANGZHOU

C/NO.

MADE IN TAIWAN

货物运输包装的正面唛头（运输标志）通常可以由买方指定，如果买方没有特别的要求，通常卖方也会按 ISO 标准书写，一般包括收货人名称缩写、参考号码、目的港名称、件数，本交易中业务员小彭显然不需要对方注明相应的参考号码如合同号、发票号等，我们推测的原因之一是对瓶子家公司来说这类的交易并不是很多，即使不注明也很容易追踪到。"C/NO."是字面上的纸箱号或木箱号吗？非也，是布匹外包装标的卷号。本交易的唛头对方还注上台湾制造"MADE IN TAIWAN"。

②货物描述（Description）

75D×75D HIGH TWIST PEARL CHIFFON FOR LADY′S DRESS/59″

100％ POLYESTER, PLAIN STYLE, WOVEN, PLAIN DYED

ANTI－STATIC, SHRINK－RESISTANT

DENSITY：119×104 PER INCH, WEIGHT：78 GSM

a. 品名条款。

女装用高捻珍珠雪纺（75D×75D HIGH TWIST PEARL CHIFFON FOR LADY′S DRESS）。

b. 品质条款。

材质：百分百的涤纶（100％ POLYESTER），组织形式：平纹机织（STYLE：PLAIN, TECHNICS：WOVEN），染色：素染（PLAIN DYED），特点：防静电，防收缩（FEATURE：ANTI－STATIC, SHRINK－RESISTANT）。

c. 规格型号。

幅宽：59″，纱支（YARN COUNT）：75D×75D，经纬密度（DENSITY）：119×104 PER INCH，克重（WEIGHT）：78 GSM。

d. 数量条款（Quantity）。

发票中"15212.87 MTR"指的是 15212.87 米（METER），国际贸易通常用英制，所以发票同时也有"16657.00 YDS"，即 16657 码（YARD）。外贸业务员应该熟练掌握公英制之间的转换，如该批货和对方签的成交数量是公制 15212.87 米，供应商如果发票只有英制 16657 码，精确的成交数量换算为 15231.16078 米（16657×0.91439999861）。实际上我们可以记住一个简单的换算公式 1 英寸＝2.54 厘米，则成交数量为 15231.16 米（16657×3×12×2.54/100），和发票上的 15212.87 米不太一样，只有十位数之差，这样在实际贸易中可以接受吗？实际操作中由于工厂采用换算率精度不够造成这样的结果，买方要不要和对方去计较这个误差取决于该数值是否是计价数量。如果是计价数量，双方有必要对换算率达成共识，如果不是计价数量，而是统计数量或参考数量，可以不予理会。

e. 包装条款。

本交易是布匹，通常包装为一卷18～25千克，便于工人搬运，一卷雪纺纱外面包上塑料薄膜或废品布料，在外包装厚塑料膜或废品布料写上对应的卷号。如此看来，我们前面提到的运输标志就应该标示在这个外包装上，实际布匹贸易可以采用镂空的纸版刷印在包装布上，也可以用唛头笔写上去；使用厚塑料膜时通常会在塑料膜上贴一标签纸，或把标签纸塞在里面。

虽然该发票没有任何包装的说明，但我们来看发票中的几行数字，

TOTAL：100 P′KGS

Gross Wt.：1881.0 KGS

Net Wt：1778.3 KGS

＊Details as per attached sheet＊

本批货共有100卷（100 PACKAGES），准确的英文表述应该是100 ROLLS，但制单人员习惯用PACKAGE来代表一切包装货。从毛重（Gross Weight）与净重（Net Weight）的差103千克左右可以推理出，每卷布使用1千克左右的包装布或厚塑料膜，包装布通常会使用报废的坯布，塑料膜包装一般会使用专门的布匹打包机，如图1－3所示。我们进一步计算可以推理出每卷布的平均毛重为18.81 KGS（1881.0/100），瓶子家业务员小彭知道这个平均毛重并不很放心，因为可能会出现这样的情况有的布卷大些导致重达30千克，有的布卷小些重量只有10千克，这样制衣厂在裁床上拉布就会出现布匹的长短差异很大，造成使用上的困难，所以小彭取出随附的详单（Attached Sheet）来检查，发现基本上每卷布重量都在18千克左右。这才放心。

图1－3　使用厚塑料膜包装的珍珠雪纺布匹堆存和标签情况

（2）商品价格。

①单价（Unit Price）。

计价货币：美元 USD；

计价金额：1.10；

计价单位：因为总价（Amount）为16637.10美元（18300.70/1.10），因此可以判断计价单位为"码"而非"米"；我们在解读发票时，不能想当然把和单价处在同一

行的数量当成成交数量，国际贸易制单人员并没有太规范的制单规则约束，所以制单人员会按自己的习惯来制单；

贸易术语（成交方式）：CFR GUANGZHOU，有时候本文不出现成交方式，要注意首文中 Price Term，Delivery Term，Trade Term，Term Shipping，等栏目的内容；

完整的单价可以表示为：USD 1.10/YD CFR GUANGZHOU

②总价。

完整的总价可以表示为：USD 18300.70/YD CFR GUANGZHOU

③成交数量。

16637.10 码

（3）发票应付金额（TOTAL TO BE INVOICED）。

本发票应付金额为总价 18300.70 美元扣去 30%预付金额（LESS PREPAYMENT 30%）5490.21 美元得到 12810.49 美元。

3. 发票结文

（1）卖方在发票右下方落款处：TAFFETA（HONG KONG）CO.，LTD.。

（2）卖方公司下面一横为发票的出票人公司授权人，一般为销售经理签字。

1.2 知识链接——外贸合同基本条款及发票基本常识

1.2.1　基本构成及法律依据

《联合国国际货物销售合同公约》第十一条"销售合同无须以书面订立或书面证明，在形式方面也不受任何其他条件的限制。销售合同可以用包括人证在内的任何方法证明。"作为缔约国，我国曾一度不接受这一条款，随着我们国际贸易的发展，中国已经接受了非书面形式的国际货物销售合同，但在实际操作中还是倾向于订立书面合同。

1. 国际货物买卖合同主要条款

国际货物买卖合同由出口商草拟称为销售合同（Sales Contract），大多数贸易合同都是销售合同；由进口商草拟则称为采购合同（Purchase Contract）。合同一般包含如下三部分内容。

（1）合同首文。

合同的序言部分，一般包含合同的编号、名称、签约时间、签约地点、签约双方当事人的名称和地址等。

（2）合同本文。

合同的主要部分，规定了双方的权利和义务。是通过以下的主要条款规定的：品名条款、品质条款、数量条款、包装条款、价格条款、装运条款、保险条款、支付条款、商检及索赔条款、不可抗力条款、争议解决和法律适用条款等。货物买卖实际上是货、价之间的交换，所以这些条款我们可以进一步归纳为：货物条款（品名条款、品质条款、数量条款、包装条款等）、货款条款（价格条款、支付条款等）、交付条款（装运条款、保险条款、商检及索赔条款、不可抗力条款、争议解决和法律适用条款等）。

（3）合同结文。

合同的结尾包含合同的份数、使用文字和效力，以及双方的签字。有的合同还有附件，常见的是包装条款的详细要求等，是合同不可分割的一部分。

2. 商业发票的主要构成

发票是指一切单位和个人在购销商品、提供劳务或接受劳务、服务及从事其他经营活动，所提供给对方的收付款的书面证明，是财务收支的法定凭证，是会计核算的原始依据，也是审计机关、税务机关执法检查的重要依据。在货物买卖活动中，由卖方向买方签发的商业文本，内容包括向买方提供产品或服务的名称、数量、协议价格。除了预付款以外，发票必须标明的要素是根据议定条件由买方向卖方付款的金额及开票日期。

在中国大陆，付款单、收款收据有时也被统称为发票。中国会计制度规定有效的购买产品或服务的发票称为税务发票。政府部门收费、征款的凭证各个时期和不同收费征款项目称呼不一样，但多被统称为行政事业收费收款收据。国际贸易中使用的发票主要有以下几类。

（1）商业发票（COMMERCIAL INVOICE），是买卖双方的重要合同履行单据，在国际贸易中是全套进出口单据的核心。虽然发票不是物权凭证，但如果贸易单据中缺少了发票，就不能了解该笔业务的全部情况。在国际贸易中，是出口商对国外进口商开立的载有货物名称、规格、数量、单价、总金额等方面内容的清单，是所装运货物的详细描述和总说明，是出口商开立给进口商收取货款、交付货物的主要凭证。商业发票也是进出口商记账、报关完税、贸易网站及海关统计的依据。在不需要出具汇票时，还可以作为进口商支付货款的依据。发票由出口商自行拟制，无统一格式，基本栏目大致相同。

（2）海关发票（CUSTOMS INVOICE），是根据某些国家海关的规定，由出口商填制的供进口商凭以报关用的特定格式的发票。同时也供进口国海关核定货物原产地国，以采取不同的国别政策。

（3）形式发票（PROFORMA INVOICE），买卖双方不用作记账凭证，多用在对外贸易业务中买卖双方在达成订单条款后用于海关估价。

（4）领事发票（CONSULAR INVOICE），是拉美、菲律宾等国为了解进口货物的原产地、货物有无倾销等情况而规定的，由进口国驻出口国领事签证的发票，作为征收进口关税的前提，同时也作为领事馆的经费来源。

（5）厂商发票（MANUFACTURER'S INVOICE），是进口国为确定出口商有无倾销行为，以及为了进行海关估价、核税和征收反倾销税，而由出口货物的制造厂商所出具的，以本国货币计算的，用来证明出口国国内市场出厂价的发票。

发票的主要栏目内容如下所示。

（1）发票首文。

这部分一般都是印刷的项目，后面留有的空格以备填写。首文部分应该列明以下内容。

①商业发票须标明"发票（Invoice）"或"商业发票（Commercial Invoice）"字样，用粗体字印刷在单据的明显位置。

②发票编号（Invoice No.）。

为内部审计及核数，每一张发票必须有独一无二的流水账号码，防止发票重复或跳号，由各公司自行编制。发票作为中心票据，其他票据的号码如汇票号码、出口报关单号码及附属单据号码均可与此号码一致或一一对应。

③签发地点及日期（Place & Date of Issue）。

出票地址和日期通常在发票右上角连在一起。在全套单据中，发票是签发日最早的单据。它只要不早于合同的签订日期，不迟于提单的签发日期即可。信用证付款时，出票地址应为信用证规定的受益人所在地，通常是议付所在地。

④合同或定单号码或其他可追踪号码（Purchase Order Number）。

合同号码应与信用证上列明的一致，一笔交易牵涉几个合同的，应在发票上表示出来。买方也可以要求注明其他可追踪货物来源的号码。

⑤贸易双方。

a. 卖方（落款，出票人）的名称和地址（Exporter's Name and Address）。

国际贸易中发票出票人一般为出口商（卖方）、发货人，信用证中的受益人，其名称和地址相对固定，故出口人通常将此项内容事先印制在发票的正上方或右上方；出票即落款所以也可在发票的最右下方查找。这个栏目是判断进口货物中转时是否发生买卖关系的指标之一。在填制报关单的时候，根据发票的"出票人"来判断货物是否发生了买卖关系。"是否发生买卖关系"在填制进口报关单的时候，是用来判断"起运国（地区）"这一栏应该要填哪个地方的一个非常重要的标准。

例如在发票上面有这样的内容：

From Keelung to Guangzhou via Hong Kong 说明货物"从基隆经香港到达广州"。也就是说货物在香港进行了中转。在本引导任务中，发票的出票人是香港的公司，说明货物在香港中转时发生了买卖关系。货物是由香港的公司卖给大陆的进口商。如果发票的出票人改为台湾的公司，则说明货物在香港中转时只是进行转运，货物在香港并没有发生买卖关系，而是由台湾的公司把货物卖到大陆。

有的国家如澳大利亚会在卖方名称边加类似中国国内发票卖方的税务注册号（Australia Business Number，ABN）。

b. 买方（抬头，受票人）的名称和地址（Consignee's Name and Address）。

买方一般为货物进口商、收货人（Consignee）。此栏通常注明买方的名称和地址。例如：

TO：WINNING TEXTILE CO. LTD.

UNIT H，6/F WORLD TECH CTR，

95 HOW MING ST.，TOKYO，JAPAN

此栏引导词可见表1-1。抬头人即买方名称，应与合同或信用证中所规定的严格一致。如果信用证中没有特别的规定，即可将信用证的申请人或收货人的名称、地址，

填入此栏。如果信用证中没有申请人名字则用汇票付款人。总之，按信用证缮制。

例如：信用证申请人为 ABC Co. Ltd.，New York，但又规定 Invoice to be made out in the name ofXYZ Co. Ltd.，New York，则发票的抬头打后者。

这个栏目是判断出口货物中转时是否发生买卖关系的指标之一。如果收货人的地址与出口货物运输的目的地一致，则说明出口货物中转时没有发生买卖关系；如果收货人的地址与出口货物运输的中转地一致，则说明出口货物中转时发生了买卖关系。

⑥支付条款（Payment Terms）。

支付条款通常包含支付方式、支付时间、延迟支付的费用等。

当采用信用证支付货款时，填写信用证号码（L/C No.）。若信用证没有要求在发票上标明信用证号码，此项可以不填。当采用其他支付方式时，此项可以填其他支付方式的缩写。

⑦赊销付款条款（Credit Terms）。

国际流通领域中商业交易允许买方在开出发票后 30～60 天付款，条款通常在天数前加 "Net"，如 "Net 30 Terms"，在 "Terms" 付款栏目或 "Due by" 付款不迟于栏目列出（延伸理解见 7.2.3）。

⑧国际货运。

a. 运输时间。

发货或送货的时间。

b. 运输线路。

起运及目的地、起讫地点（From…To…，Route）。

该栏标明了货物运输的实际起止地点。如果货物需要转运，则注明转运地。起讫地要填上货物自装运地（港）至卸货地（港）、目的地（港）的地名，有转运情况应予以表示。这些内容应与提单上的相关部分一致。如果货物需要转运则注明转运地。我们上面也解释了运输路线和买卖关系的相互关系。

例如：From Qingdao To New York. U. S. A. W/T Shanghai

c. 运输方式（Means of Transport）。

有的发票和运输线路一起还注明运输方式或以船名这样的栏目或注运单号来体现运输方式。

d. 运输业者。

有的发票提供参与运输各方的信息。

（2）发票本文。

本文部分主要由商品条件、商品价格相关条款构成。

①商品条件。

a. 唛头及件数（Marks and Numbers）。

该栏目注明包装的运输标记以及包装的件数。如果合同或信用证规定唛头，应按照规定的缮制。其他包含唛头的单证如提单应与发票中的唛头相一致；如果无唛头，则可以打上 N/M（No mark）。国际标准化组织建议唛头包含四个部分，包括收货人或买方名称的英文缩写字母或简称、参考号（如运单号、合同或订单号或发票号等）、目的地、件数。有时候，第一二部分会省略或留一个，例如：

MADE IN CHINA（产地）

PORT：LOS ANGELES（指运地）

C/No.：1～117（件数）

b. 品名和货物描述。

合同或信用证引导货物内容的词或词组见表 1—1 中的商品名称，有时候来证在有关货物内容引导词的引导下，还包括其他不属于这一类的内容，如有关价格、装运等条款。在制单时，应把这些内容分别填写在合适的单据和栏目中。

品名和货物描述内容一般包括合同的四个主要条款：品名条款、品质条款、数量条款、包装条款。托收方式的，发票对货物的描述内容可参照合同的规定结合实际情况进行填制；信用证支付方式下的发票对货物描述应严格与信用证的描述一致。例如：

FOOTWEAR（货物名称）

COL：WHITE，SZ：5—10（规格型号）

TOTAL PACKED IN 117 CARTONS ONLY（包装状况）

c. 数量和重量。

贸易中的数量（Quantity）包含成交数量和运输数量，如 2500 Doz. Gloves, Article No. FS23, Packed in 12 Bags, as per contract No. 331，2500 打为成交数量，12 包为运输数量。运输数量可以在唛头中箱号体现出来，也可以在货物描述的下方打印出来。

包装条款（Packing）通常包含重量（毛重 Gross Weight、净重 Net Weight）、尺码（Measurement）等。

②商品价格（Price Term）。

a. 单价（Unit Price），如果信用证有具体规定，则应与信用证一致。发票金额应与汇票金额相同，一般不能超过信用证总金额，如有超出部分，按指定行事的指定银行、保兑行或开证行对超出部分进行承付或议付。发票的单价必须与信用证上的单价完全一致；一定要写明货币名称、计量单位；贸易术语是关系到买卖双方的风险划分、费用负担问题，同时也是海关征税的依据，应正确缮制。

b. 总价（Total Amount）一般由大小写组成。如果合同含有佣金或折扣，则发票上一般也会注明。有时发票上还列明运费、保险费以及杂费等。除非信用证上另有规定，否则货物总值不能超过信用证金额。实际制单时，如果来证要求在发票中扣除佣金，则必须扣除。折扣与佣金的处理方法相同，如来证要求"From Each Invoice 8 Percent Commission Must Be Deducted"，且总额为"USD20000.00 FOBC8 OSLO"，则填在价格栏中的金额的计算如下：

FOBC8 OSLO USD 20000.00

　　　　—C8 USD 1600.00

　　FOB OSLO USD 18400.00

有时证内无扣除佣金规定，但金额正好是减佣后的净额，发票应显示减佣，否则发票金额超证。有时合同规定佣金，但来证金额内未扣除，而且证内也未提及佣金事宜，则发票不宜显示，等货款收回后另行汇给买方。

另外，在 CFR 和 CIF 价格条件下，佣金一般应按扣除运费和保险费之后的 FOB

价格计算；也可以按相应的 CFR 和 CIF 计算（详见 7.2.3）。

有时，来证要求在成交价格为 CIF 时，分别列出运费、保险费，并显示 FOB 的价格，制单时可按照如下格式填写。

例如：

TOTAL FOB VALUE USD 20000.00

　　　FREIGHT USD 1200.00

　　　INSURANCE USD 900.00

TOTAL CIF VALUE USD 22100.00

如来证上有过分苛刻的要求，可要求对方修改条款。

含税价有可能价、税分开，特别是涉及增值税（如 GST 或 VAT）。

（3）发票结文。

结文部分一般包括信用证中加注的特别条款或文句。发票的结文还包括发票的出票人签字。发票的出票人签字（Signature of Maker）一般在发票的右下角，包括两部分内容：一是出口商的名称（信用证的受益人），二是出口公司经理或其他授权人手签，有时也用手签图章或代替手签。

在信用证支付方式下，发票的内容要求应与信用证规定条款相符，还应列明信用证的开证行名称和信用证号码。在有佣金折扣的交易中，还应在发票的总值中列明扣除佣金或折扣的若干百分比。发票须有出口商正式签字方为有效。在商业发票正中下方，通常印有"有错当查"（E.＆O.E.），即错误和遗漏除外（Errors and Omissions Excepted），表示发票的制作者在发票一旦出现差错时，可以纠正的意思。有些国家的进口商按国家的法令和商业习惯，要求在发票上加注："证明所列内容真实无误"字样或"货款已收讫"字样，一般情况下都可以照办。但后一种被称为"证实发票"的，则不能有"E.＆O.E."字样。

表 1—1　常用发票英文名称和简写

中文	英文名称	英文简写
商业发票/发票	Commercial Invoice/Invoice	INV.
签发地点及日期	Place ＆ Date of Issue	
合同、协议、订单号	Contract No. /Order No. /Confirmation No. /Sale Confirmation	CONT. ，S/C No.
落款人： 卖方/发货单位/发货人/托运人/出口商	Seller/Consignor/Shipper/Exporter	
抬头人： 买方/收货单位/客户/进口商	Buyer/Consignee/Customer/Importer，To/Sold to Messrs/Messrs/Sold to，For Account and Risk of/For Account and Risk of Messrs	
被通知人	Notify Party	
结算方式	Payment Term	
提单	Bill of Lading	B/L

续　表

中文	英文名称	英文简写
空运单	Air Way Bill（Master Air Way Bill，House Air Way Bill）Air Freight Bill	A. W. B（M. A. W. B. ，H. A. W. B. ）A. F. B.
船名	Ocean Vessel/Vessel	S/S
航程（航次）	Voyage No.	Voy. No.
启运地接收货物的地点	Place of Receipt by Pre—carriage（若需转运则填收货港口名称；若不需转运此栏不填）	
装货（运）港	Port of Loading/Port of Shipment	P. O. L.
停靠港	Port of Call	P. O. C.
转运港	Port of Transfer	P. O. T.
经由	By way of	Via
转运到	In Transit to	
在……转船	With Transshipment at	W/T
卸货港	Port of Discharge（若货物直达目的港，则卸货港为指运港）	P. O. D.
指运港	Port of Destination	P. O. D.
到达港	Port of Arrival	P. A.
最终目的地	Place of Delivery（若货物目的地就是目的港，则本栏目为空）	P. O. D.
目的国	Destination Country	
原产国	Made In/Country of Origin	
运费	Freight	F.
保险费	Insurance/Premium	I.
杂费	Extras	
集装箱号	Container No.	CTNR No.
标记唛码	Marks	
件数	Packages	P'KGS
件数和包装种类	Number and Kind of Packages	
包装	Packing	
商品名称	Description of Goods/Merchandise，Product and Description/Description of/Description/Goods Description，Name and Commodity/Commodity，Material Covering Shipment of/ the Following Goods by/Value of，Shipment of goods，Specifications。	
规格、型号	Model/Specification	
商品编码	HS Code	
尺寸	Size	
数量	Quantity	

中文	英文名称	英文简写
毛重	Gross Weight	G. W. /GWT. /GR. WT
净重	Net Weight	N. W. /NWT. /NT. WT.
单价	Unit Price	U/P
总额	Amount/Total Amount	AMT
佣金	Commission	
折扣、折让	Rebate/Allowance/Discount	
总计	Total/Say	TTL.

1.2.2　主要数量关系

贸易中成交数量、成交价格是核心的数量关系,其他数量关系都是从中派生出来的。国际贸易合同中的数量条款规定了货物用来交换的成交数量,而价格条款中则规定了单位货物的价值,交换成功表示这两者满足下列关系:

成交总价＝成交数量×成交单价

当谈及以上三个参数时,它们的计量单位至关重要,发票往往出现多个计量单位,实际交易因为生产、物流、统计和通关的需要也会加入不同的计量单位,所以识别正确的成交单位成了发票审核的基础。拿到一张国际贸易发票,除了核对数值之外,还应对计量单位作一简单的运算以判断成交单位是否符合合同的要求。

国际贸易中成交价格包括计价货币、计价金额、计量单位、贸易术语四部分,如成交单价:USD 60 PER SET FOB DALIAN 表示计价货币是美元(USD),计价金额为 60,计量单位为套(SET),贸易术语使用 FOB 大连。很显然,成交总价的这四部分应与成交单价同步,即整批货物使用套为计量单位,贸易术语使用 FOB 大连,计价货币是美元,成交总金额是成交数量与单价金额的乘积。

使用不同贸易术语引出价格互相转化的数量关系,基本上有:

CIF＝FOB＋I＋F＝CFR＋I

CIP＝FOB＋I＋F＝CPT＋I

(详见项目 7)

(1) I (Insurance) 代表保险费。

保险费＝保险金额×保险费率

保险金额＝CIF×(1＋保险加成),保险加成视交易情况而定,一般采用 10%。

(详见项目 4)

(2) F (Freight) 代表运输费用。

根据贸易合同的包装条款,成交数量打包后就转化为运输数量,此时要注意成交计量单位和运输计量单位之间的区别。

运输费用＝运输数量×运输单价

当成交价格涉及佣金(Commission)、折扣(Discount and Allowance)、含税(Duty)等时,又有以下的数量关系。

折后总价＝成交总价×(1－折扣率)

含佣价＝不含佣价＋佣金（详见项目 7）

含税价＝不含税价＋税费（详见项目 3 及项目 6）

国际结算的各种方式如预付（Prepayment）、分期付款（Installment）、赊销（Credit Sale）又会产生如下数量关系。

开票金额＝成交总价×（1－预付比例）

分期付款金额＝成交总价×该期付款比例

应付总价＝成交总价＋赊销利息（详见项目 7）

后面的 6 个项目中将详细展开价格的具体构成，即成本、费用、税金、利润等。

1.3 操练与深化——通过发票核查外贸合同履行情况

经过引导任务的训练和相关知识点的学习，作为一个资深的国际贸易从业人员要练就一副火眼金睛，透过现象看本质，不仅要核对合同是否正确履行，熟悉各种国际贸易惯例，也要学会避免落入贸易陷阱。

1.3.1　条款核查

1. 核查买卖双方信息

商业发票是交易的核心单据，是交易成功最权威的证据。贸易合同的主要条款基本上可以在商业发票中找到痕迹，国际贸易单据基本可以归结为首文、本文、结文三部分。发票和合同的首文都重点表现了单据的编号、买卖双方的信息；结文部分则表现了签发信息，合同要双方签字，而发票则只要出票方（卖方）签字。

国际贸易发票由于是卖方制发，所以在发票标题前通常印上卖方的详细信息，包含公司名称、地址、联系方式和税务登记号等，这时标题只需要填入买方的信息就可。如果标题前没有印出相关信息，则与合同一样在标题后填入买卖双方信息。

本项目购买珍珠雪纺的引导任务中，首文只有买方信息，可以推断图片引用省略了发票标题前卖方的详细信息行。但在落款处有卖方的公司名 TAFFETA（HONG KONG）CO.，LTD.，塔夫绸（香港）有限公司，可以推断瓶子家公司是经过香港布业公司购买台湾的原料布，当然随着小彭对业务了解的深入，必然要思考从台湾直接购布，因为不仅价格可以便宜，而且运输上也可以更快捷。

但如何获得原厂商的信息呢？显然塔夫绸（香港）有限公司是不愿告诉瓶子家公司的，小彭注意到货是从台湾基隆港发运，可判定该厂商在台湾南部，如果接到货物检查包装物，应特别注意标签，如果有对方的联系方式就更好了；当然也可以设法从提单等货运单证去找寻发货方的蛛丝马迹。但让小彭失望的是，香港公司为了防止原厂家信息泄露已经做足了功夫，一方面请厂家采用没有任何生产商信息的中性包装和标签，同时要求船到香港中转换提单，把台湾的发货方换成香港发货方信息即塔夫绸（香港）有限公司信息。这一轮的攻防中，业务员小彭算是长了见识，但他不轻易认输，开始从互联网搜索台南所有生产珍珠雪纺的厂商，遗憾的是搜出来的都是成衣的信息，没有原料布的有效信息，同学们，你们有办法吗？

2. 核查发票首文合同条款

发票首文还经常涉及合同的国际结算、国际货运部分,瓶子家公司购买珍珠雪纺布匹当然可以使用信用证支付或托收,不过广东与香港商人之间的交易由于知根知底,喜欢用汇付来降低交易成本,所以本发票首文没有支付条款,但在发票本文中发现有30%的预付款或定金,交易中预付款是卖方的最低保障,也可以说明生产厂商希望得到购买原料的启动资金或防止交易失败的抵扣款等,随着瓶子家成长为一个有信用的大客户,将来完全可以掌握主动权,不用付定金即可让卖方先发货后结算。

发票首文显明货物运输使用了卖方熟悉的香港承运人,这样可以使卖方处在货权控制的主动方,特别是这种货款70%后付的情况,卖方可以在货物运输途中由于跟承运人的密切关系而保持控货能力。国际贸易中交易双方可以通过货款的支付方式和货权控制的博弈看出双方交易是否老到。

再来看看引导任务的发票开票时间,开票时间和合同签订时间及装运或开航时间应该是什么关系?显然应该在贸易合同签订之后,装运之前。本任务合同应该在2015年6月之前签发,发票签发后4天船就开了,实际上发票是装运报关出口的重要单据,是在出口时同其他出口单据一并制作的。

1.3.2　合同标的

国际货物买卖合同标的就是货物,外贸合同的货物条款体现在发票的商品描述中,品名一般可以和合同的品名一一对应,但品质又如何确定呢?这就要求外贸业务员做一行爱一行,这次瓶子家公司采购了珍珠雪纺,小彭是男生平时对服装特别是女装没有太多的概念,但这次他铆足了劲一定弄懂布匹的专业知识。

合同中仅仅写明品名是珍珠雪纺,幅宽150厘米,克重不低于70克/平方米,素染平纹。合同是老板娘签订的。业务员小彭不懂布料,担心出现差错。自己不仅上网搜集资料,还勤跑制衣厂向师傅请教,慢慢入行,开始得心应手了。

1. 产品的构成(Composition)

珍珠雪纺是仿真丝雪纺,发票上100%涤纶就是化纤质感仿真丝,价钱比真丝雪纺低,现实中如何区分仿真丝与真丝雪纺呢?可以将布匹剪下一角,用打火机点燃,如果烧成灰则是真丝(因为炭化了),如果曲卷形成一个小透明球就是涤纶。

2. 布匹幅宽(Width)

布匹后处理由定型机按布匹特性添加定型剂再根据客户的幅宽要求在高温下(180~220℃)定型成一定的幅宽,如瓶子家公司要求150厘米,但国际上常用的是英制,这也是发票中标59″的原因,根据我们前面的转化率,149.86厘米(59×2.54),符合合同要求。在合同规定布匹的绝对幅宽是不合理的,由于布匹会收缩及生产会产生误差,所以通常会使用品质机动幅度,像本任务严格一点规定机动幅度为59/60″,宽松一点可以允许两英寸的波动,如58/60″。接收货物时如何检验呢,小彭终于明白了要从布匹中随机抽取几卷,展开布头十来米,从中剪下半米长的样本,先量一下幅宽是否在 1~2 英寸波动,再把剪下来的布匹样本浸入水中,完全浸湿之后,放在平面丝网上沥干水,再放进烘干机 30 分钟后取出测量,如果有幅宽增大或幅宽减小现象则说明后处理工艺不过关,定型有问题。

3. 布匹厚度

雪纺纱是女性的贴身布料,厚度太低就会导致透光。所以要求有一定的厚度,往往采用双层缝纫来保证其遮光性。规格参数有以下几个维度。

(1) 纱支 (Yarn Count)。

纱支是指纱的粗细程度,由于纤维长丝与纱线形状不规则,且纱线表面有毛羽(伸出的纤维短毛),因此不能用直径表示其细度,所以纺织工作者使用表示纱线细度的指标主要有英制支数、公制支数、特数、旦数。

①英制支数 (Ne),在公定回潮率下,1 磅 (454 克) 重纱线长度的 840 码的倍数,也就是说 1 磅重纱线正好 840 码长,为 1 支纱,表示符号是英文字母"S",1 磅重纱线长度为 21×840 码长,纱线的细度为 21 支,写为 21S。单根纱的表示方法是:32 支单纱表示为:32S,股线的表示方法是:32 支 2 根并捻股线即为:32S/2,42 支 3 根并捻即为:42S/3。英制支数是定重制,支数越大纱线越细。英制支数不是我国当今法定的纱线细度指标,但在公制支数也是定重制,支数越大纱线越细。企业中仍然被广泛地使用,尤其是棉型纺织行业。

②公制支数 (Nm),在公定回潮率下,1 克重纱线长度的米倍数,也就是说 1 克重纱线正好 1 米长,为 1 (公) 支纱,1 克重纱线长度为 200 米长,纱线的细度为 200 支。棉纺织毛纺织行业都有使用。

③特克斯 (Tex) 数,又称"号数",是指 1000 米长纱线在公定回潮率下重量的克数,它是定长制单位,克重越大纱线越粗,常用来表示毛纱。

④纤度 (D),又称"旦数"或"旦尼尔" (Denier),是指在公定回潮率下,9000 米纱线或纤维所具有重量的克数,如 100D。它同样是定长制单位,克重越大纱线或纤维越粗,常用来表示化纤长丝、真丝等。

这次采购的珍珠雪纺,经纱和纬纱都采用 75D 的涤纶化纤,如何知道该批雪纺真的采用 75D 的纱线呢?首先,小彭手中要有各种旦数涤纶化纤的样本,然后把布剪下一角,拆出纱线,放在放大镜底下作比较。当然纱线厂采用更为精确的办法就是拿出9000 米纱线长纱线称重,一般国际贸易从业人员不具有这样衡量的工具。

(2) 经纬密度 (Density)。

经纬密度也称织物密度,经密+纬密。经向是织物的长度方向,即与门幅垂直的方向。纬向是织物的宽度方向,即与门幅平行的方向。英制中,经纬密度是指每平方英寸中排列的经纱和纬纱的根数,经纱总根数叫经密,纬纱总根数叫纬密,如通常见到的"40×40/128×68"表示经纱、纬纱分别 40 支,经纬密度为 128×68。以公制计,是指 10 厘米内经纬纱排列的根数。从专业的角度来说,织物密度是衣物选购的一个重要技术指标,同样支数的布匹,密度越高越好,高支才能高密。密度的大小,直接影响织物的外观、手感、厚度、强力、抗折性、透气性、耐磨性和保暖性能等物理机械指标，同时也关系到产品的成本和生产效率的高低。

一般经纬密度的测定方法有以下两种：

①直接测数法。直接测数法是凭借照布镜或织物密度分析镜来完成。织物密度分析镜的刻度尺长度为 5 厘米，在分析镜头下面，一块长条形玻璃片上刻有一条红线，在分析织物密度时，移动镜头，将玻璃片上红线和刻度尺上红线同时对准某两根纱线之间，以此为起点，边移动镜头边数纱线根数，直到 5 厘米刻度线为止。输出纱线根数并乘以 2，即为 10 厘米织物的密度值。在点数纱线根数时，要以两根纱线之间的中央为起点，当数到终点，超过 0.5 根，而不足一根时，按 0.75 根算；当不足 0.5 根时，按 0.25 根算。织物密度一般应测得 3~4 个数据，然后取其算术平均值为测定结果。

②间接测数法。间接测数法适用于密度大的，纱线特数小的规则组织的织物。首先经过分析织物组织及其组织循环经纱数（组织循环纬纱数），然后乘以 10 厘米中组织循环个数，所得的乘积即为经（纬）纱密度。

这次瓶子家公司采购的珍珠雪纺，经纬密度（Density）：119×104 per inch，即每平方英寸，经密 119 根，纬密 104 根。密度较高，用放大镜看有点吃力。

（3）克重。

所有平面原材料如钢板、纸张、纸版、布匹等，都可以使用克重来检测其厚度。纺织产品评价常用单位，面料的克重一般为平方米面料重量的克数，单位是"克/平方米"，克重是针织面料的一个重要的技术指标，粗纺毛呢通常也把克重作为重要的技术指标。牛仔面料的克重一般用"盎司（OZ）"来表达，即每平方码面料重量的盎司数，如 7 盎司、12 盎司牛仔布等；丝绸面料常用"姆米（m/m）＝2.5/0.58064＝4.3056 克/平方米"来表示。

这次采购克重要求大于 70 克/平方米，发票写 78 gsm，即每平方米的布重 78 克，如果幅宽是固定也可以采用每米布重来检查，即本此采购的克重也可以表示为 117 克/米（78×1.5）。瓶子家公司的业务员小彭是如何知道这批布符合要求呢？首先他可以进行估测，把发票中的净重 1778.3 千克除以总长度 15212.87 米与幅宽 1.5 米之积，即 77.93 克/平方米 1778.3×1000/（15212.87×1.5），平均克重符合合同对克重的要求。对实物的测量可以通过从布卷裁下半米长的样本称出重量除以幅宽乘以 0.5 米计算，当然这种做法比较浪费布，也无法得知不同位置的克重是否一样。

所以建议小彭去买克重仪，切出 100 平方厘米大小的试样，然后用精度为 0.01 克的天平称出重量，乘以 100 就是织物的每平方米的克重。可以在布匹不同地方切出试样来测，浪费小，精度高，具体仪器如图 1-4 所示。

由于纱支和经纬密度测量难度较大，一般从业人员主要测克重。但布匹要达到规定克重，可以采取很多方式：织造时用纱的粗细、针路的多少、漂染时还可以调整克重，后整理时也可以调整，甚至做成衣服后还可以通过缩水或拉伸等方式调整克重。所以对针织产品有些用户会进一步明确：纱支、经纬密度，因为不同的纱支、经纬密度手感和透气性是不同的。

图 1—4　克重仪、专用刀片、电子秤

1.3.3　合同价款

和合同标的对价的就是货款了。整个发票解读和审核中主要关注的是价格条款：交易核心，当初瓶子家公司和塔夫绸公司谈价的确煞费苦心，成交价格四个元素不免要争论一番，计价货币是用新台币、港币还是人民币？最后还是采用美元以免触发双方的政治神经；大宗布匹买卖计量单位通常采用千克，但使用千克不利于生产计算单耗，最后决定用长度，中国大陆习惯用"米"，而台湾很早就和国际接轨了使用"码"，香港公司制发票时"米"打在第一行，单价 1.1 和"米"数放在一起，刚开时小彭以为 1.1 是每米 1.1 美元，当把成交总价 18300.70 除以 1.1 发现等于 16637.00（成交数量），才恍然大悟，"码"才是成交单位，拿起合同一看，果然如此。国际贸易中制单人员不按常理出牌，审单人员一定要慎重，注意核算数量关系判断真正的成交单位。

贸易术语使用 CFR 广州也是颇费心思，塔夫绸公司不希望瓶子家公司和台湾公司有任何接触，所以从一开始就提出由他们来安排船运，至于保险方面他们又不想麻烦，则要求瓶子家公司办理，瓶子家公司不是经常进口珍珠雪纺，缺乏相应的议价经验就答应了对方的要求。业务员小彭琢磨这个价格到底合理不合理，有没有办法货比三家呢？前面我们注意到他查询了互联网，找不到台湾类似的供应商。也许中国大陆本来就有这类布匹供应，他上网一搜，的确有不少，既然大陆有为何要进口，小彭百思不得其解。一天，小彭逮住一个机会和老板娘聊天，老板娘说道虽然本地有货，但进口不外乎两种原因。其一，从国外进口的价钱反而比本地购买便宜；其二，价钱也许差不多，但布匹的质量有保证。小彭脑袋一拍，对啊，但如何比价，小彭头大了。

小彭把《国际贸易实务》翻了几遍，终于明白比价的关键在于熟悉不同报价之间的转换。举个例子，小彭查到东莞市东运布业有限公司同类产品的报价是每米人民币 8 元，这个价格与塔夫绸公司 USD 1.1/YD CFR GUANGZHOU 哪个价钱更便宜呢？大家思考一下，如何进行。

第一步，小彭把 CFR 价加保险费转化成 CIF GUANGZHOU。

保险加成取惯常的 10%，保险费率也使用惯常的 0.3%，则：

CFR＋I＝CIF

CFR＋CIF×0.3%＝CIF

CIF ＝CFR/ [1－ (1＋10%) ×0.3%]

　　　＝1.1/ [1－ (1＋10%) ×0.3%]

　　　＝USD 1.103642/YD

第二步，把成交单位从"码"换成"米"，使用我们在任务实施中用的转化率

1 码＝0.91439999861 米

CIF＝USD 1.103642/0.91439999861MTR＝USD 1.206958 /MTR

第三步，把计价货币从美元换成人民币，到底是使用合同签订日还是发票开票日？小彭认为，开票日是正式成交的日期，于是他去查了 2015 年 6 月 1 日，当日中国人民银行美元兑人民币的中间价，1 美元＝6.1207 人民币。

CIF ＝USD 1.206958 /MTR

　　　＝CNY 1.206958×6.1207/MTR

　　　＝CNY 7.387427831/MTR

小彭算到此处，松了一口气，看来从台湾进口雪纺布，每米只要人民币 7.39 元，的确比国内采购便宜。

1.4 归纳与评析——从交易条件的变化归纳出普遍规律

国际贸易操作是细节的博弈，每行每业都有自己的细节，不过我们常说万变不离宗，解读对方的单据是为了知彼，自己要操作还要知己，在实训演练中，可以模拟改变交易条件推演可能发展的情况，发现交易的规律。

1.4.1　国际贸易发票的各种形式

前面的知识链接中已经谈到商业发票是买方向卖方付款的重要凭证，它是合同开始履行后的核心单据。在国际贸易操作时，也可以在谈妥交易条件后，在启动产品生产或担保已生产产品的供给时使用形式发票，以此获得买方的提前付款。当买方退货，卖方可以使用贷项通知（Credit Memo）来返回买方的货款，也可以把贷记通知的款项在下次购买的发票中扣减；当买方没付款或付款短少，卖方可以使用借项通知（Debit Memo，Debit Advice，Debit Note）来追讨欠款及相应利息，其作用形同发票。

在审核外贸发票时，几乎所有形式的发票都与通关有关，商业发票、形式发票、海关发票、领事发票、厂商发票都不约而同与海关估价有关，原因很简单，价格是发票要体现的核心内容。形式发票可以让货物在通关前海关提前估价并申领相关许可证件，海关发票和领事发票是特定国别的要求，厂商发票涉及贸易救济，商业发票则是

大多数国家海关要求的基本单证。所以发票要提供海关需要的信息，如协调制度编码、原产国等用于计算关税。根据发票查找的进出口货物报关单栏目内容一般有：经营单位、收/发货单位、结汇方式、成交方式、运费、保险费、杂费、商品名称、规格型号、数量及单位、原产国（地区）/最终目的国（地区）、单价、总价、币制、合同协议号、集装箱号等。

国际贸易中，自开发票（Self－billing Invoice）是为了从原本留存给客户已做账的存货中回购而开具给自己的发票，即买卖双方是同一家。基于收货的付款安排（Evaluated Receipt Settlement，ERS），是买方根据收据检验货物品质并支付货款，卖方不用另开发票。有的卖方采用月度账单（Monthly Statement）代替本月发生含发票在内所有的费用收款单。随着互联网技术的发展，越来越多的公司接受了电子发票。要学习适应新形势。

1.4.2　研究商品特性提升议价能力

所有的贸易条款最终都是为顺利交易服务，卖方的商品要符合要求质量过关；买方付款要及时准确。在购买珍珠雪纺的发票解读中已经了解了不少布匹的特性，进一步就发票提到的另外一些布匹特性进行研究。

1. 染色

通常在交易中会提到两种染法，纯色染或称素染、单色染（Plain Dyed）或交错染（Cross Dyed），当布料的成分是单一的，如果本交易是100%涤纶，则染色只能是纯色染。如果布料的成分是复杂的，如棉和涤纶混纺，则可以交错染，对不同成分使用不同颜色的染料，采用不同的染色工艺；混纺时反而纯色染难度较大，因为成分不同采用不同染色工艺，但使用同一颜色的染料，比例、温度及添加剂的变化都会引起色差。

虽然本次采购的珍珠雪纺在染色上比较容易处理，但业务员小彭也要特别观察有没有出现染色不均匀（Uneven）的情况，特别是送到加工厂的，要请代工工厂师傅及时把看到的染色不均匀情况进行反馈，以便小彭向香港公司索赔。

2. 梭织组织形式（Style of Tex tile Weave）

梭织布料有三种基本组织形式，分别称为平纹布、斜纹布和缎纹布。

（1）平纹布（Plain）。用平纹组织织成的织物，即经纱和纬纱每隔一根纱就交织一次（纱是1上1下的）。这种布的特点是交织点多，质地坚牢、挺括、表面平整，较为轻薄耐磨性好，透气性好。包括平纹及平纹变化组织，规格不同、风格各异的各种平纹布共65种。如粗平布、中平布、细平布、纱府绸、半线府绸、全线府绸、麻纱及拉绒平布、高档绣花面料等。

（2）斜纹布（Twill）。织物组织为2上1下斜纹、45°左斜的棉织物。正面斜纹纹路明显，杂色斜纹布反面则不甚明显。经纬纱支数相接近，经密略高于纬密，手感比卡其柔软。包括斜纹及斜纹变化组织，规格不同风格各异的各种斜纹布共44种。如纱斜纹、纱哔叽、半线哔叽、纱华达呢，半线华达呢、纱卡其、半线卡其、全线卡其、拉绒斜纹布等。

（3）缎纹布（Satin）。一种由相邻两根经纱或纬纱上的单独组织点均匀分布但不相连续的织物组织。缎纹布组织分经面缎纹布和纬面缎纹布两种。它是三组织中最复杂的。缎纹布组织中单独组织点由两相邻的经纱或纬纱的浮长线所遮盖。织物表面平滑匀整，质地柔软，富有光泽或稍呈纹路。其中包括缎纹及缎纹变化组织、规格不同风格各异的各种缎纹织物共 9 种。如纱直贡、半线直贡、横贡等。

此次瓶子家公司购买的布匹就是平纹梭织布，布料组织形式或称布型英文一般用 Style 表示，也有的用 Pattern（图案）表示。肉眼观察可以识别各种布型。在国际贸易中，要保证产品的质量符合合同商品条件的要求，国际贸易从业人员就要像业务员小彭一样，认真研究各种产品的特性。

1.4.3　商品的虚价与实价

在前面的操练中，业务员小彭学会了比价，在平时买东西喜欢砍价，国际贸易也是有砍价的情况，除了砍价外，有时还会遇到其他影响价格的因素，关心的是最后的实价，可以理解成海关的计税价格。海关的计税价格：进口货物到达我国入境口岸卸货前的所有费用；出口货物则是离开我国出境口岸前的所有费用之和，不一定是发票上的成交价格，而是经调整后买方实付、应付的价款。调整因数包括计入项目和扣除项目。任务 1—1 的买卖并无涉及需要调整的情况。

1.5 巩固训练——贸易型出口企业进货 发票与价格解读和审核

瓶子家女装公司的业务员小彭费了不少劲才把这批从台湾购来的珍珠雪纺报关进口送到代工的制衣厂。回公司的路上，小彭坐在公交车上一边晃悠一边陷入沉思，买布料给厂家加工太费劲了，不如把订单下给厂家让厂家自行去采购布料。

1.5.1　国内发票的基本知识

我国发票的法律依据为《中华人民共和国发票管理办法》，《国务院关于修改〈中华人民共和国发票管理办法〉的决定》已经由 2010 年 12 月 8 日国务院第 136 次常务会议通过，自 2011 年 2 月 1 日起开始施行。国家税务总局出台的《网络发票管理办法》从 2013 年 4 月 1 日起开始施行，要求所有电商向消费者出具发票。按照《办法》的解释，开具发票的单位和个人必须如实在线开具网络发票，不得利用网络发票进行转借、转让、虚开发票及其他违法活动。省以上税务机关在确保网络发票电子信息正确生成、可靠存储、查询验证、安全唯一等条件的情况下，可以试行电子发票。

1. 发票票面内容

首文：票头、字轨号码、联次及用途、客户名称、银行开户账号；
本文：商品名称或经营项目、计量单位、数量、单价、金额，以及大小写金额；
结文：经手人、单位印章、开票日期等。
实行增值税的单位所使用的增值税专用发票还应有税种、税率、税额等内容。

1993年1月1日全国实行统一发票后，发票联必须套印："发票监制章"，统一后的"发票监制章"形状为椭圆形，规管长轴为3厘米，短轴为2厘米，边宽0.1厘米，内环加一细线。上环刻制"全国统一发票监制章"字样，下环刻有"税务局监制"字样，中间刻制监制税务机关所在地省（市、区）、市（县）的全称或简称，字体为正楷，印色为大红色，套印在发票联票头中央。

2. 国内发票种类

发票主要分为普通发票和专用发票，具体如图1—5所示。

普通发票：主要由营业税纳税人和增值税小规模纳税人使用，增值税一般纳税人在不能开具专用发票的情况下也可使用普通发票。普通发票由行业发票和专用发票组成。前者适用于某个行业和经营业务，如商业零售统一发票、商业批发统一发票、工业企业产品销售统一发票等；后者仅适用于某一经营项目，如广告费用结算发票、商品房销售发票等。普通发票的基本联次为三联：第一联为存根联，开票方留存备查用；第二联为发票联，收执方作为付款或收款原始凭证；第三联为记账联，开票方作为记账原始凭证。

增值税专用发票是我国实施新税制的产物，是国家税务部门根据增值税征收管理需要而设定的，专用于纳税人销售或者提供增值税应税项目的一种发票。专用发票既具有普通发票所具有的内涵，同时还具有比普通发票更特殊的作用。它不仅是记载商品销售额和增值税税额的财务收支凭证，而且是兼记销货方纳税义务和购货方进项税额的合法证明，是购货方据以抵扣税款的法定凭证，对增值税的计算起着关键性作用。

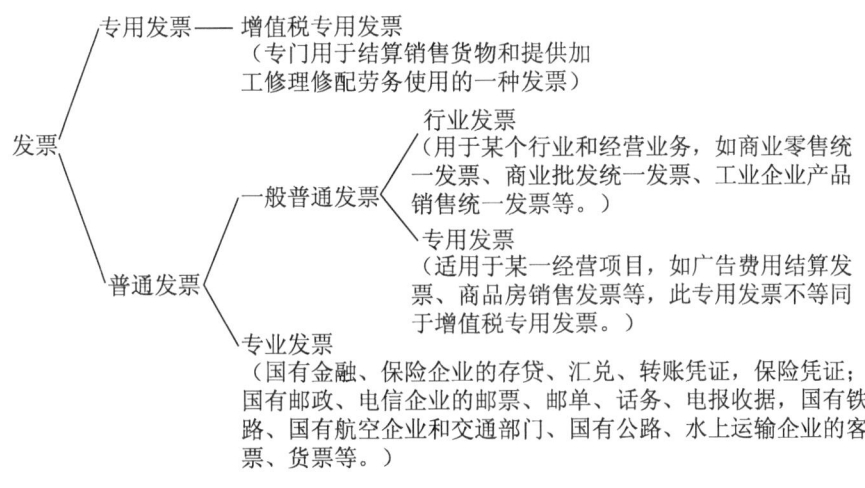

图1—5　中国的发票分类

1.5.2　训练、拓展与检验

以实训小组为单位和业务员小彭一起寻找合适的生产厂家，欧洲客户订购无袖背心款雪纺衫（见图1—6）的订单有两种处理方式，第一种是引导任务中使用的加工贸易出口，瓶子家女装可以采用外发加工购买原材料给厂家生产再返给瓶子家销售；第二种是从厂家采购中性包装成衣再出口。后一种情况就是一般贸易出口，也是本巩固任务要训练的。

图 1—6　无袖背心款雪纺衫

任务 1—2：瓶子家女装公司采购用于出口的成衣进货交易解读。

这一批订单总需求是 7000 件，经过几天搜索和问价后小彭终于和上海立取服饰有限公司以每件人民币 8 元税后价达成了协议。经过 2 个月的紧张备产和生产投入，上海公司终于如期交货了，老板娘特别交代小彭记得索取增值税发票，如图 1—7 所示。

图 1—7　增值税专用发票

7 月中旬，小彭等不及对方寄来正本发票，就请对方财务人员把开出的增值税发票存底扫描电邮过来，希望及早审核，把可能的隐患消灭在萌芽状态。不过当看到票面单价，小彭还是有点迷糊，明明和对方谈好的价格是 8 元/件，票面上显示的是 6.8376068 元/件。问了财务部人员才明白，增值税是价外税，发票上价格是不含税价，通常市场上讲的价格是含税价，财务上的单价是可以从含税价倒算过来的。

单价＝8/（1＋17%）＝6.8376068（元/件）

总价（发票上的金额）＝6.8376068×7000＝47863.25（元）

增值税税额（发票上的税额）＝47863.25×17%＝8136.75（元）

价税合计＝8×7000＝56000（元）

在1.3.3中已经查到原料布的增值税率为17%，同样的方法也可以查到成衣税则号6208920010化纤制女式内衣式背心增值税也是17%。增值税专用发票中的密码区，包含了发票代码、号码、销方税号、贷方税号、金额等，密码区和实际开票数据不一致就无效了，通过税务机关专用软件解密以后，是识别该票真伪的唯一标志，每一份增值税专用发票的密码都是唯一的，所以密码区最好不要折以免影响真伪认证。怎么样，同学又长了见识了吧。老板娘为什么特别交代需要两联增值税发票呢？看来要到项目3才能搞明白了。8元/件买进来的雪纺衫要多少钱卖给欧洲客户才能赚钱呢，看来又是门学问了。

【项目训练总结】

本项目的审核外贸发票并非国内财务意义上的审核发票，因此并不去辨别发票的真伪和填制的规范性，因为国际贸易的制单本身具有相当大的灵活度。所以把重心放在从外贸发票解读出丰富的交易信息，从中审核国际贸易合同履行的程度和准确性。顺带也介绍了国内的增值税发票，因为增值税发票在出口退税方面扮演了重要的角色，为后面的核算内容埋下伏笔。当然，这个项目的两个任务涉及的恰恰是外贸活动中最重要的两种贸易方式：加工贸易和一般贸易。外贸商业发票浓缩了商业交易的关键信息，包含以价格为核心的数量关系涵盖了国际贸易合同的大部分条款，这也是核算的主要内容。

【推荐阅读】

1. 百度百科条目：原始设备制造商. http：//baike. baidu. com/view/890452. htm?fromId=172798&redirected=seachword#2.

2. 英文维基百科条目：invoice. http：//en. wikipedia. org/wiki/Invoice.

3. 中文维基百科条目：发票. http：//zh. wikipedia. org/wiki/发票.

4. 百度百科条目：雪纺. http：//baike. baidu. com/link? url=pw×6E7VM3vC−9P38YutjF1C8TFSV3ubDwvQZl58t5fH5uqkVhn9gbkmTQtKKb3Lh.

5. 东莞市东运布业有限公司. http：//www. hua668. cn/cn/show. asp? id=335.

6. 百度百科条目：国际货物买卖合同. http：//baike. baidu. com/view/152006. htm.

7. 李卫. 国际贸易实务［M］. 北京：电子工业出版社，2007.

【课后训练——新西兰辐射松的买卖】

作为一个国际贸易从业人员，每接一单生意就要对商品本身所在行业进行一番深入的研究，以上已有了服装行业购买原材料和成品的基本交易概念。如果想跨入其他行业，要如何应对呢？本课后训练提供了采购原木的发票资料，如图1−8所示，又应如何解读呢？

Shipper: SOUTH PINE(NELSON) LTD. NEW ZEALAND		Agent: ENHANCED FORESTRY CO., LTD. NO.16 ALLEY 17, LANE 60, NEIHU ROAD. TAIPEI CITY		
Consignee: TO THE ORDER OF GUANGZHOU WORLD GREAT IMPORT & EXPORT CO., LTD.		COMMERCIAL INVOICE		
		Country of Origin: NZ NEW ZEALAND	Country of Destination: CN CHINA	
Buyer: GUANGZHOU WORLD GREAT IMPORT & EXPORT CO., LTD.		Payment Terms: TELEGRAPHIC TRANSFER PRIOR TO SHIPMENT		
Pre-Carriage by: MOTOR TRUCK	Pre-Carriage From: NELSON			
Flight & Date/Vessel & Voyage No.: RUI YUN HE V.084N	Port of Loading: NELSON	Currency of Sales: USD		
Port of Discharge: GUANGZHOU CHINA	Final Destination: GUANGZHOU CHINA	Price Basis(FOB,CIF, ect.): CIF GUANGZHOU, CHINA		

Container/Seal Nos. Marks and Nos.:	Description of Goods	Quantity/ Weight	Selling Price to Buyer	
	1 x 40' CONTAINER(S) 13 PACKS NEW ZEALAND KILN DRIED RADIATA PINE No.2 CUTS 150-250 MMx50MMx2.4-6MM *DETAILS AS PER ATTACHED SHEET*	43.154 M3 21,570 KGS	Unit Price USD 280.00	Amount USD 12083.12
	AS PER P/O NO.JK07-48 CONTAINER NO.GVCU5134714 SEAL NO. COSCO 032830 100X50/ W NO.2 CUTS	LESS DEPOSIT PAID 27/03/15		-3780.00
	100X50/ W NO.2 CUTS			
Nominal 43.154 M3/Actual 43.154 M3				

Documentary Credit No.	E.T.D.	Intended Shipment Month MAY	E.T.A.	TOTAL: 43.154	INVOICE TOTAL(State Currency) USD 8303.12

ADDITIONAL INFORMATION	CERTIFICATE of ORIGIN
	I, the undersigned being duly authorized in the behalf by the above Seller and having made the necessary enquiries, do HEREBY SOLEMNLY DECLARE that this invoice, including continuation sheets (if any), is Correct in all respects and in ACCORDANCE with our books. ALL of the goods in this consignment were grown, produced or manufactured in the stated Country of Origin. As shown in this invoice.
	Name of Signatory's Company: SOUTH PINE(NELSON) LTD.
	Name and Business Designation of Signatory: P.P.Kelvin Williams-Company
	Place and Date of Issue: NELSON 08/05/2015
	Authorized Signature:

9805 Date of Issue: 8 MAY 2015   **Place of Issue:** CHRISTCHURCH

图 1—8   新西兰辐射松交易发票

【知识链接】

1. 树种名称

辐射松（Radiata pine），Radiata 有辐射、放射的意思，不是新西兰的乡土树种，它原产于美国加州的 Monterey 岛上，又名 Monterey pine。19 世纪由移民携带种子传到南太平洋的岛国新西兰。新西兰辐射松的拉丁名为 Pinups radiata D. Don，如图 1—9 所示。

2. 窑干板材（KILN DRIED TIMBER）

加工后窑干板材如图1-9所示。

图1-9 新西兰辐射松原木与加工后木条

（1）干燥。

是指将木材置于60℃～90℃中进行干燥，以达到装运时板材的含水率稳定在8%～12%之间，干燥后再处理以消除应力，减少树脂含量以便于车削和砂光加工。

（2）加工标准。

新西兰辐射松没有一个统一的国家标准，各工厂所用原木及对等级要求不同，所生产的产品质量也会有很大差异。新西兰质量标准3631：1988如下：

①板材的计量单位是体积为立方米，尺寸为毫米；

②限制或允许接受钩状弯曲、S型弯曲、凹曲、末端开裂等干燥缺陷（2.3.4.5条款）；

③禁止或限制接受的原木瑕疵情况：

a. 蓝变（允许一定量不会导致蓝变的表面霉变）；

b. 由干燥产生的应力而引起的变形，干燥斑（表面刨去2毫米后，无明显的斑痕，则可接受）；

c. 不接受缺口（除非由WWPA在RW中提到）；

d. 尺寸欠缺、末端裂纹、开裂、虫孔，最大不超过50毫米；

e. 过多的表面裂纹、内部裂纹；

f. 树脂含量过多，导致原木材涂饰困难；

g. 每包中，尺寸不足的板材，按体积计不超过5%。

注：表面裂纹和尺寸不足的定义：板材中心1/3处的测量值少于发票中规定的板材值的5%，这样的板材尺寸为不足的板材。

④包装。

除非另有要求，所有放置于集装箱的干燥板材均应先用塑料包装，再用铁丝捆绑（至少3个一捆），置于可移动的垫木之上，塑料宽2.5米。所有干燥板材在仓储、运输及用于出口而放置，在集装箱内的均应妥善保管，免受天气影响。

（3）常用等级。

①净材，清材（Clear）。

No1 Clears

质量：四面光，无缺陷。

No2 Clears

质量：一面有缺陷，其他面无缺陷。

②切削材（Cutting）。

No1 Cutting

质量：无结疤部分（Clear wood between knots）不低于 1000 毫米（清材长度＞1000 毫米），每一块原木材有 70%（At least 70% of clear wood）的出材率（清材长度之和＞板长的 70%）。

No2 Cutting

质量：无结疤部分不低于 600 毫米（清材长度＞600 毫米），每一块原木材有 70% 的出材率（清材长度之和＞板长的 70%）。

No3 Cutting

质量：无结疤部分不低于 300 毫米（清材长度＞300 毫米），每一块原木材有 60% 的出材率（清材长度之和＞板长的 60%）。

F/J GRADE

质量：无结疤部分不低于 150 毫米（清材长度＞150 毫米），每一块原木材有 50% 的出材率（清材长度之和＞板长的 50%）。

注意：切削材等级仅以瑕疵之间的清材所占比例为参考，对瑕疵尺寸无限制；切削材等级是未分类的等级，以上等级所述比例是理想的平均值。

③无芯通材或称无髓芯（A grade CUT OF LOGS，ACOL）。由如下等级及一定比例的原木材组成（Non－graded，without pith，mixed grade）。

1 级切削材（No. 1 Cutting）占 5%～10%

2 级切削材（No. 2 Cutting）占 20%～30%

3 级切削材（No. 3 Cutting）占 55%～65%

F/J Grade 5%～10%

④工业等级（INDUSTRIAL GRADE）。

锯材毛料（即未作抛光处理的板材，ROUGH SAWN）。

⑤规格分类。

原木按口径分：A 材（小 A、中 A、大 A）；原木普 A 级主要用作建筑用材，如木桩，方木等；大 A 级主要用于家具用材。

板材按尺寸分：U 材，K 材，KI 材，无节材等，按照板材的宽度，结巴数量大小进行分类。K 材（尺寸为 4 米、6 米×12～20 厘米、20～28 厘米、30～38 厘米），主要用于生产出口胶合板；无节材主要用于家具用材。

项目 2 核算生产成本和进货成本

经过项目 1，同学们明白了成交价格是国际贸易合同的核心。成交价格形成也是国际贸易谈判过程，成交是在卖方报价与买方还价产生的，价格的产生与商品的来源是息息相关的。国际贸易中常常有"自产（Make）"或"采购（Buy）"的二元悖论，因此，项目 1 中就把企业分成生产型进出口企业或贸易型进出口企业。然而这两者绝不是水火不容，不是生与死的抉择，本书故事的主角瓶子家女装就是二者兼有的工贸公司，何时生产商品，何时购进商品，可能是成本的考虑，也可能是质量、时间、地点的考虑。本项目 2 先考虑生产或进货的成本因素，这个是国际贸易卖方报价核算最主要的组成部分。

2.1 任务引导——进出口企业商品辅料的成本核算

2.1.1 任务分析

任务 2—1：瓶子家女装公司服装吊牌的成本核算。

瓶子家公司设计自己品牌的服装，有个很重要的辅料就是吊牌。GB5296.4－1998国家标准对纺织品和服装要求对吊牌有十项内容：厂名厂址、产品名称、规格型号、纤维成分和含量、洗涤方法、贮藏和使用条件注意事项（可选）、使用期限（可选）、采用执行标准、产品等级、检验合格证明（自检）。从质地上看，吊牌的制作材料大多为纸质，也有塑料的、金属的。另外，还出现了用全息防伪材料制成的新型吊牌。从造型上有长条形的，对折形的，圆形的，三角形的，插袋式的以及其他特殊造型的。小彭寻思从简单核算起，从纸质吊牌的成本开始学习核算服装的生产成本。

小彭从广州俊盈服装辅料有限公司（http：//www.gdjunying.com）的业务员那里了解到一张875毫米×1040毫米的纸板可以生产64个218毫米×45毫米的吊牌。很显然要知道吊牌的生产成本首先应该知道原材料的成本，然后算每个吊牌的原材料成本。

小彭根据以上原材料算出每个吊牌耗用的原材料数量是：

875毫米×1040毫米/64＝0.01421875平方米/个

俊盈公司的业务员小张看了这个算式笑了，指出这个算法是没有意义的。小彭应该先了解原材料和成品吊牌的计量单位，俊盈公司从国外进口纸板是每张人民币3元，如果做成服装吊牌出口，则加工贸易手册进口料件备案单位是"张"，出口成品备案单位是"个"。不管吊牌是出口还是卖给瓶子家公司做内销，单位成品耗用原材料的计量单位都是："张/个"。小张列出了如下式子，并告知小彭尺寸是用来计算工艺损耗的。

单耗＝1/64＝0.015625（张/个）

净耗＝218×45/（875×1040）＝0.0107802（张/个）

工艺损耗＝（875×1040－218×45×64）/64/（875×1040）＝0.015625－0.0107802＝0.0048448（张/个）

工艺损耗率＝（875×1040－218×45×64）/（875×1040）＝1－[218×45×64/（875×1040）]＝0.0048448/0.015625＝0.31007＝31.007%

验证：单耗＝净耗＋工艺损耗＝0.015625（张/个）

工艺损耗计算中的64是指生产64个成品共损耗了282160平方毫米（875×1040－218×45×64）的纸，所以一个成品的工艺损耗要除以64。

小彭对以上的名词有些一知半解，小张拍拍小彭的肩膀说："别着急，饭要一口一吃。"根据以上的计算结论，可以得到每个吊牌的原材料成本为：

单耗×原材料单价＝0.015625张/个×3元/张＝0.046875元/个

但以上原材料成本只是服装吊牌成本的主要构成，吊牌生产成本还有哪些成分呢？上面的工艺损耗率合理不合理呢？小彭勤查资料，勤问师傅，慢慢就弄清楚了。

2.1.2 单耗、工艺损耗

单耗是指生产企业在正常加工条件下生产单位成品所耗用的料件量，加工贸易中，料件特指进口料件。

净耗是指在加工后，料件通过物理变化或者化学反应存在或者转化到单位成品中的量。

工艺损耗是指因加工工艺原因，料件在正常加工过程中除净耗外所必需耗用，但不能存在或者转化到成品中的量，包括有形损耗和无形损耗。

工艺损耗率是指工艺损耗占所耗用料件的百分比。

净耗率，或称工序利用率是指净耗占所耗用料件的百分比。

单耗＝净耗＋工艺损耗＝净耗/（1－工艺损耗率）

在现代企业管理中，归并关系料件表（Bill of Material，BOM）拥有形成一个成品的同类料件多工序加工的不同单耗分支的相应数据，单损耗表体现每条分支的净耗和损耗率以及所有分支合成的总的净耗和损耗率，下面第 1 步体现是单一分支的计算推导；第 2 步体现是所有分支合成的计算推导。

1. 最初料件 Z 加工最终成品 A 的单分支情况

Z 到 A 的多工序单分支加工如图 2－1 所示。

$$A \xleftarrow{\dfrac{cm_1}{dm_1}} B \xleftarrow{\dfrac{cm_2}{dm_2}} C \xleftarrow{\dfrac{cm_3}{dm_3}} D \cdots \xleftarrow{\dfrac{cm_i}{dm_i}} Z$$

图 2－1　Z 到 A 的多工序单分支加工

Z—最初料件；B 到 D—半成品；A—最终成品；$cm_{i(i=1,2,\ldots,n)}$—由下一个料件加工成上一个成品的净耗；$dm_{i(i=1,2,\ldots,n)}$—由下一个料件加工成上一个成品的损耗率。

图 2－1 是由成品倒推出料件的过程，经过了 n 道工序。

假设由最初料件 Z 加工成最终成品 A 的净耗为 cm_B，由最初料件 Z 加工成最终成品 A 的工艺损耗率为 dm_B，则 cm_B 和 dm_B 的计算公式如下：

$$cm_B = cm_1 \times cm_2 \times cm_3 \times \cdots \times cm_n \tag{1}$$

$$dm_B = 1 - (1 - dm_1) \times (1 - dm_2) \times (1 - dm_3) \times \cdots \times (1 - dm_n) \tag{2}$$

公式（2）的推理过程如下：

因为：

$$A = \frac{cm_1}{1 - dm_1} \times B，其中，\frac{cm_1}{1 - dm_1} 为由 B 到 A 的单耗$$

$$B = \frac{cm_2}{1 - dm_2} \times C，其中，\frac{cm_2}{1 - dm_2} 为由 C 到 B 的单耗$$

……

所以：$A = \dfrac{cm_1}{1 - dm_1} \times \dfrac{cm_2}{1 - dm_2} \times \dfrac{cm_3}{1 - dm_3} \times \cdots \times \dfrac{cm_n}{1 - dm_n} \times Z$

其中，$\dfrac{cm_1}{1 - dm_1} \times \dfrac{cm_2}{1 - dm_2} \times \dfrac{cm_3}{1 - dm_3} \times \cdots \times \dfrac{cm_n}{1 - dm_n}$ 为由 Z 到 A 的单耗

因为：工艺损耗率＝1－净耗率＝1－净耗/单耗

即：$dm_B = 1 - cm_B / \left(\dfrac{cm_1}{1 - dm_1} \times \dfrac{cm_2}{1 - dm_2} \times \dfrac{cm_3}{1 - dm_3} \times \cdots \times \dfrac{cm_n}{1 - dm_n} \right)$

所以：$dm_B = 1 - (1 - dm_1) \times (1 - dm_2) \times (1 - dm_3) \times \cdots \times (1 - dm_n)$

上式即公式（2）。

工艺损耗率＝1－净耗率＝1－工序利用率＝1－（工序 1 利用率×工序 2 利用率×……工序 n 利用率）

工序 n 利用率（净耗率）＝1－工序 n 的工艺损耗率。

所以多工序生产时，工艺损耗率不等于每个工序中工艺损耗率的简单相加。

2. 最初料件 Z、Z_1 加工最终成品 A 的多分支情况

Z、Z_1 到 A 的多工序多分支加工如图 2—2 所示。

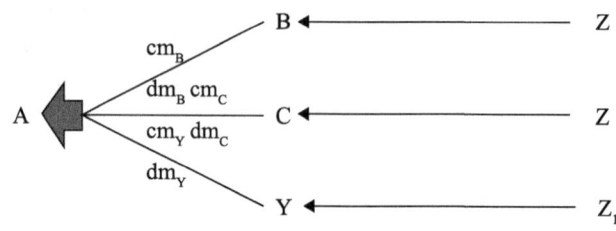

图 2—2　Z、Z_1 到 A 的多工序多分支加工

通过第 1 步中的公式（1）、公式（2），计算出了由最初料件 Z 加工成 B 再加工成最终成品 A 的净耗 cm_B，由最初料件 Z 加工成 B 再加工成最终成品 A 的损耗率 dm_B。同样，可以计算出由最初料件 Z 加工成 C 再加工成最终成品 A 的净耗 cm_C，由最初料件 Z 加工成 C 再加工成最终成品 A 的损耗率 dm_C；也可计算出由最初料件 Z_1 加工成 Y 再加工成最终成品 A 的净耗 cm_Y，由最初料件 Z_1 加工成 Y 再加工成最终成品 A 的损耗率 dm_Y（Z_1 指可与 Z 归并为同一项的料件，所以由 Z_1 到 A 的净耗和损耗率也参与总净耗和总损耗率的计算）。

假设由最初料件 Z（包括 Z_1）加工成最终成品 A 的总净耗为 cm，由最初料件 Z（包括 Z_1）加工成最终成品 A 的总损耗率为 dm，则 cm 和 dm 的计算公式如下：

$$cm = cm_B + cm_C + \cdots + cm_Y \tag{3}$$

$$dm = 1 - cm / \left(\frac{cm_B}{1-dm_B} + \frac{cm_C}{1-dm_C} + \cdots + \frac{cm_Y}{1-dm_Y} \right) \tag{4}$$

公式（4）的推理过程如下：

因为：

$$A = \frac{cm_B}{1-dm_B} \times Z，其中，\frac{cm_B}{1-dm_B} 为由 Z 经 B 到 A 的单耗$$

$$A = \frac{cm_C}{1-dm_C} \times B，其中，\frac{cm_C}{1-dm_C} 为由 Z 经 C 到 A 的单耗$$

……

所以：$A = \left(\frac{cm_B}{1-dm_B} + \frac{cm_C}{1-dm_C} + \cdots + \frac{cm_Y}{1-dm_Y} \right) \times Z$

其中，$\frac{cm_B}{1-dm_B} + \frac{cm_C}{1-dm_C} + \cdots + \frac{cm_Y}{1-dm_Y}$ 为由 Z 经各种半成品到 A 的总单耗

因为：总损耗率＝1－总净耗/总单耗＝1－总净耗率

所以：$dm = 1 - cm / \left(\frac{cm_B}{1-dm_B} + \frac{cm_C}{1-dm_C} + \cdots + \frac{cm_Y}{1-dm_Y} \right)$，即公式（4）

2.1.3　单耗标准

单耗标准是指供通用或者重复使用的单位成品耗料量的准则。单耗标准一般设定

最高上限值，其中出口应税成品单耗标准增设最低下限值。由于加工贸易进口原料是保税的，所以海关依法对保税料件进行监管，依据加工成品的单耗计算保税料件的耗用量，对保税料件进行核销。规定单耗的上限值的作用：一是规范海关执法，提高通关效率；二是促进加工企业技术进步，提高管理水平，降低单耗；三是防止企业通过高报单耗节余保税料件，规避海关监管。规定下限值的意义是对于出口征税和涉证的产品，防止加工企业通过低报单耗，多出成品，将非加工贸易成品以加工贸易方式出口，规避贸易管制。

加工贸易单耗标准是由海关总署和国家发展改革委牵头组织，相关部门、行业协会负责起草制定，专家委员会审定通过后公布执行的加工贸易单耗管理准则。单耗标准应当以海关公告形式对外发布。单耗标准分为两级：国家单耗标准与关区单耗标准。

单耗标准的制定原则：一是以国家标准、行业标准和该行业加工贸易企业的平均生产水平为基础；二是贯彻国家税收政策、产业政策和外贸政策；三是有利于促进加工贸易企业技术进步、促进产业升级和保障企业间的公平竞争；四是便于有效监管。

单耗标准适用于海关特殊监管区域、保税监管场所外的加工贸易企业，海关特殊监管区域、保税监管场所内的加工贸易企业不适用单耗标准。海关特殊监管区域、保税监管场所外的加工贸易企业应当在单耗标准内向海关进行单耗备案或者单耗申报。海关特殊监管区域、保税监管场所外的加工贸易企业申报的单耗在单耗标准内的，海关按照申报的单耗对保税料件进行核销；申报的单耗超出单耗标准的，海关按照单耗标准的最高上限值或者最低下限值对保税料件进行核销。

尚未公布单耗标准的，加工贸易企业应当如实向海关申报单耗，海关按照加工贸易企业的实际单耗对保税料件进行核销。对于有加工贸易单耗标准的商品，企业也要如实申报单耗，如果加工贸易企业申报的单耗在单耗标准内的，海关按照企业申报实际单耗对耗用保税料件进行核销；申报单位成品保税料件的耗用量（单耗×保税料件比例）超出标准限值的，海关按照单耗标准的最高上限值或者最低下限值对保税料件进行核销。超出部分，不予保税，企业可以通过一般贸易进口、国内采购部分料件等方式开展加工贸易。

2.1.4　单耗报备及报核

单耗管理应当遵循如实申报、据实核销的原则。这是单耗管理的总原则，即加工贸易企业必须如实申报本企业生产成品的实际单耗，海关则根据企业申报或海关核定的单耗进行核销。

（1）如实原则。

企业在进行单耗核定及申报时，要根据加工生产的实际核算单耗并如实向海关申报。对于有单耗标准的成品，由于标准值是最大限值，所以企业也应根据生产成品的实际单耗向海关申报，不能按照标准规定的数值申报。

（2）正常生产条件原则。

企业在进行单耗核算和申报时，要以正常生产条件下的单耗进行核算并申报，对于非正常条件下产生的过高的单耗不能作为向海关申报和核销的依据。

1. 单耗的备案

加工贸易企业应当在加工贸易备案环节向海关进行单耗备案。备案单耗是企业在进行加工贸易备案时，根据合同、生产计划或经验进行单耗数据的备案，反映备案料件和成品数量关系的合理性，便于海关控制保税料件进口的合理数量。备案单耗具有一定的计划性。

2. 单耗的申报

单耗申报是指加工贸易企业向海关报告单耗的行为。加工贸易企业向海关提供的资料涉及商业秘密，要求海关保密并向海关提出书面申请的，海关应当依法予以保密。加工贸易企业不得以保密为由，拒绝向海关提供有关资料。企业根据加工生产实际向海关申报单耗，其数据应该真实、准确，海关对企业单耗申报进行审核、处理，符合规定的海关要接受申报；有疑问的，海关与企业通过质疑和磋商，认定单耗；质疑和磋商还不能确定单耗的，通过实际核定确定单耗；从而保证了单耗管理的规范、公平和公正。企业未按规定申报，或申报内容不实，通过核查，海关有证据证明企业申报不实或伪报的，企业要承担相应的法律责任。

（1）申报内容。

①加工贸易项下料件和成品的项号、商品名称、商品编码、计量单位、规格型号和单耗版本号。

②加工贸易项下成品的单耗；如果"单耗/净耗"栏申报的是净耗，则还要申报损耗率，H2010 系统自动计算出单耗；如果"单耗/净耗"栏申报的是单耗，则根据单耗的计算公式，已经包括了损耗，因此损耗率栏应该为空。

【企业实践】

加工贸易纸质手册合同备案里经常有"单耗"与"损耗"两个栏目，这两个栏目准确来说就是对应单耗申报表的"单耗/净耗"和"损耗率"。当"损耗率"为 0 时，则"单耗/净耗"填的数据就是单耗；当"损耗率"不为 0 时，则"单耗/净耗"填的数据就是净耗。"损耗率"即"工艺损耗率"。

比如 1 块重 10 千克的铜块切割掉 3 千克形成一个长方形铜条的产品，即产品重量为 7 千克。显然，工艺损耗率为 30%（3/10）。加工贸易纸质手册合同备案时，表格的"单耗"填 7 千克，"损耗"填 30（有的公司系统用 0.3）。

纸质手册电子化之后，这种不一致的情况已经消失了。电子化手册的单损耗表的备案及电子账册的 BOM 表备案中的单耗、净耗、损耗率已经和《中华人民共和国海关加工贸易单耗管理办法》的概念完全一致了。

③加工贸易同一料件有保税和非保税料件的，应当申报非保税料件的比例、商品名称、计量单位、规格型号和品质。在计算单耗或工艺损耗率时，同一料件有保税和非保税的，非保税料件所产生的损耗计入工艺损耗。

单位成品保税料件耗用量＝单耗×保税料件比例

（2）申报环节。

加工贸易企业应当在加工贸易备案环节向海关进行单耗备案。《中华人民共和国海关加工贸易单耗管理办法》规定，申报单耗原则是企业应在手册的通关备案时明确申报单耗的环节（备案时、成品出口前、内销前、深加工结转前、报核前），在选择的节点前，均可以变更单耗备案或者撤销，因为保税成品已经申报出口、办理深加工结转的、已经申请内销的时，已经脱离了海关监管，无法再对成品单耗进行核定。在正式向海关申报单耗后，或海关已经对单耗进行核定的，海关和企业对成品单耗进行了确认，企业不能再变更和撤销；或海关已经对加工贸易企业立案调查的，是由于企业的生产经营已出现违规、违法的嫌疑，为保证调查的顺利展开，企业不能再进行变更或撤销。

企业向海关申报单耗的常规环节是保税加工的成品出口前、深加工结转前或者内销前。由于保税货物还在海关监管过程中，企业和海关在成品单耗认定上出现争议，能够再对成品单耗进行核定，容易准确、高效地解决单耗争议，减轻通过财务核算和盘库确定单耗给企业带来的负担。为了适应加工贸易企业"全球营销、快速交货、产品个性化、生产零库存"的形势以及海关监管能力和水平的提高。

①一些生产工艺流程简单、产品净耗比较稳定、产品单耗关系不太复杂的企业，可以在合同备案环节一并向海关申报单耗，以便海关在合同备案和核销时给予便利。即对于在备案环节能够确定单耗的，备案和申报可同时进行。

②产品和原料的规格品种多、对应关系复杂，同时掺杂非保税料件和内销产品，加工生产的环节多、链条长，单耗关系复杂、数量大，无法按时申报单耗的，《单耗管理办法》规定，经主管海关批准的，企业可以在报核前申报单耗，但应当留存成品样品以及相关单证，并在成品出口、深加工结转或者内销前提出书面申请。

（3）申报形式。

加工贸易企业应当采取纸质或者电子数据形式申报单耗。企业申报单耗时，应填写《中华人民共和国海关加工贸易单耗申报单》。企业未按规定申报单耗的，将无法办理通关手续。

3. 单耗审核

单耗审核是指海关依据本办法审查核实加工贸易企业申报的单耗是否符合有关规定、是否与加工实际相符的行为。

海关为核查单耗的真实性和准确性，可以行使下列职权。

（1）查阅、复制加工贸易项下料件、成品的样品、影像、图片、图样、品质、成分、规格型号，以及加工合同、订单、加工计划、加工报表、成本核算等账册和资料。

（2）查阅、复制工艺流程图、排料图、工料单、配料表、质量检测标准等能反映成品的技术要求、加工工艺过程及相应耗料的有关资料。

（3）要求加工贸易企业提供核定单耗的计算方法、计算公式。

（4）对保税料件和成品进行查验或者提取货样进行检验或者化验。

（5）询问加工贸易企业的法定代表人、主要负责人和其他有关人员涉及单耗的有关情况和问题。

（6）进入加工贸易企业的货物存放场所、加工场所，检查与单耗有关的货物及加工情况。

（7）对加工产品的单耗情况进行现场测定，必要时可以留取样品。

海关对加工贸易企业申报的单耗进行审核，符合规定的，接受加工贸易企业的申报。

4. 单耗的质疑与核定、复核

（1）单耗的质疑。

鉴于加工贸易单耗管理的复杂性、专业性，单耗申报和审核是一项难度较大的工作，因此设定质疑、磋商程序。单耗质疑的作用主要体现在如下四个方面：一是降低海关在单耗审核时的自由裁量权，规范执法行为；二是引起企业的重视，提高申报质量；三是保证海关单耗审核的科学性、准确性，减少单耗争议；四是保障企业在单耗申报中的申辩权，体现海关执法的公平、公正。

海关对加工贸易企业申报单耗的真实性、准确性有疑问的，应当制发《中华人民共和国海关加工贸易单耗质疑通知书》，将质疑理由书面告知加工贸易企业的法定代表人或者其代理人。加工贸易企业的法定代表人或者其代理人应当自收到《单耗质疑通知书》之日起 10 个工作日内，以书面形式向海关提供有关资料。加工贸易企业未能在海关规定期限内提供有关资料、提供的资料不充分或者提供的资料无法确定单耗的，海关应当对单耗进行核定。

（2）单耗的核定。

单耗核定前并经主管海关同意，加工贸易企业缴纳保证金或者提供银行担保，可以先行办理加工贸易料件和成品的进出口、深加工结转或者内销等海关手续；保证金或者提供银行担保金额，按企业申报的单耗，海关对需核定单耗的成品所对应的保税料件应缴税款收取，即只对需要核定单耗的那一项或几项成品对应的保税料件实施担保，不要求对所有保税料件进行担保。另外加工贸易企业实行银行保证金台账实转，且台账实转金额不低于应缴纳税款金额的，可以免予提供担保。

海关按照规定对企业申报的单耗进行审核、质疑和核定时，企业应履行配合海关工作的义务。海关对企业申报单耗核定的结果，应书面告知企业。

表 2—1　商品单耗的核定方法

方法类别	方法名称	操作要诀
技术分析方法：通过对成品的结构、成分、配方、工艺要求等影响单耗的各种因素进行分析和计算，核定成品单耗的方法	密度计算法	根据成品用料的长度、宽度、厚度及密度，用长、宽、高和密度计算得出原料的重量。此法适用于保税料件在生产过程中未发生化学变化的单耗核定，如钢材、铝材制品的单耗核定
	配方法（或分子式法）	此法主要针对化工行业，由于化工产品都有相应的化学反应方程式，通过化学方程式的数量关系可以计算出原料和成品的单耗。这一数量关系也就是企业的生产配方

方法类别	方法名称	操作要诀
实际测定方法：运用称量和计算等方法，对加工过程中单耗进行测定，通过综合分析核定成品单耗的方法	称重法	以衡量成品的重量来计算耗用原料重量的方法。称重法适用于塑料、木制品、金属制品、玩具、餐具、注塑零件、玻璃陶瓷、长毛绒玩具等产品
	测量法	通过测量成品所耗用料件的长度、宽度或面积，确定成品的单耗。主要是针对可平面排版的产品，通过排料图上显示的长度或面积来计算原料用料。测量法主要适用于服装、皮革制品、鞋帽、床上用品等轻工、纺织产品
	清点法	清点成品中所用原料及原器件的种类和个数。即在生产车间各个工序上，分阶段清点半成品及成品的元器件。清点法主要适用于零部件数量较少的机电产品、电子元器件、仪器仪表等装配型产品
成本核算方法：根据会计账册、加工记录、仓库账册等原料消耗的统计资料，进行对比和分析，计算核定成品单耗的方法	BOM 表法	通过调阅企业的生产控制表，核对每种商品的用料明细。此法适用于料件品种多，成品型号多的机电行业
	生产记录法	企业的车间都有日生产记录报表、月生产记录报表以及生产报表，月生产报表上通常有某一生产车间料件和成品的上月结存、本月领用（产量），本月结存等项目数据，用当月实际产出的成品数量对应所耗用的原料数量就能计算成品的单耗。生产记录核定方法主要适用于精炼油、化学、橡胶、纸制品、纺织原料、针织制品、地毯、织布、纱线等行业
财务成本法	财务成本法	成本核算是企业财务管理的核心内容之一，通过查阅企业每月的成本核算账，得出一个月的产出成品数量所使用的各种料件数量。每月的成本核算数量和金额会有波动，但不会相差很大，以半年或一年的平均数计算，则能核算出较准确的单耗。成本核算法适用于绝大多数产品，对难于确定单耗的化学、橡胶、电镀等行业是最有效的方法
其他方法	参照法	通过参照行业标准，确定成品的单耗，这也是较简单易行的方法
	类比法	通过对比加工同种商品其他企业的单耗情况，确定成品的单耗

注： 海关可以单独或者综合使用技术分析、实际测定、成本核算等方法对加工贸易企业申报的单耗进行核定。

（3）单耗的复核。

单耗复核属于技术救济，增加了企业申诉途径和渠道，为企业提供了便利。由于单耗核定是一项技术性、专业性较强的工作，所以单耗复核由单耗专家参与核定，能够更加客观、全面、准确、快捷地解决争议。

加工贸易企业对隶属海关作出的单耗核定结果有异议的，可以在收到单耗核定结果之日起 5 个工作日内向直属海关提出书面复核申请；对直属海关作出的单耗核定结果有异议的，可以在收到单耗核定结果之日起 5 个工作日内向海关总署提出书面复核申请。加工贸易企业对海关作出的单耗核定结果有异议的，也可以在收到单耗核定结果之日起 60 日内直接向作出单耗核定海关的上一级海关申请行政复议。

直属海关受理单耗复核的部门为保税监管职能管理部门；海关总署受理单耗复核的部门为海关总署加工贸易及保税监管司。单耗复核的申请人是提出单耗复核申请的加工贸易经营企业；单耗复核的被申请人是作出单耗核定结论的海关。

申请人申请单耗复核，应填写《加工贸易单耗复核申请表》，并提供相关资料。单耗复核决定做出前，申请人提出撤回单耗复核书面申请，经单耗复核部门审查同意后，制发《中华人民共和国海关加工贸易单耗复核撤销通知书》，告知申请人和被申请人。单耗复核机关应在收到复核申请之日起 45 日内做出单耗复核决定，并制发《中华人民共和国海关加工贸易单耗复核决定书》，告知申请人和被申请人。

申请人对单耗复核结果不服的，可以在收到复核决定书之日起 60 日内向海关总署申请行政复议。

2.2 知识链接——成本管理与控制

2.2.1　生产成本与进货成本

1. 生产成本

（1）定义。

生产型企业的生产成本是为生产某一商品而发生的各项生产投入，包括各项直接成本和间接成本两部分。生产成本是生产过程中各种资源利用情况的货币表示，是衡量企业技术和管理水平的重要指标。

①直接成本包括直接料件（原材料、零部件、燃料及动力等）、直接人工（生产人员的工资、补贴）、其他直接支出（如福利费），直接料件成本比较容易确定，原材料价格来自市场价格或领料价格。

$$材料成本＝单价×单耗$$

详细单耗核定见表 2—1。

②间接成本，即制造成本。主要是指企业各生产部门为组织和管理生产而发生的各项间接成本，包括分厂、车间管理人员工资和福利费、折旧费、维修费、修理费、办公费、差旅费、水电费、物料消耗、劳动保护费及其他制造成本。这些成本不能直接计入，而要按一定的程序和方法进行分配，计入相关商品的生产成本。如生产过程中使用的厂房、机器、车辆及设备等设施及机用物料和辅料，它们的耗用一部分是通过折旧方式计入成本，另一部分是通过维修、定额费用、机用物料耗用和辅料耗用等方式计入成本。

（2）分类。

生产成本按照经济内容不同可分为以下几类。

①外购材料成本。指企业为生产而耗用的一切从外部购入的原材料、半成品、辅助材料、包装物、修理用备件和低值易耗品等。

②外购燃料成本。指企业为进行生产而耗用的一切从外部购进的燃料。

③外购动力成本。指企业为进行生产而耗用的从外部购进的各种动力。

④人员工资及职工福利成本。指企业应计入生产成本的职工工资，以及按照工资总额的一定比例提取的职工福利费。

⑤折旧成本。指企业所拥有的或控制的固定资产按照使用情况计提的折旧成本。

⑥利息支出。指企业为筹集生产经营资金而发生的利息支出。

⑦税金。指企业应计入生产成本的各种税金，如车船使用税、土地使用税、房产税等。

⑧其他支出。指不属于以上各项目的成本支出。

生产成本按经济内容进行分类，可以反映企业在一定时期发生了哪些成本，数额各是多少，用以分析企业各个时期各种成本占全部成本的比重，考核成本计划的执行情况。

（3）核算要求。

构成企业一定期间的生产成本总额，企业应当根据实际情况，选择合理的计算方法，确定当期产品的单位生产成本。

用生产成本法计算成本时，只将生产经营过程中发生的直接材料成本、直接人工成本和制造成本计入产品成本，而本核算课程中销售费用、管理费用和财务费用计入流通费用不计入产品成本，作为当期费用直接计入当期损益。

①正确划分各种支出的界限。

遵循受益原则划清五个方面的界限，即谁受益谁负担费用；负担费用多少，应与受益程度大小成正比。这五个方面有一定的逻辑顺序，按照要求一步一步地走下去，成本基本就出来了：

a. 划清收益性支出（生产经营管理性费用）和资本性支出（如购置固定资产、无形资产、对外投资等）的界限，这是最粗线条的划分；

b. 在"生产经营管理性费用"中，区分商品制造成本（生产性费用）与期间成本（经营管理性费用）的界限，因为"经营管理性费用"不计入产品成本，而是计入当期损益，计入本年利润的；

c. 把步骤 b 中的"生产性费用"按一定的时间段如一个自然月来划分，即划清各期间的费用界限；

d. 把步骤 c 中一个自然月中发生的"生产性费用"，按一定的方法归集后，分配给每种产品，即划清各种产品应负担的费用界限。

e. 生产某种产品，有的完工了，有的下月还要继续加工，所以步骤 d 中的成本金额，还要按一定的分配方法，在制成品和半成品之间进行分配，即划清本期制成品与期末半成品之间的费用界限。到此，产品生产成本就出来了。

②合理选择费用分配方法。

$$分配率＝某项费用总额/某种分配标准之和$$
$$某对象应分配的费用＝某对象的分配标准数量×分配率$$

③核算程序。

a. 对费用进行审核，确定产品成本的核算范围。小企业应正确划分应计入产品成本和不应计入产品成本的生产费用界限。

b. 根据发生的各项费用的原始凭证和其他有关资料，编制各项费用分配表或费用分配汇总表，据以分配各项费用，并计入成本计算单。

c. 按照权责发生制原则，计算摊销待摊费用和计提预提费用。将应计入本期的生产费用计入本期。凡应当由本期负担而尚未支出的费用，作为预提费用计入本期生产费用；凡已支出应当由本期和以后各期负担的生产费用，应当作为待摊费用，分期摊入生产费用。

④归集和分配辅助生产费用，计算并确定辅助生产的费用或成本，并采用一定的方法分配转入各受益对象的相应账户。

⑤归集和分配基本生产车间的制造费用。

⑥分配计算完工产品和月末在线产品成本，对既有完工产品又有在线产品的商品，将月初在线产品成本和本月生产费用之和，在完工产品与月末在产品之间进行分配，最终确定本期完工产品总成本和单位成本。

（4）核算方法。

主要按以下三种方法设置基本生产明细账或成本计算单，账目中按成本项目设立专栏：生产费用归集、产品成本计算。

①品种法，即以产品品种为成本计算对象。

②分批法，即以订单或产品批别为成本为计算对象。

③分步法，即以产品的生产步骤为成本计算对象。

2. 进货成本

（1）定义。

贸易型企业的进货成本指向供应商采购商品的进货价值。与采购相关的物流费用、采购订单费用、采购计划制订人员的管理费用、采购人员管理费用在本核算课程中计入非生产性流通费用。这里讨论的采购相关概念并不局限于贸易型企业的商品进货，同样适用于生产型企业的原材料和零配件的采购。

（2）采购的分类。

①影响性较小的采购（Low-Impact Purchase）。

金额虽然不高，但是，也必须确认所取得的价格与一般市售价格比较，是属于公平合理的价格，采购人员切记，勿让花费在价格分析上的成本高于采购的实际金额。采用快速、低成本的价格分析（Price Analysis）方法。

②重要计划的采购（Critical Purchase）。

采购金额都相当大，包含一次性，或非经常性的花费，如主要机器设备、资讯系统，或厂房设施等。主要采用成本分析法，如果重要计划的采购案一旦变成重复性的例行采购，则必须考虑使用结合价格分析。

③策略性采购（Strategic Purchase）。

非常重要的持续性采购，采购人员希望与供应商建立长期，或联盟性质的关系。公司应该花较多时间在成本与价格分析上，以便效益最大化。

（3）采购费用的分类。

分为直接采购费用和共同采购费用两种。

①直接采购费用是指发生时能直接确认应由某种商品负担的费用，该种费用发生

后直接计入对应商品的采购成本。

②共同采购费用是指应由多种商品共同负担的采购费用，该种费用发生后应按一定标准分配计入各种商品的采购成本，分配标准主要有采购数量、价格等。

（4）供应商管理。

一般来说，供应商的数量以不超过 3～4 家为宜。

①与供应商的关系管理。

进货方对供应商有如下几个层次的定位：卖方、老供应商、认可的供应商、战略伙伴。不同的定位，其成本资料的分享方式也不同。进货方和供应商要保持何种关系取决于商品的采购特性，想获取详细的成本结构资料，与供应商维持普通的关系是不够的，只有与供应商维持较密切的关系，彼此互信合作时，才能有办法做到。

进货方应重视与供应商战略性伙伴关系的建立、培养和发展，以及自身采购流程的优化。一旦确定了可以长期合作的供应商，应该与供应商之间建立直接的战略伙伴关系。双方本着"利益共享、风险共担"的原则，建立一种双赢的合作关系，进货方在长期的合作中获得货源上的保证和成本上的优势，也使供应商能够拥有长期稳定的大客户，以保证其产出规模的稳定性。这种战略伙伴关系的确立，能给进货方带来长期而有效的成本控制利益。

②供应商行为的绩效管理。

在与供应商的合作过程中应该对供应商的行为进行绩效管理，以评价供应商在合作过程中供货行为的优劣。例如，建立供应商绩效管理的信息系统，对供应商进行评级，建立量化的供应商行为绩效指标等，并利用绩效管理的结果衡量与供应商的后续合作，即增大或减少供应份额、延长或缩短合作时间等，对供应商以激励和奖惩。这样能促使供应商持续改善供货行为，保证优质及时的供货，从而有效地降低项目采购总成本。

③供应商的选择方式。

选择供应商的方式主要包括公开竞争性招标采购、有限竞争性招标采购、询价采购和直接签订合同采购，四种不同的采购方式按其特点，可分为招标采购和非招标采购。在项目采购中采取公开招标的方式可以利用供应商之间的竞争来压低物资价格，帮助采购方以最低价格取得符合要求的商品；并且多种招标方式的合理组合使用，也将有助于提高采购效率和质量，从而有利于控制采购成本。在选择供应商时，应把所购货物的性价比作为采购决策的依据。招标竞价法目前已经得到了广泛的应用，而且除了传统的现场招标外，网上招标的方式也越来越多的被企业采用。参加招标的供应商一般为该企业现在的供应商，要想取得良好的效果，在招标前就要做详尽的准备。首先，对招标的物料要做到心中有数。要了解招标物料的采购数量、采购金额、原材料价格趋势、目前价格水平等情况，对原材料价格正在上涨，且价格水平已不是很高的物料，可能招标的效果不大，甚至有相反效果，可采取其他方法。其次，要对供应商有充分了解。要想组织招标，对供应商数量就要有一定要求，至少 3 家以上。另外由于给企业供货有一定的稳定性，且随着降价的不断进行，利润越来越低，部分供应商就会相互"合作"，影响降价效果，这时就要适时引进 1～2 个新供应商，打破这种合作关系，以取得最好的招标效果。最后，要对招标后配额的分配进行仔细斟酌。招标后的供货比例对供应商的吸引力和影响力很大，一个好的方案会改变供应商的投标态度。企业评标时既要考虑采购价格，也要注重货物的质量、性能、交货期和供应商的承诺，如售后服务、保质期、送货与安装等。

（5）采购管理。

成本中的70%是采购成本，专业高效的采购管理将有助于获得战略性竞争优势。采购最基本的职责就是在保证所购产品的质量，和供应商的售后服务跟得上公司需要的前提下，能购得物美价廉的产品。最有能力体现的就是能把握好采购的度，能做好行情降价和涨价的物料供应。在大起大落的环境中能为公司降低直接原材料成本，博得自己的产品多占领市场份额的机会，就是优秀的采购。好的采购管理应具备如下内容。

①评估采购环境。

项目的外部环境对采购策略的制定、采购计划的实施会产生重要的影响，外部环境包括宏观环境和微观环境。宏观环境是指能对项目组织怎样及如何采购产生影响的外部变化，包括市场季节性的变化、国家宏观经济政策的变化、国家财政金融政策的调整、市场利率及汇率的波动、通货膨胀的存在及战争罢工等各种因素。而微观环境则是指项目组织的内部环境，包括项目组织在采购中可能采取的组织政策、方式和程序，即实施采购的过程和程序。在符合微观环境原则的前提下，一个好的项目采购策略应当充分利用外部市场环境为项目整体带来利益。

行情看涨的征兆如下所述。

a. 你打电话给供应商了解情况，供应商表现出惜售的状态。

b. 经常给你打电话询订单的供应商家（特别是有长期业务的商家），近段时间在你的电话铃声中消失了。

c. 你的订单出现变数，供应商嫌价格没给到位或消减你的订货量。

d. 供应商对你大叫原材料涨很多，或出现意外情况导致某一种市场走俏的原材料不能生产或减少等情况。

行情看涨时，要做好如下准备工作。

a. 分析公司料件用量的淡季还是旺季，料件紧张持续时间，波及的范围有多大，涨势会不会导致求大于供。淡季只要保证生产不断货就行；旺季要确保即时低成本购进。在有所觉察的情况下，抓住时机，分秒必争加大生产料件的采购量。

b. 分析涨价的具体原因，对症下药。人为炒作、国际因素，与石油、汇率等问题关联有多大。全面分析消息来源，及时获取消息。对人为炒作，要沉得住气，不要一听供应商要调价，就马上下采购订单，或者慌了手脚不知如何是好。

c. 要多手准备，多家订购，多项选择，不要受制于一家供应商，不要轻信，不要赌气，行情越是不正常，采购人员越要警惕小心。

②建立和完善企业采购制度。

严格的采购制度和操作程序不仅能规范企业的采购活动、提高效率，还能明确责任人的工作权限，理顺物料采购的流程，相关部门的责任和关系。采购制度应包括采购计划、申请、预算制度；招标、投票和定标制度；采购验收和审核制度等，如采购方在采购项目使用前应组织相关人员进行调试、验收，必要时可聘请专家共同组织验收或聘请国家认可的质量检测机构参加验收，确保在正式使用前各项性能指标等完全满足各项采购要求，验收成员应当在验收书上签字，对验收质量承担责任等。此外还应建立采购人员业绩考核与培训制度。

③选择合理的采购方式和渠道。

企业除了可以通过与供应商进行面对面谈判采购以外，还可采用公开招标采购、电子采购等方式。公开招标采购方式是竞争最充分的一种采购方式，企业大宗采购，首先应该考虑公开招标采购方式，它能实现厂家直供、争取价格优惠、节约采购费用、降低采购成本、提高采购质量的目的。电子采购也是现代企业采购的一种有效方式，它能优化采购过程、缩短采购周期、提高采购效率、降低采购成本。

为了能获得最优的采购渠道，企业应加强市场调查，建立供应商信息库。对企业采购有关的供应商要建立详细的信息档案。供应商档案应定期或不定期地更新，并有专人管理。重点材料的供应商必须经质检、物料、财务等部门联合考核，如有可能，则要到供应商生产地进行实地考察。在确定企业的合适供应商后，企业应采取稳定主渠道、及时付款的供应策略，建立起与主渠道供应商协同发展的长久合作的良好关系，谋求共同发展，这样既可以降低材料采购成本，确保采购主渠道的畅通，又可以强化与供应商的密切合作关系，共同抵御市场风险。采购信息可以通过网络、报纸杂志、电视广告、电话查询、市场调研等途径获得。而我国有很多企业对材料市场缺乏研究，未能把握市场动态，没有建立企业自己的价格信息系统，不能充分利用互联网及时获取供应商和市场信息，不了解国际市场对国内市场和行业市场、国内市场对区域市场和小市场的影响，以及这些市场对企业所需材料价格的影响。对市场的了解肤浅，造成企业的供应商单一，制约了企业的材料供应，失去了很多直接采购机会，采购价格信息不及时，也加大了采购成本。

④考虑综合成本选择最优采购方案。

影响商品价格的因素较多，当价格波动较大时，为了保证充足的货源和实现最优采购成本目标，采购人员必须及时了解和掌握供求变动的规律，避免高价位采购。企业也可在确定的多家供应商中，通过招标、询价、谈判等方式，实施比价采购。企业还可在综合考虑成本的前提下，进行成本分析，通过调整采购批量，选择合适的进货地点、运输方式等，选择最优采购方案，降低采购成本。

(6) 选择采购成本策略所需考虑的因素。

企业拟定采购策略的时候，应同时考虑下列几项因素。

①商品的采购频率。

一次性采购与持续性采购策略是不一样的，持续性采购对成本分析的要求远高于一次性采购，但一次性采购的金额如果相当庞大，也不可忽视其成本节省的效能。

②年需求量与年采购总金额。

年需求量与年采购总金额的多少关系到在与供应商议价时能否得到较好的议价优势。

③商品生命周期阶段。

采购量与商品生命周期（Product Life Cycle）所处的阶段有直接的关系，产品由导入期、成长期到成熟期的过程中，采购量会逐渐放大，直到衰退期出现，采购量才会逐渐缩小。以电子行业为例，非常明显的，商品生命周期有逐渐缩短的趋势。

a. 导入期（Emergence）：新技术的制样，或产品开发阶段。供应商早期参与、价值分析、目标成本法以及为便利采购而设计都是可以利用的手法。

b. 成长期（Growth）：新技术正式产品化量产上市，且产品被市场广泛接受。采购可以利用需求量大幅成长的优势，进行杠杆采购获得成效。

c. 成熟期（Maturity）：生产或技术达到稳定的阶段，产品已稳定的供应到市场上。价值工程、标准化的动作可以更进一步地找出不必要的成本，并达到节省成本的目的。

d. 衰退期（Decline）：产品或技术即将过时或将衰退，并有替代产品出现，因为需求量已在缩减之中，此时再大张旗鼓降低采购成本已无多大意义。

2.2.2　成本控制

市场竞争激烈是企业经营上所面临最大的困难，其次依序为汇率不稳定，劳动力成本不断上升，原材料涨价，基层劳力不足，市场需求停滞及管理和技术人才不足。

在市场经济条件下，商品成本是衡量生产消耗的补偿尺度，企业必须以商品销售收入抵补商品生产过程中的各项支出，才能确定盈利，因此在企业成本管理中生产成本或进货成本的控制是一项极其重要的工作。企业原材料消耗水平，设备利用好坏，劳动生产率的高低，产品技术水平是否先进等，都会通过生产成本反映出来。换言之，生产成本的控制能反映企业生产经营工作的效果。同样，如果管理不善，进货价格过于昂贵或者质量较低，就直接影响到后续的贸易活动。

由此可见，企业在面临国际间日益激烈的竞争，商品生命周期逐渐地缩短，消费者需求多样化，以及商品技术层次不断提升的压力下，如无法有效的开源，节流则成为企业应对变局的有效方法之一。成本控制绝不只是简单的消减成本，而是个系统工程。单纯地消减成本同样会给公司带来很多的风险，如质量风险、及时供货风险、技术风险等。因此，成本管理必须综合考虑公司的战略及长期可持续核心竞争力的发展。

1. 建立全面预算管理体系

全面预算管理是企业内部成本控制管理的一种方法，全面预算管理体系也是帮助现代企业在成本管理上成熟与发展的有效系统。企业通过建立全面预算管理系统，可以提升战略管理能力，加强核心竞争力，有效规避与化解经营风险，节约管理成本，提高利润收入。

2. 树立企业成本管理战略观

企业成本管理必须打破传统观念，不能单纯从企业自身角度出发，而是要以市场需求为标的，树立战略管理的理念。管理者应着眼于外部环境，让成本管理真正涉及产品开发—设计—生产—销售—售后服务各个环节，树立全面的成本管理战略理念，从根本上实现管理观念的转变。为了树立企业成本管理的战略观，企业应做到以下几点。

（1）用管理创新来降低成本。

成本管理中的产品创新要以企业全局为对象，从企业所处的竞争环境出发，综合分析现况和预计将要出现的情况，包括企业内部、竞争对手及行业在内的整个价值链，结合成本管理进行创新。成本管理创新意识主要体现在产品的设计上，在企业间的技术差别越来越小的今天，只有从创新入手出发，才能有效地降低成本。企业只有不断创新，不断用有效的激励方式激励创新，才能实现企业健康、快速发展。

（2）正确认识成本，扩大成本控制新范围，明确成本管理的战略性眼光：拒绝追求短期利益，注重长远的成本控制，将企业成本管理的重点放在发展企业可持续竞争优势上。

（3）改进成本核算办法，加大成本控制力度，着重对资产的耗费进行控制，使企业主动适应市场，快速实现低成本领先市场战略。

3. 正确理解商品质量与成本的关系

质量和成本是一个辩证的关系。一方面，高质量在一定程度上确实意味着高成本，在价格不变的情况下，企业的盈利可能会减少；另一方面，低质量的产品必然会影响长期的销售额，从而直接影响企业的利润。如果不能正确理解产品质量与成本的关系，长此以往，将会给企业造成人力、财力持续浪费的恶性循环，产生的成本也会更高。所以，企业需要摆正质量和成本的关系，选择能够取得合适经济效益的质量水平。

在面对质量和成本的问题上，企业要尽量避免或减少因为产品质量不好而造成的成本增加，前提是要牢固树立"提高质量即是降低成本"的观念。

全面质量管理是提高质量、降低成本的有效工具。它通过提高生产技术、改造产品设计、减少流程浪费来提高产品的质量，提高产品生产效率，降低废品率和返修的费用，从而降低产品成本。

4. 全员成本管理和全过程成本控制

现代企业的成本管理是一个综合体系，包括企业的所有人员和全部生产过程。因此，应该让所有人都加入到这个成本管理体系中来，真正做到人人管成本，成本人人管。通过实行全员和全过程的成本管理，形成人人关心成本、处处关注成本的局面。因此，通过全员企业成本管理，实现全过程成本控制，是企业降低成本的保障。

人员是企业管理中最活跃也是变数最大的因素。如果把企业看作一条船，"水能载舟，亦能覆舟"的古训对企业管理来说，同样适用。所以，加强人力资源管理是企业最能够获得潜力成本的一项措施，特别是在劳动力成本增长成为必然趋势的今天。

日本的人力资源研究报告指出："工人教育水平每提高一个等级，技术革新者的比例平均增加 6%；工人提出技术革新建议一般能降低成本 5%，而科技人员的建议一般能降低成本 10%～15%，特别是受良好教育的管理人员推广现代管理科学方法和技术，可降低成本高达 30%以上。"

5. 选择生产与进货成本控制模式

（1）价值分析法（Value Analysis，VA）与价值工程法（Value Engineering，VE）。

通过一些科学方法分析供应商提供的详细成本资料（Open books）及构成，针对产品部件或服务的功能加以研究，对部件或服务成本进行核算和评估，以最低的生命周期成本，确保价格的合理性，找出可能改善的部分，通过剔除、简化、变更、替代等方法，达到降低成本的目的。结合价格分析（Price Analysis）比较分析各供应商报价、目录或市场价格、过去的采购价格记录、比较类似产品采购的价格，了解所买的商品是否为公平合理的价格，争取降低采购成本的机会。价值分析是使用于新产品设计阶段。而价值工程则是针对现有产品的功能/成本，做系统化的研究与分析。现今价值分析与价值工程已被视为同一概念，两者均为成本估算（Cost Estimates）办法，分析整个供应链的成本结构（Cost Analysis），计算整体拥有成本（TCO）。

面对企业之间的竞争日益加剧，管理者虽已意识到产品生产成本控制的重要性，但往往认为成本管理就是控制产品的生产成本，将控制的责任归结于生产环节，而不是从产品的设计、替代材料等方面加以考虑。殊不知单靠成本节省和控制生产成本是难以确立企业长期竞争优势的。产品生产耗用材料的多少，除生产过程能否节能减耗以外，更重要的是取决于产品的设计方案。注重产品设计的创新，在保证和提高产品质量、性能的前提下，通过改变材料状态减少原材料消耗，科学尝试材料替代降低材料成本。

在产品的设计阶段，采用自产与采购（Make or Buy）的策略，实施规格的标准化（Standardization），为不同的产品项目、夹治具或零件使用共通的设计、规格，或降低订制项目的数目，以规模经济量，达到降低制造成本的目的。这只是标准化的其中一环，应扩大标准化的范围至作业程序及制程上，利用协作厂的标准制程与技术，以及使用工业标准零件，方便原物料取得，如此一来，不仅大大减少了自制所需的技术支援，同时也降低了生产所需的成本。为什么将设计优化放在降低成本方法的首位呢？大家都应听过这样的话，"万事开头难"，"良好的开始是成功的一半"，这些俗语说明了一个好开端的重要性，设计开发就是产品的开始阶段，一旦新产品定型，其零部件也就基本确定，同类零部件因性能不同，价格差别很大，甚至有时会有成倍的差距，如果设计人员在选材时，忽视产品定位，一味追求高质量高性能，选用最好的零部件。即使过后会进行部分更改，但一般来说幅度不会很大，即成本基本确定。日后零部件降价成本降低带来的收益十分有限的，远没有在开始时就选用适合产品定位的部件效果来得好。举例来说，若 A 产品定位于低端，需用到一种部件，现有 X、Y 部件两种选择都能达到性能要求，Y 价格较低，性能相对 X 部件差些。

如果你是一位设计开发人员会选择哪个部件？你应该选择 Y 部件，因为虽然看起来 Y 部件日后带来的降价收益较低，但是从一开始产品就会有竞争优势，且总成本也会比选择 X 部件低。上面这个例子很简单，而实际中很少有如此容易做决定的情况，这就需要设计开发人员一定要有成本意识，在产品的设计开发阶段就要对所用物料、部件进行权衡选择，使零部件和产品的市场定位相匹配，做到合理成本，防止出现"质量过剩"或"质量不足"的现象，使产品具有最佳的性价比。

实现零部件成本降低的有效方法就是类比降价法，通过对与本产品结构、材料相似的物料进行类比，找出差异或改进点，达到降低成本的方法。其中一个关键之处就是类比件的选择，类比件一定要有代表性，与原件进行类比，其价格应经过验证，确实具有竞争力，否则类比下来的结果可能适得其反。很多厂商都碰到过这种情况，自己的产品与对手类似，为什么对手的价格会比我低呢？通过类比你一定会找到一些原因，如对手在用料、结构等方面领先于你，具体来说，如对手使用的钢板比我们薄、对手的部件结构更科学等，发现这些差异，可以去尝试，做一些改变是否可行，是不是有办法可以做得更好，通过这些活动，就可以实现部件成本的降低，同时，使自己的产品更具有竞争力。

①自产：设计优化法（Design for Purchase，DFP）。

在产品设计开发时就注意到材料、器件的选用，以合适的而不是最好的物料用于新产品中，使得产品在保持性能满足市场要求的情况下达到成本最低的目的。

把国产化作为降低成本的方法是由中国目前的实际情况决定的。很多生产企业都有部分部件需从国外进口，而且往往是关键部件，成本很高。而中国目前生产资料的价格很低，且很丰富，这些部件若能在国内生产，别的不说，光运费、关税等费用就可以节省很多，而且实际上国产化的部件带来的成本降低往往出乎人们的意料。因此，国产化对那些进口物料很多的厂家来说，无疑是降低成本极重要的手段。但要实现国产化，也不是件简单的事情。首先，这些进口部件一般技术含量都比较高，这就对要进行国产化的厂家的实力提出很高的要求，其次，国内有这样的厂家，但生产厂家如何能找到并联系到他们呢？这就得靠生产厂家的采购寻源能力了。

②采购：早期采购商或/供应商参与（Early Purchaser Involvement，EPI/Early Supplier Involvement，ESI）。

在产品设计初期，选择让具有战略伙伴关系的供应商参与新产品开发小组。经由早期供应商参与的方式，新产品开发小组对供应商提出性能规格（Performance Specification）的要求，借助供应商的专业知识来达到降低成本的目的。

（2）目标成本法（Target Costing）。

以原材料或零配件或进货商品的生产成本或市场价格作为采购的目标成本依据。

（3）竞争性谈判（Negotiation）。

谈判是买卖双方为了各自目标，达成彼此认同的协定过程，是采购人员应具备的最基本能力。谈判内容不仅仅局限于价格方面，同样适用于某些特定需求，使用谈判的方式，通常能使价格降低 3%～5%。如果希望达成更大的降幅，则需运用价格/成本分析，价值分析与价值工程（VA/VE）等手法。

（4）杠杆采购（Leveraging Purchases）。

杠杆采购是指生产商有长期持续性的采购需求，但对采购价格的波动特别敏感，或是产品上市的寿命非常短，不得不随时寻找价格最低的供应商以满足需求，因而无法与固定的供应商维持比较密切的合作关系。采购人员需要花费较多时间来进行价格分析并以成本分析为辅助工具。

（5）规模效应法。

大家一般都有这样的经验，在买东西的时候，随着批量的加大，采购价格会不断降低。规模效应法也是应用这种方法，通过大批量的采购，争取到最优惠的价格。这种方法在原材料的购买方面效果显著。没有多品类的产品线，产品销量没到一定规模，根本不可能实现集中。所以，在集中采购方面，采购规模的大小直接决定了企业在产业链的主动权。

①大企业集中采购。

集中采购基本上是一个大企业把采购规模优势更大化的手段，大企业拼命压迫小企业降低价格是采购的普遍现象。只有实力规模强大的企业才可以采取"大鱼吃小鱼，小鱼吃虾米"的采购策略。企业将原先分散在各单位通用物料的采购集中起来，避免造成企业内不同单位各自采购，以不同价格，向同一个供应商采购相同零件，但彼此并不知的情形，无故丧失节省采购成本的机会。集中采购使采购规模优势最大化，从而增加议价空间，逼使供应商采用折扣、让利等方式来实现降低成本。

集中采购的优势在家电行业最为明显。然而，要做到集中采购，听起来容易做起来难，有时不单单靠公司采购部一个部门就能够完成。以海尔集团为例，电缆是海尔众多产品都要使用的部件，为了做到集中采购，采购部门和产品设计部门通力合作，对空调、洗衣机、电冰箱等产品所用到的电缆进行了统一的重新设计，能够标准化的标准化，能采用通用部件的尽量使用通用部件。通过这些措施，海尔集团所采购的电缆由原来的几百种减少为十几种。只有采购产品种类减少，才能顺理成章地实现集中采购。据透露，仅此一项改进，就使得海尔集团在电缆采购上节约了大概20％的成本。

②中小企业联合采购（Consortium Purchasing）。

中小企业或机构特别是非营利组织如医院、学校等，可以考虑组织或加入采购联盟，利用行业协会等公共平台联合抵御风险，统合不同采购单位的需求量，以获得较好的数量折扣价格。联合采购可以直接面对生产企业，摆脱代理商的转手成本，减少中间层次，大大降低流通成本和保障产品质量。中小企业或机构联合起来，可以增加防范风险的能力。一是多家单位联合采购，集小订单成大订单，增强集体的谈判实力，获取采购规模优势，二是可以争取和大企业一样的"江湖地位"。

（6）第三方采购（Third-party Purchasing）。

顾名思义，第三方采购是指企业将产品或服务采购外包给第三方公司。国外的经验表明，与企业自己进行采购相比，第三方采购往往可以提供更多的价值和购买经验，可以帮助企业更专注核心竞争力。第三方采购主要替那些维修与作业耗材（Maintenance，Repair and Operating，MRO）需求量不大的企业单位服务。

采购发包双方很难建立信任，在中国，企业里大多存在合作上的信任危机，所以此策略目前在中国并不适合。正如IBM前任首席采购官里克特所言，"生产采购包含着许多提前设计工作，而你并不希望设计秘密公开给第三方，因为他们可能与其他公司分享这一信息"，甚至他还认为，"采购外包会将IBM的采购利益和经验教给其他公司，这会损害企业的竞争优势。"

（7）电子商务法。

采购过程中之所以经常出现问题，是由于存在过多的人为因素和信息闭塞问题，通过互联网可以减少人为因素和信息不畅通问题，最大限度地降低采购成本。以下三个方面是利用电子商务实现采购成本降低的有效方法。

①全球采购。

通过在互联网上发布求购信息和"实时视频会议"系统，可以让全球的供应商报价与竞价，从而选择综合成本最低的供应商，受原材料涨价的威胁，能实现国际采购的企业明显表现出更强大的竞争力。比如一温州个体户，免费在网上发布了求购鲨鱼皮的消息，3 天内，就收到了来自韩国、日本、秘鲁等多家水产商的报价，最低价格到温州为 50 元 1 千克，而当时温州的价格为 150～200 元 1 千克。在利用国际采购上，值得特别注意的是税收问题，采用保税进口可以节省约 10% 的成本。

②信息整合。

企业内部经营管理系统要建立标准的物料分类和物料编码库，统一公司的物料基本信息。在物料信息库的基础上，将供应商、采购成交价格、供应商报价、采购员询价等信息进行关联。将物料的到货及时性、售后服务与供应商的评价评估进行紧密的联系。通过以上三个步骤，形成完整的物料采购和评价系统。

利用互联网将企业内部经营管理系统特别是生产系统（商业部门是销售系统）、库存系统和采购系统连接在一起实现数据共享，使得采购部门能及时了解信息并根据需要在网上发布订购信息，快速寻找价格最低、服务最好的供应商，实现实时订购，最大限度降低库存，实现"零库存"管理。一方面可以减少资金占用和仓储成本，另一方面可以避免价格波动对产品的影响。比如计算机硬件产品一天一价而且不断下降，积压库存意味着你的产品的零部件价格总是比现在价格高，美国 Dell 公司通过其灵活的网上采购系统，将其零部件库存时间压缩到一周以内，而其他电脑公司则大多一个月甚至三个月，这是 Dell 公司能以比同行低 15% 的价格进行优惠销售的重要原因所在。

利用互联网可以将采购信息进行整合和处理，统一从供应商订货，以求获得最大批量折扣。如美国的 Wal-mart 就是通过其零售管理信息系统将需要采购的信息统一汇集到总部，然后由总部再通过网络统一向供应商批量订购，获得最大限度实惠。

企业站点可设立专门网页提供企业需要的产品的种类、型号、数量和供货时间，以及联系方式等。通过互联网实现库存、订购管理的自动化和科学化，最大限度减少人为因素的干预，同时能以较高效率进行采购，可以节省大量人力和避免人为因素造成不必要的损失。

③战略合作。

与战略伙伴关系的供应商共享采购信息，帮助供应商能按照企业生产的需要进行供应，同时又不影响生产和增加库存产品。加强双方的互惠互利合作，获得长期商业利益，因为 80% 的利润来自 20% 利润产生地。如美国的波音公司为满足世界各地航空公司对公司零部件的需求，在互联网设立零部件网页，各地用户可以直接通过其网页与零部件供应商直接联系获取支持，一方面波音公司提高了对用户的服务速度和成本降低；另一方面用户可以以最快速度获得需要支持，避免过多中间环节，实现零周转。

2.3 操练与深化——进出口企业商品主料的成本核算

2.3.1 服装用料的计算方法

在竞争激烈的市场上，时间就是金钱。因此，越来越多的客户要求外贸业务员能够在第一时间里向他们提供准确的报价。然而，服装用料核算是服装报价必不可少的前提，服装用料的多少将直接决定报价的多少，影响订单的利润。但是，怎样准确、快速地核算出服装用料这一问题，给外贸业务员带来了很大的困扰。在实际加工生产中，用料按针织和梭织服装计算，服装这类平面排版单耗核定办法根据前面的总结使用测量法。

1. 常用服装术语

原型样板：指上衣、袖子、裙子、裤子等基本样板不加任何设计因素，已包括基本放松量，一般不加缝份。

工业样板：指已经修改完善后的样板，包括完成整套服装的所有样片，并加有缝份、剪口等记号，用于推板和排料。

推板（放码、扩号）：按相应的规格系列尺寸，将标准版成比例放大或缩小。

排料图：将同一次剪裁的所有样片排放在图纸上。

省道：服装样板上将缝合或剪掉的楔形部分，这是使布料合体的方法。

褶裥：衣服要折进去的部分，是缝合裁片时吻合记号。

剪口：在缝份上加的切口，是缝合裁片时的吻合记号。

孔眼：在样板上开一个小孔，表示省尖或袋位等标记。

缝份（Cloth Allowance，俗称缝头或做缝，止口）：在制作服装过程中，把缝进去的部分叫缝份．为缝合衣片在尺寸线外侧预留的边。

门幅（幅宽）：简单地说就是面料的宽度，分有效门幅和包边门幅。坯布在织造和染整过程中，需要将面料的外围边缘包边，即把边缝上，包边在后处理过程中通常是机器展布的针位，布匹剪裁时要去掉不能使用的包边，所以算上包边的门幅称为包边门幅，去掉包边的门幅就称为有效门幅。

裁损（裁耗）：是指面料在裁床裁剪过程中的工艺损耗，包括拉布两头的超长部分及裁片换片用料。

挂面（里襟）：挂面是从领到下摆附着的左右二条长条。把西装翻开，看到的附着的一块就是挂面。

叠门（门襟）：服装行业泛指衣物在人体中线锁扣眼的部位，如上衣或衬衫的门襟、袖口开叉处、裤子的拉链处等，重叠的宽度一般在上面的地方要比下面的宽，才能遮住下面的，这样外观才好看。

服装分类：按服装的厚薄和衬垫材料可分成单衣类、夹衣类、棉衣类、羽绒服、丝棉服等。

服装工业化生产的工艺流程是：产品计划→选定设计→样品制作→工业化样衣制作→纸样扩号（尺寸放大与缩小）→裁剪→缝制→整烫→检验→成品。

服装组成材料结构可分为面料、里料、衬料、填料、胆料五个部分。

服装量体方法。

（1）总体高：代表服装"号"，由头部顶点垂直量至脚跟。

（2）衣长：由前身左侧脖根处，通过胸部最高点，量对需长度，一般量至手的虎口。

（3）胸围：代表上衣类服装"型"，在衬衫外，沿腋下，通过胸部最丰满处，平衡围量一周，按需要加放尺寸。通常指胸最高点（Nipple 位置）的胸全围或称上胸围，沿乳房下底度的胸围称下胸围。

（4）肩宽：由后背左肩骨外端顶点量至右肩骨外端顶点（软尺在后背中央贴紧后脖根略成弧形）。款式需要夸张时，肩可适当放宽。灯笼袖款可适当改窄。

（5）袖长：由左肩骨外端顶点量至手的虎口，按需要增减长度。

（6）袖口：围量手腕一周，再按需要加放尺寸，还可根据款式的不同用胸围比例法计算。

（7）袖脾：说通俗点就是上衣袖中从肩部接缝至袖口接缝的那部分袖筒，未缝合时是叫袖脾阔，缝膈后叫袖脾全围。从袖底到袖子的边垂直距离就是袖肥。

（8）领高：领宽。

（9）领大（领全围）：沿喉骨下围量一周，按需要加放尺寸。就是衣领跟衣身接缝那一圈的围度，也称领长。

（10）腰节：一般体型可按总体高算出。遇到特殊体型时，就需要量取前后的腰节尺寸（在腰部最细处，围一条皮尺水平），分别量取前后腰节的尺寸。

（11）裤长：由腰部左侧胯骨上端，向上 4 厘米往下量至脚跟减 3 厘米。

（12）腰围：代表裤子类服装"型"。在单裤外沿腰间最细处围量一周，按需要加放尺寸。

（13）臀围：沿臀部最丰满处平衡围量一周，按需要加放松度。

（14）上档：由腰部右侧胯骨上端，向上 4 厘米，量至大腿根。

2. 常用的单耗计算方法

整件服装成衣辅料用料等于成品各零部件耗用坯布面积总和（包括裁损）。排料完成后（注意分段计算的原则，在不同门幅上分开排料的，必须分开计算用料面积，然后相加得出总用料面积或重量）和完成前两种方法。

以单衣类和棉衣类为例。

（1）经验性判定。

主要用于个体经营户，根据经验给出服装单件的大体用量。

（2）面积与重量计算法

估算成品样衣中间规格服装毛片的面积，把每片相加后得出一件服装总面积。

①梭织服装。

梭织物按布长来计算单耗的。把一件服装总面积（一般以平方厘米计），除以面料门幅宽度，得出服装的单耗量，注意追加一定数量的裁损。

——规格计算法：

根据成品规格表中的中间号或大小号均码的规格尺寸，加上成品需用缝份量，计算出单件服装的面积，再除以门幅，并追加一定数量的裁损得出单耗量。

——上衣：

a. 详细估算如下：

前身＝ [（1/2 胸全围＋1/2 下摆）/2＋前衣片的左右缝份] × （前衣长＋上下缝份）/面料门幅

后身＝〔（1/2 胸全围＋1/2 下摆）/2＋后衣片的左右缝份〕×（后衣长＋上下缝份）/面料门幅

袖子＝〔（袖肥＋袖口）/2＋每袖片左右缝份〕×（袖长＋上下缝份）×2/面料门幅

领子＝（领全围×领高）×2 层/面料门幅

挂面＝挂面宽×挂面长×2 条/面料门幅

单耗＝（前身二片＋后身＋二只袖子＋二层领子＋二根挂面）×（1＋裁损）。

b. 简单估算如下（设定前后衣长一样）：

单耗＝〔（胸全围＋缝份）×（衣长＋缝份或握边）＋袖肥×4×（袖长＋缝份或袖口握边）＋服装部件面积〕×（1＋裁损）/面料门幅

下面算一下短袖衬衣的单耗，具体见表 2－2。

表 2－2   短袖衬衣尺寸表

部位	尺寸/厘米	部位	尺寸/厘米
衣长	78	后中上领高	5
胸围	59	后中底领高	2.5
下摆	59	袖笼	29
横开领	19	袖肥	26
后领深	2.5	袖长	22
前领深	9	袖口	22

计算方法：

单耗＝〔（胸全围＋缝份）×（衣长＋缝份或握边）＋袖肥×4×（袖长＋缝份或袖口握边）＋服装部件面积〕×（1＋裁损）＝（0.59＋0.07）×（0.78＋0.04）＋（0.26×2）×4×（0.22＋0.04）＋0.10＝1.182 米/件

上式计量结果单位为米，裁损另计。通常我们根据经验设定胸全围缝份 10 厘米，衣长缝份或握边 10 厘米，袖长缝份或袖口握边 5 厘米，领、裁损按 5％计算。用（袖脾全围＋袖口全围＋缝份）代替袖肥×4，部件不计挂面。则公式变为（计量单位为厘米）：

单耗＝（胸全围＋10）×（衣长＋10）＋（袖脾全围＋袖口全围＋5）×（袖长＋5）＋（领高＋4）×（领全围＋5）〕×1.05/面料门幅

c. 快速估算如下（胸全围及袖肥×4 约等于门幅，幅宽在 144 厘米以上，普通领）：

面料：胸围≤120 厘米，单耗＝衣长＋袖长＋10 厘米＋7 厘米（普通领）

胸围≥120 厘米，若无叠门，单耗＝衣长＋袖长＋10 厘米＋7 厘米

胸围≥120 厘米，且有叠门，单耗＝衣长×3

里料：衣长＋50 厘米

棉衣的用料比单衣多，要加制版的余份。计算有阴阳格子的面料单耗时，服装单耗量需在原计算获得数据的基础上额外增加一倍半的格长量；有倒顺格的面料需增加二倍半格长的需用量。休闲服加放 12％，水洗加放 6％，毛向加放 10％。

——裤子：

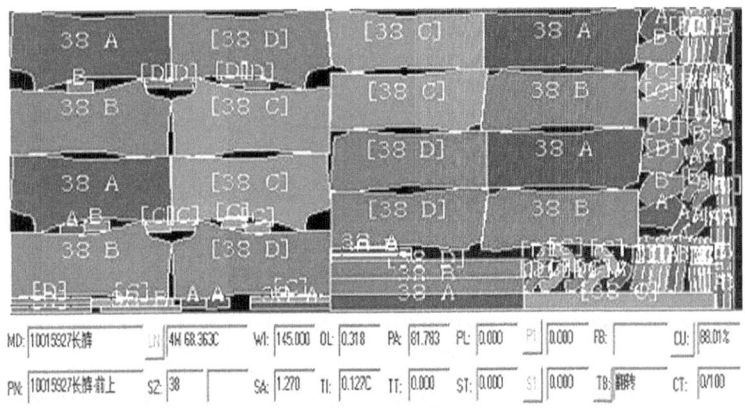

图 2-3　臀围≤120 厘米的裤子排料图

臀围≤120 厘米的情况：单耗=裤长+10 厘米

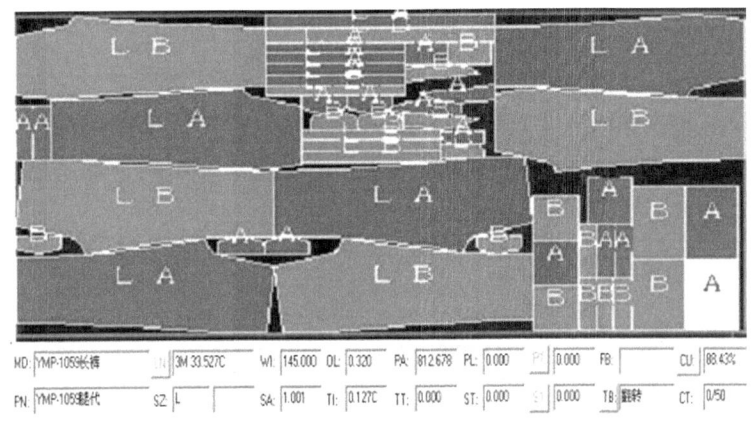

图 2-4　臀围>120 厘米的裤子排料图

臀围>120 厘米：单耗=3×裤长/2

裤子的单耗数据见表 2-3。

表 2-3　裤子（臀围>120 厘米）尺寸表

部位	尺寸/厘米
外长	110
1/2 臀围	63
1/2 腿围	38
1/2 脚口	26
前浪	28.5
后浪	36

计算方法：

用料=3×裤长/2=3×110/2=165 厘米/条

裤长=内长+前浪=外长（注是否连腰）

②针织服装。

　　针织服装用料计算主要采用重量和面积两种方法作为换算的标准。针织物按重量来计算单耗的。把一件服装总面积（换算为平方米），乘以克重，得出服装的单耗量，注意追加一定数量的裁损。

　　a. 主料计算。

　　成衣单位用料面积＝（门幅×段长）×（1＋裁损）/每段长内成品件数

　　＝平方米/件

　　成衣单位用料重量＝服装需用面积数×克重

　　具体如下：

　　——上衣：

　　大身＝（胸围＋6厘米）×（身长＋6厘米）×2×克重×（1＋裁损）

　　袖子＝（挂肩＋袖口＋4厘米）×（袖长＋4厘米）×2×克重×（1＋裁损）

　　领子＝（领宽×2＋2厘米）×领高×2×克重×（1＋裁损）

　　——裤子：

　　（腿围＋4厘米）×（裤长＋8厘米）×2×克重×（1＋裁损）

　　b. 辅料计算。

　　由于罗纹坯布拉伸性好，很难以平方米干重来计算考核单件用量，企业一般用罗纹加工机针数及所用纱线品种作为计算依据，确定每平方米的干燥重量，然后计算每件成品耗用各种罗纹坯布的长度及重量。

　　领口的罗纹长度＝（领口罗纹规格＋0.75厘米缝耗＋0.75厘米扩张回缩）×2（层数）

　　袖口的罗纹长度＝（袖口罗纹规格＋0.75厘米缝耗＋0.75厘米扩张回缩）×2（层数）

　　裤口的罗纹长度＝（裤口罗纹规格＋0.75厘米缝耗＋0.75厘米扩张回缩）×2（层数）

　　（3）样板计算法。

　　选出中间号样板或大小号样板各一套，在案板上划定面料幅宽，把毛份样板按照排版的规则合理套排，最终，把尾端取齐，测量出版长两端标线总的长度间距，除以参与排版服装的件数得出服装的单耗量，注意追加一定数量的裁损。

　　（4）计算机排料。

　　可以按生产需要，把裁剪计划中所有样板让计算机进行自动排料，在工作窗口的右下角显示服装的面料利用率、版皮总长、单耗量，注意追加一定数量的裁损。我们对表2—2的短袖衬衣使用计算机进行排料，得到排版图面料利用率为88.86％，单耗量为1.183M/PC（4.73/4），其他裁损另加，和上面按规格估算的基本一致，具体如图2—5所示。

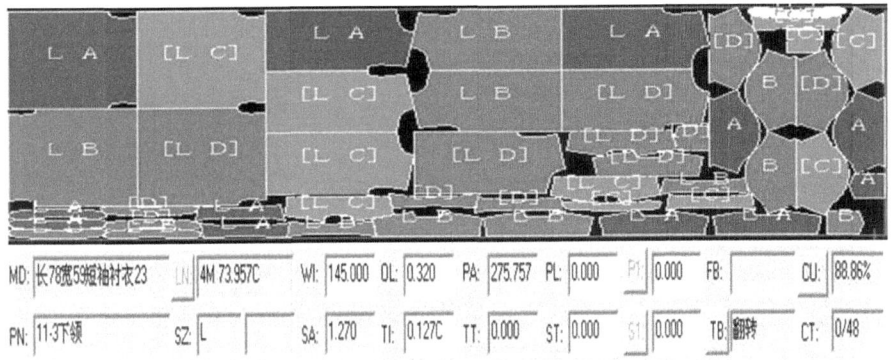

| MD: | 长78宽59短袖衬衣23 | LN: | 4M 73.957C | WI: | 145.000 | OL: | 0.320 | PA: | 275.757 | PL: | 0.000 | P1: | 0.000 | FB: | | CU: | 88.86% |
| PN: | 11:3下领 | SZ: | L | SA: | 1.270 | TI: | 0.127C | TT: | 0.000 | ST: | 0.000 | S1: | 0.000 | TB: | 翻转 | CT: | 0/48 |

图2—5　短袖衬衣的排料图

（5）斜裁或衣片。

当面料需要斜裁或衣片为整片时，就不能按正常的面积计算法，这时面料损耗非常大，斜裁时按面积计算后，再加30%左右，而衣片为整片时，则考虑这门幅能摆放几片来计算用料，如图2—6、图2—7所示。

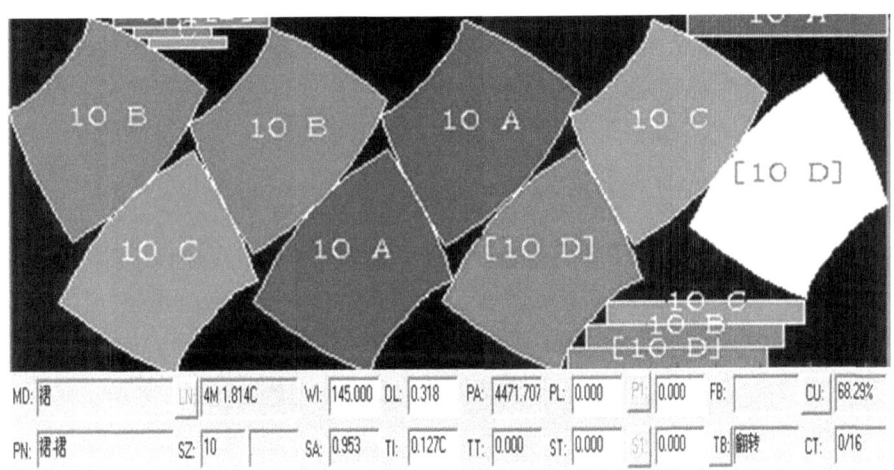

| MD: | 裙 | LN: | 4M 1.814C | WI: | 145.000 | OL: | 0.318 | PA: | 4471.707 | PL: | 0.000 | P1: | 0.000 | FB: | | CU: | 68.29% |
| PN: | 裙裙 | SZ: | 10 | SA: | 0.953 | TI: | 0.127C | TT: | 0.000 | ST: | 0.000 | S1: | 0.000 | TB: | 翻转 | CT: | 0/16 |

图2—6　斜裁图例

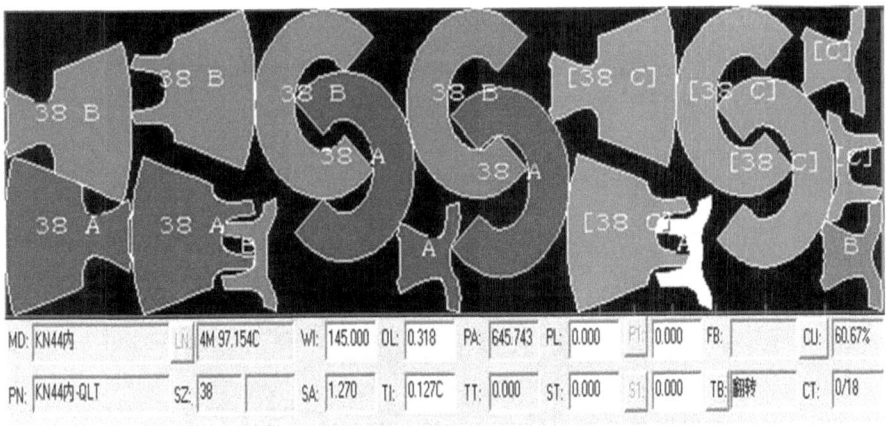

| MD: | KN44内 | LN: | 4M 97.154C | WI: | 145.000 | OL: | 0.318 | PA: | 645.743 | PL: | 0.000 | P1: | 0.000 | FB: | | CU: | 60.67% |
| PN: | KN44内-QLT | SZ: | 38 | SA: | 1.270 | TI: | 0.127C | TT: | 0.000 | ST: | 0.000 | S1: | 0.000 | TB: | 翻转 | CT: | 0/18 |

图2—7　整片图例

理论源于实践，在日常工作中，制衣技术人员不断总结经验，才有了上述的几种计算方法，请同学们结合上述理论和图片进行学习。

2.3.2 任务分析

任务 2—2：瓶子家女装公司连衣裙布料成本核算。

小彭拥有良好的就业心态，他常常站在老板娘的角度去思考问题，瓶子家公司目前说得好听就叫贸易型企业，说得通俗一点就是一代购、导购、赚差价，货自始至终不是自己生产的，这也是小彭要认真研究生产环节的原因，希望瓶子家公司将来有一天转型为生产型企业，永远掌握商品销售主动权。

小彭也借此机会向同学讲解一下贸易型企业的实际操作情况，库存是每家企业的梦魇，一旦积压卖不出去，就是亏损，不管是线上还是线下企业，零库存始终是终极目标。所以消费者在线下企业的门店买东西，有时会碰上这样的情景：导购向你介绍服装时，你要的款式或尺码她可能跟你说门店没有库存，她要到 5 分钟之外的仓库去取，或者她给你看画册，等你挑中了，她再和你讲上仓库去拿，速去速回。其实一般情况下，她是去找同商场的同行调货去了。而线上企业更简单了，你下完单，她立马给同行下个代购单，一切在后台进行，消费者完全不知道。为了提高效率，很多商家事先和同行结成了库存联盟，互相飞单，自身只保留销路最好、利润最高的款式，因此贸易型企业的商品都有两个价，一个是直接客户价，另一个就是同行价，这样就起到了互担库存风险。

本任务以小组为单位，教师要求根据测量法来核算瓶子家公司修身棉麻连衣裙的布料单耗，学生根据以下瓶子家公司提供的数据核算进行任务驱动，具体参数如图 2—8 所示。老师通过启发、诱导，重点讲解，个别指导对同学演示过程中的错误或漏洞进行改错分析，同学课后要搜集资料，谈论成果，做好课件，以便上台展示或板书演示。

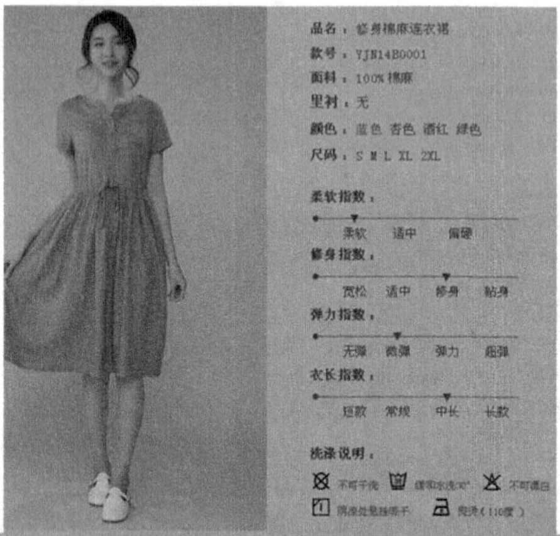

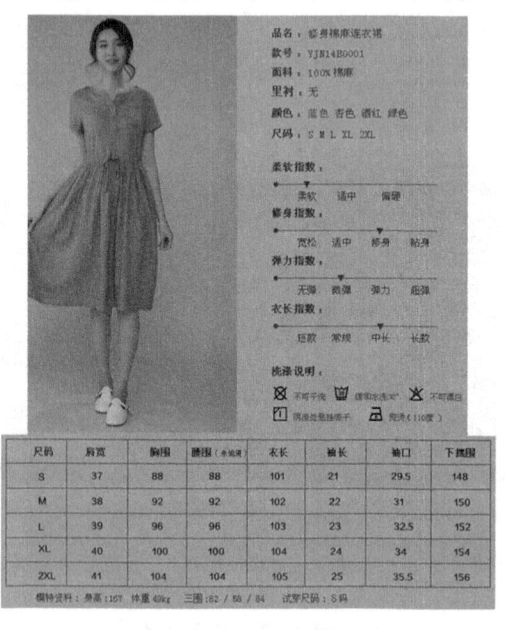

尺码	肩宽	胸围	腰围	衣长	袖长	袖口	下摆围
S	37	88	88	101	21	29.5	148
M	38	92	92	102	22	31	150
L	39	96	96	103	23	32.5	152
XL	40	100	100	104	24	34	154
2XL	41	104	104	105	25	35.5	156

模特资料：身高:167 体重 49kg 三围:82 / 68 / 84 试穿尺码：S码

图 2—8 棉麻连衣裙的参数

1. 对主料的选择和布料的判断

很显然本款服装的主料为棉麻。混纺棉麻（Blended Cotton and Linen）是指棉料和麻按照一定的比例，混合纺纱织成的纺织产品。棉麻混纺可用来制作各种服装。棉麻混纺面料和其他面料相比，具有价格较便宜的优势。棉麻混纺面料同时拥有棉料和麻料的优点。棉麻混纺有环保、透气、舒适、垂感好，穿着舒服等特点。棉麻混纺面料一般由70%棉+30%麻混纺组成，由于该面料在干、湿情况下弹性和耐磨性都较好，尺寸稳定，缩水率小，具有挺拔、不易皱折、易洗、快干的特点，而且采用全天然纤维织造，低碳环保，与现在国际纺织服装流行趋势吻合，因此，非常适用于服装及家纺面料。

用于服装的纺织面料可分为三大类：机织（梭织）面料、针织面料与非织造物。前两种是由纱线或长丝经过织造工艺织成的，后一种是由纺织纤维纤维经粘合、熔合或其他机械、化学方法加工而成，俗称无纺布、不织布。

（1）机织物——经纱与纬纱相互垂直交织在一起形成的织物。其基本组织有平纹、斜纹、缎纹，梭织面料即是由这三种基本组织及由其交相变化的组织构成（见项目1.4.2）。

（2）针织物——用织针将纱线或长丝构成线圈，再把线圈相互串套而成，由于针织物的线圈结构特征，单位长度内储纱量较多，因此大多有很好的弹性（这也是针织面料服装样板相对简单、线迹必须有弹性的根本原因）。

针织物大致分为纬编针织物与经编针织物两大类。

①纬编针织物是将纱线由为纬向喂入（Weft Knitting），同一根纱线顺序的弯曲成圈并相互串套，最常见的毛衣即为纬编针织物，使用圆织机一圈一圈绕，如图2—9所示。大部分的针织物为纬编的，拉开布匹，可以看到明显的纬向的主纹路。主要组织形式有汗布（Single Jersey）、烧毛丝光汗布（Singed and Mercerized Single Jersey）、棉毛布（Interlock Fabric）、罗纹布（Rib Fabric）、氨纶弹力罗纹布（Rib+Spandex）等。

图2—9 纬编布

②经编线圈的串套方向正好与纬编相反，是一组或几组平行排列的纱线，按经向喂入（Warp Knitting），弯曲成圈并相互串套，如图 2—10 所示。经编的机器比较复杂，可以通过设计模板织出各种纹路和花样，不像纬编布有明显的分组排列的纬向线组。

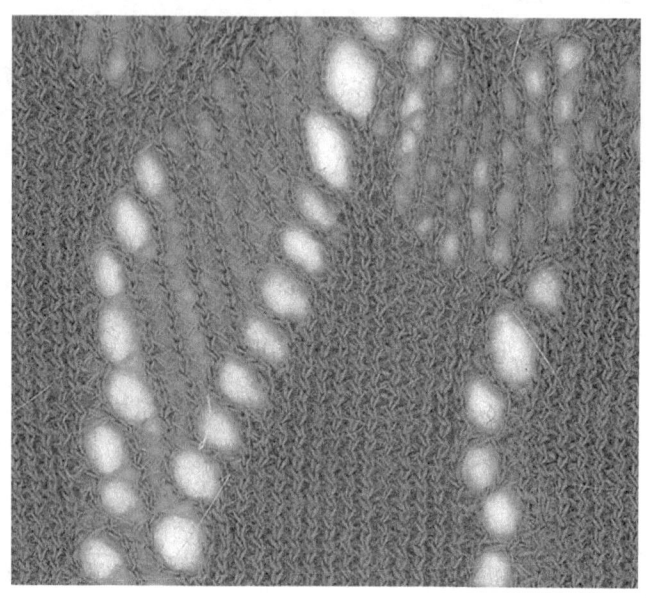

图 2—10　经编布

编织方法的区别可能会造成同样的原料采用、后整理工艺、面料特性等一系列的区别。

2. 棉麻布用量的计算

修身棉麻连衣裙的布纹细节如图 2—11 所示，可以看出该布料应属于梭织平纹布，根据 2.3.1 服装单耗的规格计算法公式来算中码的用布，具体见表 2—3。

图 2—11　修身棉麻连衣裙细节特色

表 2-3　修身棉麻连衣裙规格

部位	尺寸/厘米	部位	尺寸/厘米
衣长	102	袖长	22
胸围	92	袖口	31
下摆围	150	肩宽	38

看到表 2-3 的规格参数可知，裙子的下摆围 150 厘米就是我们选择布匹幅宽的标准，实际幅宽还要加上左右两边布匹后处理的针边各 1 厘米即有共 2 厘米的缝份，即实际幅宽为 152 厘米。实际的单耗计算要借助计算机排料，但成本估算就是一般裁缝的估算方式，所购买的面料长度为：

[裙长＋底边（大约 3 厘米要根据制作方法）＋（腰部的贴边 4-5 厘米）＋1 厘米缝份]×2＝（102＋3＋5＋1）×2＝222 厘米/件

如果布料是进口的，要注意加工手册备案时使用的布料计量单位，如果用的是"米"，就要把单耗写成 2.22 米/件。修身棉麻连衣裙单耗算好，每位同学就可以进一步计算每件连衣裙的单位生产成本。

2.4 归纳与评析——成本控制策略：自产或采购

从项目 1 可以知道，瓶子家公司有三种策略来完成他们接的订单。第一，建立服装厂自己生产；第二，购买布料，外发加工；第三，购买成品来转售。其实这就是降低成本的策略：自产或采购（Make or Buy）。经过项目 2 的计算，对生产成本和进货成本有了一定的了解。

虽然商品完全自产，自主性强，灵活性强，但需要生产设备、厂房还有生产技术的投入。因为生产规模的原因，成本未必最低；全部采购，需要强有力的商业谈判能力和对市场信息的充分调研；采用加工贸易则是两者之间的平衡。以瓶子家公司目前的经济实力来看，第二种策略的选择也许是最佳的。

2.4.1　商品主辅料件的区别

经过任务 2-1 小彭注意到核算的是服装辅料——吊牌；任务 2-2 中小彭同样注意核算的主要原材料时服装主料——雪纺布。经过核算，小彭提出以下几个问题。

（1）料件成本核算的典型任务是什么？

（2）何为辅料，何为主料，一定是耗量高的吗？

（3）单耗与成本有何关系？

任何商品的生产料件都可以分为主料与辅料，主料是商品用量占比较大的原材料或核心关键部分，辅料则是对产品生产起辅助作用的材料。以服装为例，主料是主面料，辅料（Garment Accessories）为服装中拉链、纽扣、兜标等附属物，起到连接、装饰、功能等作用。一般情况下，主料是商品料件的主要价值构成，也是成本控制的重点。

因为学习的是国际贸易，所以要讲讲和生产成本密切相关的进出口加工贸易。加工贸易中单耗备案是单耗在通关流程最早出现的环节，一旦单耗备案错误，必然会引起一系列错误。备案中最主要的是计量单位，计量单位是根据海关统计目录确定的，从单耗备案单位结合总耗推算单耗，企业不可以任意决定料件和成品的备案单位。由于辅料的总价值较低，因此在通关管理上，海关抓主要矛盾，辅料的通关流程比主料的通关流程简化。

2.4.2　加工贸易合同备案、申报与核销

小彭很容易就明白了，合同中原材料的需要量可以用如下公式来表示，采用进口原料还需要经过备案、申报和核销等环节。

$$合同所需的原料量＝合同中成品量×单耗$$

1. 备案

例如，上海立取公司的一个羊毛条供应企业以洗净毛（羊毛细度≤19.5μm）为原料加工生产外毛羊毛条的加工工序，具体包括：和毛、梳毛、精梳、针梳等 4 道工序，每道工序的损耗率分别为 0.5%、4%、11.4%、0.5%。则总的工艺损耗率为：

$$1－99.5\%×96\%×88.6\%×99.5\%＝15.792\%$$

不能使用各工序损耗率相加的数据：0.5%＋4%＋11.4%＋0.5%＝16.4%

单耗＝净耗/（1－工艺损耗率）＝1/（1－15.792%）＝1.188

（详见 2.1.2）

该企业承接了 400 吨外毛羊毛条的对外加工贸易合同，合同规定使用羊毛的细度为细于 19.5μm 的洗净毛，则该企业应进口保税洗净羊毛的数量为：

$$进口保税洗净羊毛的数量＝外毛羊毛条数量×单耗$$
$$＝400×1.188＝475.2（吨）$$

这 475.2 吨羊毛就是加工贸易合同备案要进口的原材料的量。

2. 申报

到了实际进口时，如果企业申报的原料量、成品量和单耗三项内容不满足这一平衡关系，则企业应根据实际情况对其中的一项或几项数据进行调整，满足平衡关系后再重新进行申报。

$$原料平衡数＝原料进口量－原料总消耗$$
$$原料总消耗＝成品量×单耗$$

（1）当原料平衡数为正数时，说明该原料多进少出，尚有余料。处理方法有以下几种：

①海关同意合同延期，并继续出口，直至原料进出口平衡；

②经海关批准，余料结转到新的合同中继续出口；

③企业自愿将余料交海关做放弃处理；

④企业将余料退运出境；

⑤余料补税结案；

⑥企业申报的单耗与实际生产情况不相符，备案时申报的单耗值偏高，应予修正。

（2）当原材料平衡数为负数时，说明少进多出。当负数值很大时，有以下两种可能性：

①企业采用国内原材料代替进口原材料进行生产；

②企业申报的单耗与实际生产情况不相符，备案申报的单耗值偏低。

3. 核销

海关核销的基本目的是掌握企业在某个电子化手册或电子账册在某个时段下所进口的各项加工贸易保税料件的使用、流转、损耗的情况，确认是否符合以下的平衡关系：期初数量＋进口保税料件（含深加工结转进口）＝出口成品折料（含深加工结转出口）＋内销成品折料（含成品减免）＋内销料件－复出料件＋剩余料件＋损耗（含料件或成品放弃）

注：

——期初数量：电子化手册—余料结转，电子账册—上期期末结转；

——成品退换、料件退换由于存在等量的一进一出，所以不体现在上面的平衡公式中。

（1）核销条件。

加工贸易合同项下的进口料件已加工复出口，合同履约后的余料、边角料、成品、残次品、副产品等已办理了内销征税、退运、放弃、销毁或余料结转等手续；

（2）核销流程。

余料结转—内销补税—报核；余料结转可以理解为库存申报（核销期期末库存结转），同料件结转一致作报关，一般情况同一本手册无须报关，直接申报库存，系统自行转换至下一次核销期期初库存。

（3）核销单证。

①主料报核。

进出口报关单（将进口料件、出口成品分别按照贸易方式以放行时间先后顺序装订成册，并制作进出口报关单目录）；用于核销的进出口报关单遗失的，按规定以报关单企业留存联报核，或提供报关地海关加盖海关印章的报关单复印件。

合同履约后的余料、边角料、成品、残次品、副产品等已办理过内销征税、销毁、放弃等手续的，应提供税单复印件等资料和证明文件；备案后因故中止执行、未发生进出口而申请撤销的合同，应提供商务主管部门的批件。

海关按照规定应当收取的其他单证如核销核算表、单损耗表（排料图、线路图、配方表等）、加工贸易合同核销申请表、料件耗用量分表、外商投资企业加工贸易核销表、核销清单（进、出口部分）、包装物料征税申请表、企业国内购买料件申请表、加工贸易业务批准证、进口料件备案清单、出口成品备案清单。保证金台账核销通知单、加工贸易结案通知书等。

②辅料报核。

辅料表、按规定格式打印的盖有企业公章的《核销报告》、装订成册的进出口报关单、海关按规定需收取的其他单证资料。

2.5 巩固训练——进出口企业商品成品的成本核算

2.5.1　任务分析

任务 2-3：估算瓶子家商品雪纺衫的生产成本。

小彭在向上海公司采购雪纺衫的时候，心里就在想到底一件雪纺衫的生产成本有多少，如何能知道对方的底价呢。既然学了价值分析，小彭想用来剖析一下雪纺衫的生产成本。

2.5.2　任务实施

无袖雪纺衫的生产成本包含直接成本和间接成本两部分。

1. 核算直接成本

直接成本包括直接料件（主料：雪纺布，辅料：缝线、吊牌，车间电费）和车工的直接工资。

要想学习成衣用料核算，就要弄清楚 7000 件雪纺衫用了多少布料。

小彭打算用 2.3.1 针织服装的计算公式来计算。

每打衣服用料＝（大身用料＋袖子用料＋领子用料）×12

大身用料：（胸围＋6 厘米）×（身长＋6 厘米）×2×克重×（1＋总损耗）

袖子用料：（挂肩＋袖口＋4 厘米）×（袖长＋4 厘米）×2×克重×（1＋总损耗）

领子用料：（领宽×2＋2 厘米）×领高×2×克重×（1＋总损耗）

小彭记得认识一个制衣厂管成本核算的师傅，打个电话给他才知道自己又闹出了笑话，这个公式通常是用来核算针织服装，针织服装用料因为幅宽容易变，用布长算用料较少，一般是按重量算。而梭织布料幅宽稳定，用布长来算。小彭也学到一个新词"大身"，这个源自裁缝的词是来标识一件衣服的主要用料前后片，也称衣身。小彭不气馁，继续查，网上关于服装用料计算的资料真多，好不容易找到一个梭织服装用料计算公式，有点傻眼，很多不懂的词。

每打衣服用料＝（唛架长＋6 厘米）÷排唛件数×12×（1＋裁损）

唛架（MARKER）是港台引入的舶来语，在批量裁剪衣服前，先把纸样（纸版）先画（排料）在和所裁剪面料等宽的裁床专用纸上，叫排唛架（打版），也就是内地所说的画皮。根据款式的要求及布料幅宽，将整件衣服各部分的纸样以最省布的形式，经过精密的排列，并画于纸上，这种列有整件衣服各部分的纸张称为唛架（MARKER）纸。排唛架的作用在于确定拉布的长度及驳布位；作为割布的依据；同时也用于用料计算等。这里涉及到打版知识，小彭只好先放过一边，按前面服装规格简单估算办法来计算无袖雪纺衫的单耗，其尺码如图 2-11 所示，公式如下：

单耗＝（胸全围＋10）×（衣长＋10）＋（袖胂全围＋袖口全围＋5）×（袖长＋5）＋（领高＋4）×（领全围＋5）]×（1＋工艺损耗率）/面料门幅

面料：雪纺，是双层面料的哦，不用担心会透的问题哦

款式：非常简单的款式，无袖背心款雪纺衫，宽松的设计，圆弧形下摆依旧时尚感十足。

搭配：简单的款式，搭配裙子裤子都OK

尺码	衣长	胸围	肩宽	袖长		
均码	59	84				

	身高/体重	三围	试穿尺码、颜色	
模特	161/44	82/65/84	均码/	
试穿者				

图 2—11　无袖雪纺衫的尺码

根据上面的公式和尺码可知，通常 1000～5000 件工艺损耗 5％，到 7000 件工艺损耗可以用 3％，即生产批量越大越省布，根据项目 1 可知，雪纺布的幅宽为 150 厘米。估算该无袖雪纺衫的单耗如下：

$(59+10) \times (84+10) \times (1+3\%) \div 150 = 44.5372$ 厘米/件

7000 件共耗布料：$44.5372 \times 7000 = 311760.4$ 厘米 $= 3117.604$ 米

小彭假定布料是从东莞市东运布业有限公司购买的，CNY 8/米，

所以每件布料成本：$0.445372 \times 8 = 3.562976$ 元/件

每个吊牌成本：0.05 元（任务 2—1 中 0.046875 元加上人工成本等）

每件工人工资：$4000/(150 \times 30) = 0.88889$（元/件）

（车间工人平均工资 4000 元/月，每人平均每天生产 150 件）

每件衣服的缝线、车间电费及包装塑料袋成本：0.5 元

直接费用合计：5.001872 元

2. 核算间接成本

小彭接触的服装厂规模都不大，一般为剪裁、缝制、包装一体化车间，设定一个服装车间面积为 1000 平方米，50 人一车间，50 台缝纫机（370W，每台均价 1500 元），2 台电动裁布器（650W，100 元/台），1 个车间主任，车间主任月薪 7000 元/

月，车间月租金为 10 元/平方米，工业用电工商业用电：峰时段（6～22 时）0.976 元，谷时段（22 时～次日 6 时）0.465 元。（其他费用如维修费、办公费、差旅费等略去不计）。

一个车间一月发生的间接成本含：

（1）管理人员工资 7000 元；

（2）车间租金 10000 元（1000×10）；

（3）设备折旧（按 6 年折）1044.44444 元〔（1500×50+100×2）/6/12〕；

（4）电费（上班从早上 8 点到晚上 8 点，12 个小时，按 85% 有效设备使用时间计）5913.3888 元〔（0.37×50+0.65×2）×12×85%×0.976×30〕。

合计 23957.83324 元

按前面的人均产量，可以得出一个车间月产量为

225000 件（150×30×50）。

平均每件摊销间接费用为 0.106479259 元/件（23957.83324/225000）。

综上所述：一件雪纺衫的生产成本为 5.108345259 元/件。

看来上海立取卖给瓶子家一件税前价 6.8376068 元/件，赚得并不多，这里还有相关流通费用没有计入。

【项目训练总结】

国际贸易中，生产型企业中销售商品价格的主要构成是生产成本；贸易型企业中销售商品的价格主要构成是采购成本，该采购成本最终还是会追溯到并取决于供应商的生产成本。本项目从成本控制的角度出发，把价值分析放在第一位，从服装辅料核算任务到服装主料及相关成本费用核算任务，一步一步给出成本核算全景图，成本定价法永远不会过时。生产成本中的典型任务是单耗核定。

加工贸易单耗的相关事务如单耗审核和核定、申报和核销对成本管理有很大的帮助。加工贸易中单耗最早出现的场合是备案，单耗备案错误将导致单耗申报，加工贸易报核及核销一联串的错误，正确的单耗核算从备案的计量单位开始。

【推荐阅读】

1. 生产成本——MBA 智库百科. http：//wiki.mbalib.com/wiki/生产成本.

2. 生产成本——百度百科. http：//baike.baidu.com/view/479335.htm? fr＝aladdin.

3. 采购成本——百度百科. http：//baike.baidu.com/view/332002.htm? fr＝aladdin.

4. http：//baike.baidu.com/link? url＝fwNnWMfbAbOjZuz7koPuf0T7qOOSLfZ65Ys1bz－nNJw0gbGthvs－bbiYEMyWZ0KA.

5. 混纺棉麻——百度百科. http：//baike.baidu.com/link? url＝f0QZfKqVb×Qp×RbOqg2eHw8stC×5k0yK×hEKqa1nNC30F9Ckb0×TzmWJdtzDKNW×8×p×rSCYLKtn－ZOp3MjLIa.

6. 无纺布——360 百科. http：//baike.so.com/doc/951752.html.

7. 分辨针织跟梭织——百度知道 . http：//zhidao. baidu. com/question/ 29883472. html？qbl＝relate _ question _ 1&word＝％D5％EB％D6％AF％BA％CD％ CB％F3％D6％AF％B5％C4％C7％F8％B1％F0.

8. Samplings of Weft Knit and Warp Knit. Fabricshttp：//www. threadsmagazine. com/i- tem/4179/samplings—of—weft—knit—and—warp—knit—fabrics/page/all.

9. 服装——百度百科 . http：//baike. baidu. com/view/9738. htm♯5 _ 1.

【课后训练——羊毛条的单耗核算】

实训背景：外毛羊毛条加工贸易单耗标准

1. 相关概念

主要原料：

羊毛是蛋白质天然纤维，富有卷曲、手感柔糯而有弹性，吸湿性好，保暖且透气。羊毛的主要生产国有澳大利亚、新西兰、阿根廷、乌拉圭和南非等。

成品：

外毛羊毛条是用于加工精梳毛纺产品的原料。主要毛纺产品有精梳呢绒、绒线、针织绒线、羊毛衫裤、围巾等。由于产品不同对毛条品质要求各异，如用于加工精梳呢绒、精梳针织绒线类产品的毛条一般为细羊毛和超细羊毛的毛条，而用于手编绒线的毛条一般为半细毛毛条。

按《中华人民共和国纺织行业标准》（FZ/T21001－93）自梳外毛毛条标准的羊毛细度分档规定，以细于等于 $25\mu m$ 为细支毛，粗于 $25\mu m$ 为半细毛（国际毛纺组织 IWTO 的羊毛分档统计也与此类同）为依据，本标准的羊毛条也应划分两档。但根据近年来高支纱轻薄型精梳毛纺产品的发展趋势，使用超细羊毛（细度为 $19.5\mu m$ 及细于 $19.5\mu m$）的外毛条增多，为此，本标准增加一档超细外毛条的单耗标准

加工工艺：

外毛羊毛条是由原毛经洗毛工序和制条工序加工而成。洗毛工序主要是去除原毛的草杂，羊毛脂、羊毛汗等污物，加工成洗净毛，成为制条用原料。制条工序主要是反复梳理、牵伸、并合使洗净毛顺直平行，并进一步去除杂质、短毛，加工成一定单位重量的羊毛条。

工艺流程：

（1）以原毛为原料的加工工艺。

洗毛工序：原毛→开松、打土、除杂→喂入→洗毛（洗剂洗毛、清洗、挤压）→烘干→打包（或输入和毛仓）

制条工序：和毛、加油、养生→梳毛机→头道针梳机→2 道针梳机→3 道针梳机→精梳机→4 道针梳机→末道针梳机（成球机）→打包

（2）以洗净毛为原料的加工工艺。

洗净毛加工成羊毛条不需经过洗毛工序只需经过制条工序。制条工序工艺流程同上。

单耗：指在正常加工条件下加工生产单位重量（千克）外毛羊毛条中所消耗的原

毛或洗净毛的重量（千克）。

净耗：指加工生产中物化在单位重量（千克）外毛羊毛条中的原毛或洗净毛的重量（千克）。

工艺损耗：指因加工生产工艺要求，在生产过程中必须耗用，且不能物化在外毛羊毛条中的原毛或洗净毛的重量（千克）。

损耗率：指工艺损耗占原毛或洗净毛总投入量的百分比。

公定回潮率：按国标 GB99941988 规定，洗净毛公定回潮率为 16％（按国际通常使用的 IWTO 方法，对中国洗净毛的公定回潮率也规定为 16％），羊毛条公定回潮率为 18.25％。本标准洗净毛和羊毛条已按公定回潮计重。

2. 单耗标准

本标准由海关总署办公厅、原国家经贸委办公厅委托中国毛纺织行业协会负责起草制定。由海关总署加贸司、国家发展改革委经贸司组织商务部、纺织工业协会、企业和科研院所的工艺技术专家和海关加工贸易保脱专业技术人员组成的评审委员会进行审定并通过。

单耗标准制定原则是以国家标准、行业标准和该行业加工贸易企业的平均生产水平为制定基础，贯彻国家税收政策、产业政策和外贸政策，符合我国加工贸易企业的生产实际，有利于加工贸易企业技术进步和公平竞争，便于海关有效监管和相关单耗数据信息的使用和维护。

本标准设定的单耗值为上限。各地海关和商务管理部门应在单耗标准的幅度范围内按加工贸易企业的生产实际审批和核定加工企业生产成品的单耗。

（1）原料品质规格。

本标准中的原毛或洗净毛应符合国标 GB99941988 的规定及合同对原料品质的认定。

（2）成品品质规格。

本标准中的外毛羊毛条应符合中华人民共和国纺织行业标准自梳外毛毛条 FZ/T210011993 的品质要求或合同规定的品质要求。

（3）单耗标准表。

单耗的具体标准见表 2—4。

表 2—4　单耗标准

序号	成品				原料				净耗（千克/千克）	损耗率（％）
	名称	单位	商品编号	规格	名称	单位	商品编号	规格		
1	外毛羊毛条	千克	51052900	超细羊毛羊毛条	未梳含脂剪羊毛（俗称原毛）	千克	51011100	羊毛细度≤19.5μm	1	16.4
					未梳脱脂剪羊毛（俗称洗净毛）	千克	51012100			

续　表

序号	成　品				原　料				净耗（千克/千克）	损耗率（%）
	名称	单位	商品编号	规格	名称	单位	商品编号	规格		
2	外毛羊毛条	千克	5105 2900	细羊毛羊毛条	未梳含脂剪羊毛（俗称原毛）	千克	5101 1100	19.5μm＜羊毛细度≤25μm	1	14.5
					未梳脱脂剪羊毛（俗称洗净毛）	千克	5101 2100			
3	外毛羊毛条	千克	5105 2900	半细羊毛羊毛条	未梳含脂剪羊毛（俗称原毛）	千克	5101 1100	25μm＜羊毛细度	1	12.6
					未梳脱脂剪羊毛（俗称洗净毛）	千克	5101 2100			

注：1. 根据国际羊毛贸易规则，购买羊毛（指原毛）以洗净毛计算重量，因此原毛的损耗率与洗净毛相同。

2. "μm"微米，表示羊毛细度的单位，读"miu"。

实训目标：通过深入学习外毛羊毛条的单耗标准制定的来龙去脉，正确核算主料的需求量。

外毛羊毛条所用原料不论是原毛还是未炭化的洗净毛，都以洗净毛计算其损耗率。外毛羊毛条、洗净毛均按公定回潮计重。

实训内容：三叶羊毛加工厂承接了 400 吨外毛羊毛条的对外加工贸易合同，合同规定使用羊毛的细度为粗于 19.5μm 细于或等于 25μm 的进口未梳含脂剪羊毛。按本标准规定的损耗率为 14.5%，请问该企业应进口保税羊毛多少吨？

思考问题：

1. 生产的产品没有对应的公布单耗标准，加工贸易企业应当按照什么单耗数值申报？

2. 不管有没有公布的单耗标准，加工贸易企业都应当如实申报单耗，海关按实际单耗核销，请问单耗标准用处何在？

3. 实际应用的单耗公式为何和《中华人民共和国海关加工贸易单耗管理办法》不尽相同？

实训手段：

以小组为单位，学生对不同设问的情景进行推理判断，模拟当事人进行操作。启发并引导学生分析并纠正错误，由学生先总结，教师再归纳。

项目 3　核算进出口实际成本

学 习 目 标

【能力目标】

　　能够查找商品的增值税率和退税率，核算进出口实际成本。

【知识目标】

　　1. 了解增值税和消费税的含义和出口退税的设计原理；

　　2. 了解出口退税的基本条件和政策；

　　3. 掌握出口退税的处理方法。

【素质目标】

　　独立思考、风险意识。

【关键术语】

　　关税；增值税；出口退税；征税率；退税率；贸易型企业；生产型企业

　　东莞扫黄使小彭的不少客户朋友消失了，小彭是个安分守己的业务员，当然不会去惹事，否则老板娘饶不了他。东莞这次大规模的行动从侧面证明 2008 年、2011 年东莞企业倒闭风潮的传闻是真实的，小彭是个爱思考的人，到底是什么因素动摇了东莞这个世界工厂的地位？经过认真的追踪学习，小彭了解到我国自 2008 年下半年以来，首次对部分商品下调出口退税率，调整主要针对部分高污染、高耗能、资源性产品，旨在推进节能减排，抑制过剩产能，加快产业结构调整；随后的几年内逐步取消部分商品出口退税，通过出口退税政策调整导向推进外贸产业转型升级。这些政策不能不说是今天东莞局面的重要原因之一。以下同学们跟着小彭的思路来看看出口退税对外贸出口商品定价的影响；当然从反向的角度看，外贸进口商品的售价与进口关税与海关代征流转税有很大的关系。

3.1 引导任务——贸易型出口企业的出口退税核算

3.1.1　任务分析

　　任务 3-1：瓶子家女装公司雪纺衫订单的出口退税。

项目 1 最后的训练与拓展谈到小彭从上海立取服饰有限公司以每件 8 元人民币税后价达成了协议买进 7000 件无袖雪纺衫再转售给欧洲客户。通过查询可以发现增值税发票中的征税税率是 17%，小彭知道这单生意是可以申请出口退税的，如果能 17% 全部退，则是不是意味着成本价只有 6.8376068 元/件呢？小彭带着疑问请教了一些资深外贸业务员，这才明白原来增值税退税率和征税率是不一致的。下面来看看该订单的出口退税任务是如何计算实施的。

3.1.2　任务实施

小彭登录广州市国家税务总局网站的出口退税率查询网页（http：//portal.gd-n-tax.gov.cn/pub/gzsgsww/bsfw/sscx/cktslcx/），用"女式背心"查到如图 3-1 所示内容。

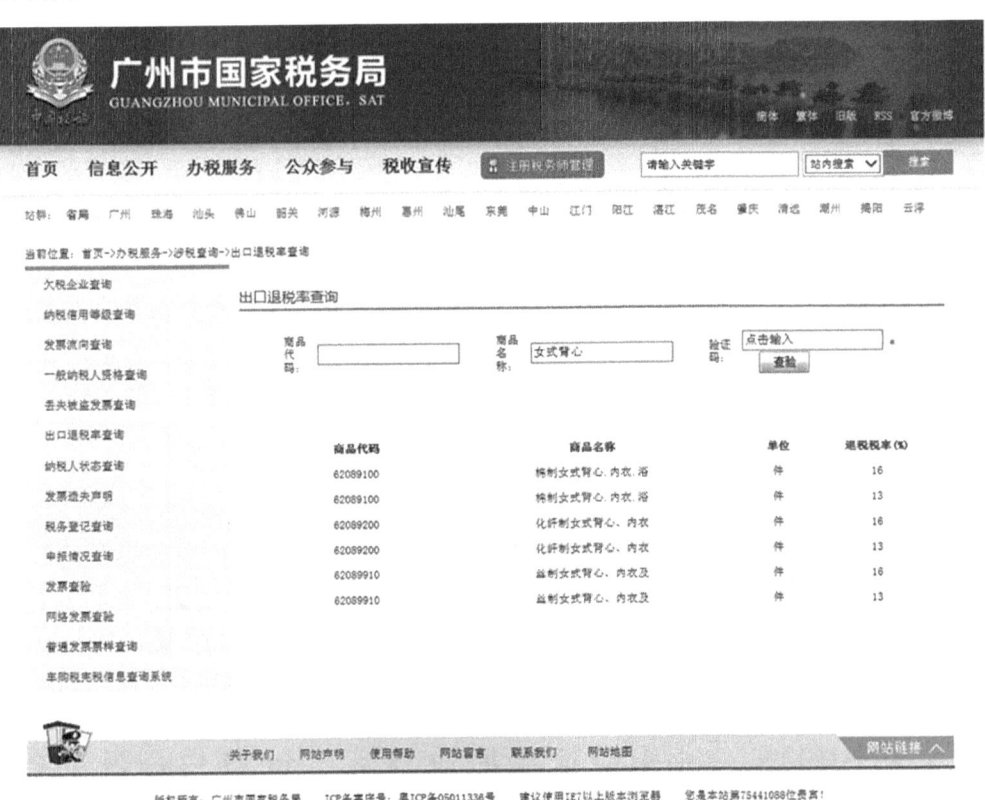

图 3-1　女式背心的出口退税率广州国税局网站查询结果

雪纺布是化纤制，小彭发现税则号为 62089200 的化纤制女式背心、内衣及类似品增值税退税率出现两个税率 16% 和 13%。到底是怎么回事，小彭带着疑问又登录了国家税务总局网站的出口退税率查询网页（http：//hd.chinatax.gov.cn/fagui/action/InitChukou.do），用"女式背心"查到如图 3-2 所示内容。

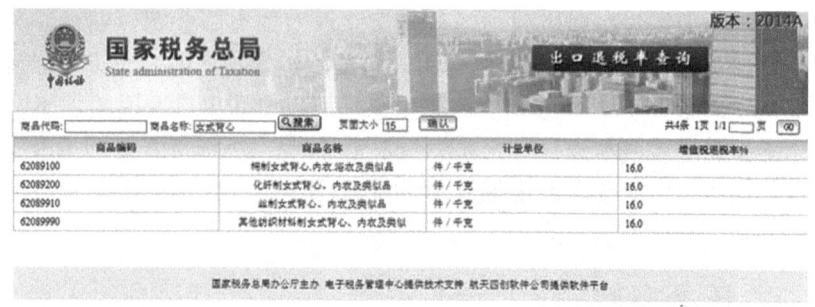

图3—2　女式背心的出口退税率国税总局网站查询结果

税则号为62089200的化纤制女式背心、内衣及类似品增值税退税率为16％。只有一个税率，小彭注意到网页右上角有个标志"版本：2014A"。小彭进一查询相关新闻，了解到纺织品退税率几经变更，2008年金融风暴后纺织品出口退税率曾一度调到17％，随后又落到14％，从2009年2月1日起将纺织品、服装出口退税率由14％提高到15％。从2009年4月1日起，再次提高纺织品、服装、轻工、电子信息、钢铁、有色金属、石化等商品的出口退税率。其中，纺织品、服装的出口退税率提高到16％。2011年6～7月，国家相关部门将纺织品出口退税从16％下调至11％。2013年11月19日，财政部、国税总局下发通知，部分纺织品和服装的出口退税由11％上调到13％。2014年又回到16％。看来广州国税局可能把新旧退税率都保存了，因为退税申请涉及跨年度，只有国税总局才是最新的。所以这笔订单涉及的是贸易型企业的出口退税，可以计算如下：

瓶子家公司可得的每件雪纺衫退税款为：

8÷（1+17％）×16％=1.094017094元/件

总退税款项可达：1.094017094×7000=7658.12元

即这笔订单的实际进货价为：

8−1.094017094=6.905982906（元/件）

以上这笔瓶子家公司购进女装出口退税金额的核算业务，各实训小组进行讨论：出口退税要满足什么条件？出口退税有哪些方式？出口退税流程和单证如何？如果瓶子家公司建立自己的服装加工厂生产服装直接出口，此时的出口退税会有所不同吗？

3.2 知识链接——出口退税概念流程、计算与会计处理

小彭在计算出口退税额凭的是经验，至于贸易型企业和生产型企业的出口退税有何不同，那就不甚了了。下面还是系统地学习一下吧。

3.2.1　出口退税的定义及范围

1. 定义

（1）出口退税。

出口退税是指一个国家或地区对已报关离境或将离境的出口货物，由税务机关根据本国税法规定，将其在出口前生产和流通各环节已经缴纳的国内增值税或消费税等

间接税税款，按照不同的比例退还给出口企业或直接免征的一项税收制度。出口企业往往将出口退税作为扣除项计入成本。

一国对出口货物的出口退税，不完全是在税收上为鼓励出口目的而实施的一项优惠措施，而是流转税税制的内在要求和流转税跨国课征的表现形式，其目的是使出口商品以不含税价格进入国际市场，避免对跨国流动货物重复征税，从而促进该国家和地区的对外出口贸易，符合 WTO 规则，是国际贸易参与公平竞争的通行做法。出口退税政策作为一国对于出口的一项优惠措施，最初目的在于鼓励出口，但在发展演变过程中，由于国家对外经济贸易战略目标的需要，出口退税政策又成为一种国家对于出口结构的导向性调节工具。

上述出口企业包括对外贸易经营者、没有出口经营资格委托出口的生产企业、特定退（免）税的企业和人员。出口企业自营或委托出口的货物，除另有规定者外，可在货物报关出口并在财务上做销售核算后，凭有关凭证报送所在地国家税务局批准退还或免征其增值税、消费税。

（2）增值税和消费税。

两者都是间接税，间接税（Indirect Tax）与直接税（Direct Tax）的对应，政府税收的其中一个分类，是指纳税义务人不是税收的实际负担人，纳税义务人能够用提高价格或提高收费标准等方法把税收负担转嫁给别人的税种。间接税对商品和劳务征税，商品生产者和经营者通常均将税款附加或合并于商品价格或劳务收费标准之中，从而使税负发生转移。

①增值税是对销售货物或者提供加工、修理修配劳务，以及进口货物的单位和个人就其应税货物销售、加工、修理修配过程中实现的增值额和进口货物金额征收的一个税种。增值税实行发票扣税法。生产（含进口）、流通中的每一销售环节都要课税。增值税是以商品（含应税劳务）在流转过程中产生的增值额作为计税依据而征收的一种流转税。从计税原理上说，增值税是对商品生产、流通、劳务服务中多个环节的新增价值或商品的附加值征收的一种流转税，有增值才征税，没增值不征税，税款由消费者负担。增值税实行价外税，销售方取得的货款包括销售款和税款两部分，即：

$$货款＝销售款（不含税款）＋税款$$

特点：征税范围广，道道征税，税款抵扣。

②消费税是以消费品的流转额作为课税对象的各种税收的统称。是指政府对《中华人民共和国消费税暂行条例》规定中列举的应税消费品征收的一种税，可从批发商或零售商征收。消费税是在对货物普遍征收增值税的基础上，选择少数消费品再征收的一个税种，主要是为了调节产品结构，引导消费方向，保证国家财政收入。销售税是典型的间接税。只在应税消费品的生产、委托加工和进口环节缴纳，在以后的批发、零售等环节，因为价款中已包含消费税，因此不用再缴纳消费税，税款最终由消费者承担。消费税实行价内税，销售方取得的货款就是其销售款，而税款包含在销售款中并从中扣除，即：

$$货款（含税款）＝销售款（含税款）$$

特点：征税范围窄，单环节征税。

2. 出口退税范围

（1）准予办理出口退税货物应具备的四个条件：

①必须是增值税、消费税征收范围内的货物；

②必须是报关离境的货物；

③必须是在财务上做出销售处理的货物；

企业在按出口合同或信用证规定对外发货并向银行交单时即体现了货物所有权的转移，确立了可按出口合同或信用证规定收取货款的权利，因此，财会部门应把向银行交单之日，作为确立出口销售的依据，即根据出口发票及合同规定的其他内容，进行"出口销售"及应收（付）外汇账款的核算。这就意味着企业记销售账的时间并不是实际结汇的时间，而是按中间价或规定的牌价来记销售账，这样就和实际的结汇额不完全一致了，如果再和汇兑损益相加减，就同结汇时的盈亏保持一致了。

④必须是已收汇并经外汇管理部门核销的货物（人民币结算不必提供外汇核算单，应单独申报；如与收汇货物一并申报应在该出口报关单标注）。

这里的离境是指货物离开海关管辖境内，运往享受入仓即予退税政策的出口监管仓库、保税物流中心、出口加工区、保税物流园区、保税港区、综合保税区、跨境工业园区等海关监管的特殊监管场所及区域也视为离境。未出口的货物、走私出口的货物及不能提供出口证明的货物，国家明确规定不予退（免）税的货物不能退税。

（2）准予办理出口退税的特殊货物。

准予办理出口退税的特殊货物一般由两部分构成，一是没有直接出口，但最终为境外所消费的货物，如对外承接修理修配业务耗用的货物；二是在境内消费，但出于公平或对等原则的考虑视同出口的货物，如在国家招标中国内中标的机电产品，相比于同次招标境外中标产品进口时免征进口税收，为维护公平竞争，视同出口产品。表3—1叙述了特准退税关系，供读者借鉴参考。

表3—1　特准退税关联关系一览表

特准退税类别	经营者类型	退税计算方法	适用退税税率
1. 对外承包工程公司运出境外用于对外承包项目的货物	贸易型出口企业	免退税	现行退税率
	生产型出口企业	免抵退税	现行退税率
2. 外轮供应公司、远洋运输供应公司销售给外轮、远洋国轮而收取外汇的货物	其他	免退税	现行退税率
3. 企业在国内采购并运往境外作为在国外投资的货物	贸易型出口企业	免退税	现行退税率
	生产型出口企业	免抵退税	现行退税率
4. 出境口岸免税店经营国产品（除卷烟）	其他	免退税	适用征税率
5. 外商投资企业采购国产设备（2009年将逐步取消）	生产型出口企业/其他	免退税	17%或征税率
6. 外国驻华使（领）馆及其外交代表（领事官员）购买中国产物品和劳务	其他	免退税	征税率

特准退税类别	经营者类型	退税计算方法	适用退税税率
7. 出口加工区、保税物流园区内生产企业生产出口货物耗用的水、电、气和蒸汽	生产型出口企业	免退税	现行退税率
8. 对外承接修理修配业务的企业用于对外修理修配的货物	贸易型出口企业	免退税	被修理货物的退税率
	生产型出口企业	免抵退税	现行退税率
9. 利用中国政府的援外优惠贷款和合资合作项目基金方式下出口的货物	贸易型出口企业	免退税	现行退税率
10. 利用国际金融组织或外国政府贷款采取国际招标方式由国内企业中标销售的机电产品	贸易型出口企业	免退税	17%或征税率
	生产型出口企业	免抵退税	
11. 区外企业销售给出口加工区内企业并运入出口加工区供区内企业使用的货物	贸易型出口企业	免退税	现行退税率
	生产型出口企业	免抵退税	
12. 境外带料加工装配业务方式出口的货物	贸易型出口企业	免退税	现行退税率
	生产型出口企业	免抵退税	现行退税率
13. 国内生产企业向国内海上石油天然气开采企业销售海洋工程结构物产品	生产型出口企业	免抵退税	按［2004］238规定的老的退税率
14. 国内航空供应公司生产并销售给国外航空公司的航空食品	生产型出口企业	免抵退税	现行退税率
15. 补偿贸易、易货贸易出口的货物	贸易型出口企业	免退税	现行退税率
	生产型出口企业	免抵退税	现行退税率
16. 进入出口监管仓库的国内货物	贸易型出口企业	免退税	现行退税率
	生产型出口企业	免抵退税	现行退税率
17. 进入保税物流中心（B型）的货物	贸易型出口企业	免退税	现行退税率
	生产型出口企业	免抵退税	现行退税率
18. 经保税区仓储的出口货物	贸易型出口企业	免退税	现行退税率
	生产型出口企业	免抵退税	现行退税率
19. 保税区（不包括保税物流园区）内企业在区内出口的货物	贸易型出口企业	免退税	现行退税率
	生产型出口企业	免抵退税	现行退税率
20. 边境小额贸易出口的货物	其他	免退税	
21. 出口企业出口的自用旧设备	生产型出口企业/贸易型出口企业/其他	免退税或免税	
22. 进入霍尔果斯边境合作区的基础设施建设物资和区内自用设备	×生产型出口企业/贸易型出口企业/其他	免退税或免税	

（3）免税但不退税的出口货物。

①对来料加工复出口产品、避孕药品和用具、古旧图书、卷烟、计算机软件、含金产品、按简易办法征税的货物、军品，以及军队系统企业出口军需工厂生产或军需部门调拨出口货物在生产时予以免征增值税、消费税；

②国家规定的其他免税货物。

（4）不予办理退免税的出口货物。

①原油及中外合作油（气）田开采的天然气；

②柴油；

③国家禁止出口的货物，包括天然牛黄、麝香、铜及铜基合金、白金等（进料加工复出口除外）；

④援外出口货物（利用中国政府的援外优惠贷款和援外合资合作项目基金援外方式下出口的货物除外）；

⑤有出口卷烟经营权的企业出口国家出口卷烟计划外的卷烟；

⑥从非保税区运往保税区的货物；

⑦非列名生产企业自营或委托出口的非自产货物；

⑧国家规定的其他视同内销征税的出口货物。

3.2.2　出口退税方式

目前，我国出口企业主要有以下两不同的出口退税方式。

1. 生产型出口企业自营或委托贸易型出口企业代理出口自产货物

财政部、国家税务总局《关于进一步推进出口货物实行免抵退税办法的通知》（财税〔2002〕7号）规定，生产型出口企业是指独立核算，经主管国税机关认定为增值税一般纳税人，并且具有实际生产能力的企业和企业集团。其增值税从1996年到2002年采取"先征后退"办法。2002年1月1日之后，除另有规定者外，一律实行免、抵、退税管理办法，属于应征消费税的产品，实行免征消费税办法。对认定为增值税小规模纳税人的出口企业出口的货物，按现行小规模纳税人出口货物的规定，免征增值税、消费税。

实行免、抵、退税办法的免税，是指免征本企业出口货物的生产销售环节增值税（实际情况是免征本企业生产销售环节准予退还的增值税）；抵税，是指出口货物所耗用的原材料、零部件、燃料及动力等所含应予退还的进项税额，抵顶内销货物的应纳税额（实际上是抵顶剔除掉"免"之后的含外销货物在内所有销售货物的应纳税额）；退税，是指出口货物在当月内应抵的进项税额大于应纳税额时，对未抵顶完的部分予以退税。

2. 贸易型出口企业及实行贸易型出口企业财务制度的工贸企业收购货物出口

本企业出口货物的销售环节增值税免征，其收购货物的成本部分，因贸易型出口企业在支付收购货款的同时也支付了生产经营该类商品的企业已纳的增值税款，因此，贸易型出口企业出口货物应退增值税的计算应依据购进出口货物增值税专用发票上所注明的进项金额按退税率进行退税，征退税之差计入企业成本；属于应征消费税的产品，实行退还消费税办法。对没有生产能力的出口企业，其出口的货物按现行贸易型出口企业出口退税的规定办理。

3.2.3　出口退税流程、时限及单证

1. 出口退税流程

出口企业在成立之后需要进行出口退税认定手续，然后按月进行免抵退税申报。申报的基本流程为：（1）出口退税预申报；（2）增值税纳税申报；（3）出口退税正式申报。退税主管部门在国税总局的指标内进行签批和退库。

（1）出口货物退（免）税认定管理。

对外贸易经营者按《中华人民共和国对外贸易法》和商务部《对外贸易经营者备案登记办法》的规定办理备案登记后，没有出口经营资格的生产企业委托出口自产货物（含视同自产产品），应分别在备案登记、代理出口协议签订之日起30日内持有关资料，填写《出口货物退（免）税认定表》，到所在地税务机关办理出口货物退（免）税认定手续。特定退（免）税的企业和人员办理出口货物退（免）税认定手续按国家有关规定执行。

（2）出口货物退（免）税申报及受理。

①企业免抵退税预申报，税务机关受理并预审核。

出口企业应在规定期限内，收齐出口货物退（免）税所需的有关单证，使用国家税务总局认可的出口货物退（免）税电子申报系统生成电子申报数据，如实填写《出口货物退（免）税申报表》，向税务机关申报办理出口货物退（免）税手续。

出口企业将预申报数据准备好后，可以通过网上进行远程申报，也可以直接上门将预申报数据报送到主管退税部门。主管退税部门在收到企业报送的预申报数据后，首先检查其电子数据是否携带病毒或其他非法信息，确认安全后，将预申报数据读入出口退税审核系统中。

税务机关应及时进行预审。对于通过网上远程申报方式进行的预审是审核系统自动完成的，不需要相关工作人员进行人工干预。预审的主要内容包括自身审核和外部数据审核两部分，自身审核检查数据的唯一性、有效性、一致性，审核商品、税率准确性和单证的有效性；外部数据审核核对出口报关单、收汇核销单及代理出口证明电子信息。

主管退税部门将企业报送的预申报数据审核完毕后，生成疑点明细、货物信息不齐明细，从征税机关取得的当期增值税纳税申报部分数据等预审反馈信息返还给申报企业。对于通过网上远程申报方式进行的预审反馈信息是审核系统自动完成并返还给申报企业的，不需要相关工作人员进行人工干预。申报企业取得预审反馈信息后，将其读入出口退税申报系统中。然后根据相应疑点信息调整原申报数据，并进行反馈信息处理。

②企业增值税纳税申报，税务机关受理。

增值税纳税人须按规定定期进行增值税纳税申报，对于属于增值税一般纳税人的生产型出口企业最好在免抵退税预申报之后进行增值税纳税申报，这样可以提高增值税纳税申报的准确性。

主管征税机关接到企业的纳税申报资料后，对申报资料进行审核，其中涉及免抵

退出口货物的审核项目是：

a. "免、抵、退办法出口货物销售额"（第7栏）；

b. "免抵退货物应退税额"（第15栏）；

c. "免抵退办法出口货物不得抵扣进项扣税额"（附表二第18栏）。

征税机关受理纳税申报后，应及时将《增值税纳税申报报》及其附表的电子数据传递到退税机关。

③企业免抵退税正式申报，税务机关受理并正式审核。

企业在确认最后的退税申报数据无误后，可打印出口申报明细表（贸易型出口企业还须打印进货申报明细表）至少一式两份，另外还须录入、打印汇总表，同样至少一式两份。税务机关将出口企业正式申报的出口退（免）税数据读入出口退税审核系统中，进行人工审核和计算机审核。

a. 人工审核。税务机关受理出口商出口货物退（免）税申报后，应在规定的时间内，对申报凭证、资料的合法性、准确性进行审查，并核实申报数据之间的逻辑对应关系。

b. 计算机审核。税务机关人工审核后，应当进行计算机审核，将出口商申报出口货物退（免）税提供的电子数据、凭证、资料与国家税务总局及有关部门传递的出口货物报关单、出口收汇核销单、代理出口证明、增值税专用发票、消费税税收（出口货物专用）缴款书等电子信息进行核对。

税务机关在审核中，发现不符合规定的申报凭证、资料，税务机关应通知出口商进行调整或重新申报；对在计算机审核中发现的疑点，应当严格按照有关规定进行处理。

（3）出口退税的签批、退库和调库。

签批，亦称为"审核审批"，是"退库审批"的前一道环节，在出口退税的管理中，原则上要求有签批环节。退税部门负责人在接收到退税复审岗位人员已审核确认的申报数据和企业申报汇总表后，对退税审核结果进行最终确认，签批的主要数据来源为正常退税审核结果，也可是特准退税申报审核的结果。

出口企业免退税经过申报、预审、复审、签批四个环节被确认没有问题后，继而转入退税审批环节，退税审批工作由地市级以上税务机关来完成。对退税指标进行预处理是退税审批前的首要工作。在所属期内（年为单位），国家税务总局会根据不同阶段的实际情况给各地下达退税指标。地市级以上税务机关在接到总局下达的退税指标文件后，应及时将退税指标录入审核系统内，确保指标监控功能的有效实现和审批工作的顺利进行。税务机关应在总局下达的指标范围内及时为企业办理审批退库或调库手续，免征的部分一定不能形成税收，只能以调库的方式来解决。

出口企业提出办理相关出口货物退（免）税证明的申请，税务机关经审核符合有关规定的，应及时出具相关证明。

出口退税的流程如图3-3所示。

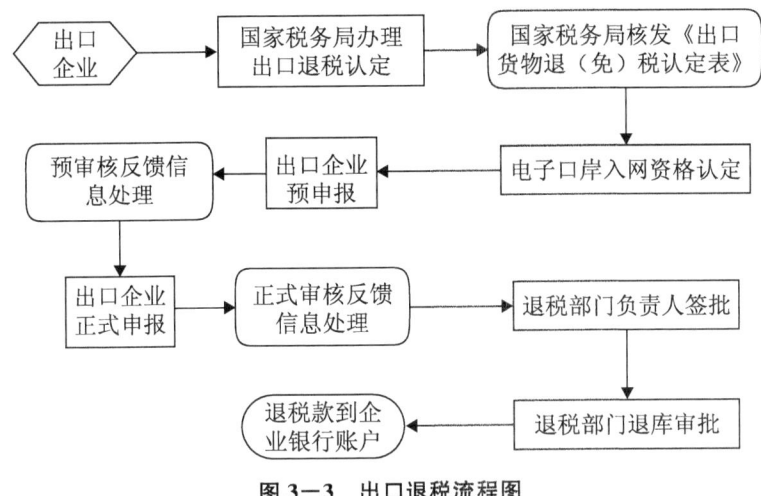

图3—3　出口退税流程图

2. 出口退税的时限

（1）申请人的时限要求。

①"30天"。外贸企业购进出口货物后，应及时向供货企业索取增值税专用发票或普通发票，属于防伪税控增值税发票的，必须在开票之日起30天内办理认证手续。

②"90天"。外贸企业必须在货物报关出口之日（以出口货物报关单出口退税专用联上注明的出口日期为准）起90天内向所在地主管税务机关退税部门申报办理出口退税申报手续，出口企业提出书面合理理由并经地市以上（含地市）税务机关核准后，可在核准的期限内申报办理退（免）税。退税部门每月15日前受理生产企业上月的"免、抵、退"税申报后，应于月底前审核完毕并报送地、市级退税机关或省级退税机关（以下简称退税机关）进行审批。

③"180天"。出口企业必须在货物报关出口之日起180天内，向所在地主管退税部门提供出口收汇核销单（远期收汇除外）。

④"3个月"。出口企业出口货物纸质退税凭证丢失或内容填写有误，按有关规定可以补办或更改的，出口企业可在申报期限内向退税部门提出延期办理出口货物退（免）税申报的申请，经批准后，可延期3个月申报。

（2）税务机关退税部门办理时限。

提供资料完整、填写内容准确、各项手续齐全的，当即予以受理，并在2个工作日内转下一环节。对单证齐全真实，且电子信息核对无误的，必须在20个工作日内办完退税审核、审批手续。

3. 出口退税的单证要求

（1）生产型出口企业。

①主表及电子数据。

a.《生产企业出口货物免、抵、退税申报明细表》。

b.《生产企业出口货物免、抵、退税申报汇总表》。

c. 经征税部门审核签章的当期《增值税纳税申报表》。

d. 出口货物退（免）税正式申报电子数据。

加工贸易还需提供以下资料。

a.《生产企业进料加工登记申报表》。

b.《生产企业进料加工进口料件申报明细表》。

c.《生产企业进料加工海关登记手册核销申请表》。

d.《生产企业进料加工贸易免税证明》。

②在办理免抵退税时须提供以下凭证（装订成册的随附单证）。

a. 加盖海关验讫章的出口货物报关单（出口退税专用）。

b. 加盖外汇管理部门已收汇核销章的出口收汇核销单（出口退税专用）及结汇水单（准予在180天内提交出口收汇核销单的，可在规定的时间内提交）或中远期收汇证明（进行外汇管理改革的试点地区企业申报时不需提供纸质核销单）。

c. 企业签章的出口销售发票。

另外，委托贸易型出口企业代理出口的货物，在委托方办理出口退税时须提供代理出口证明和代理出口协议。

（2）贸易型出口企业

①主表及电子数据。

a.《外贸企业出口退税出口明细申报表》。

b.《外贸企业出口退税进货明细申报表》。

c.《外贸企业出口退税汇总申报表》。

d. 出口货物退（免）税正式申报电子数据。

②在办理免退税时须提供以下凭证（装订成册的随附单证）。

a. 购进出口货物的增值税专用发票（抵扣联）或增值税专用发票分批申报单。

b. 加盖海关验讫章的出口货物报关单（出口退税专用）。

c. 加盖外汇管理部门已收汇核销章的出口收汇核销单（出口退税专用）及结汇水单（准予在180天内提交出口收汇核销单的，可在规定的时间内提交）或中远期收汇证明（进行外汇管理改革的试点地区企业申报时不需提供纸质核销单）。

d. 购进出口的消费税应税货物，还须提供"税收（出口货物专用）缴款书"或"出口货物完税分割单"。

e. 企业签章的出口销售发票。

另外，委托其他贸易型出口企业代理出口的货物，在委托方办理出口退税时须提供代理出口货物证明和代理出口协议。

试点地区税务机关受理跨境贸易人民币结算方式出口货物退（免）税后，不再审核出口收汇核销单及进行相关信息的对比，出口退税审核系统中产生的有关出口收汇核销单疑点可以人工跳过。

3.2.4　出口退税的计算

两种退税方式计算出口退税有差异，导致二者税负有较大区别，纳税人应结合自身情况，尽可能采用税负低、出口退税多的出口方式。

1. 生产型出口企业自营或委托贸易型出口企业代理出口自产货物

生产企业出口货物适用零税率制度。适用零税率的行为，一方面实际上不需要缴纳增值税，另一方面，还可以抵扣用于零税率行为的购进货物所承担的进项税额。

（1）增值税实行"免、抵、退"税。

增值税实行"免、抵、退"税的图解内容如图3—4所示。

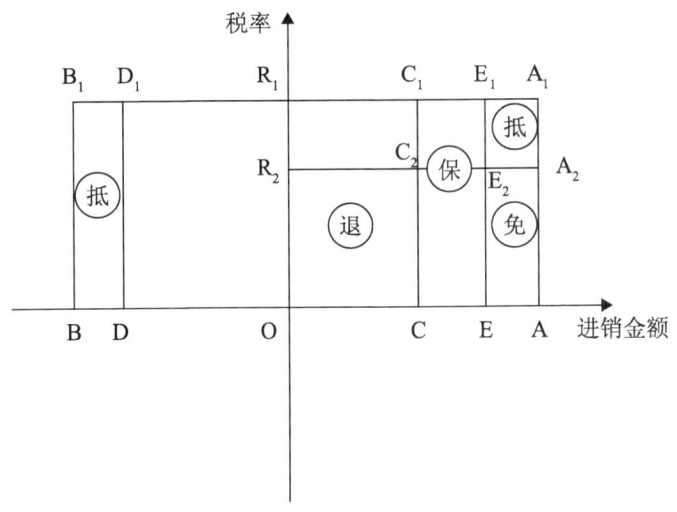

图3—4 "免、抵、退"税计算图解

注：OR_1—增值税征税率；OR_2—增值税退税率；OA—出口销售金额；OB—国内销售金额；CE—免税购进的进口料件金额

①当期应纳税额的计算。

"抵税"是指出口货物所耗用的原材料、零部件、燃料、动力等所含应予退还的进项税额，抵顶内销货物的应纳税额（实际上是抵顶剔除掉"免"之后的含外销货物在内所有销售货物的应纳税额）。

一般情况下，生产型出口企业一般都有上期留存抵扣的余额。因此这一因素要在应纳税额中进行调整。我国实行出口退税率制度，出口货物只能按照国家规定的出口退税率享受出口退税待遇，大部分商品的出口退税是不彻底的，也就是说，仍然是带着国内增值税负担进入国际市场的。退税率和征税率之间会有一定的差额，这一部分属于不予免抵退部分——"当期外销免抵退税不予免抵税额"，应该作为应纳税额的一部分进行调整。由于存在免税购进原材料，包括从国内购进免税原材料和进料加工免税进口料件，因为其属于免税购进，所以在计算外销销售额时，应该将该因素考虑进去，将其从外销销售额中剔除。

当期应纳税额＝当期内销货物的销项税额－（当期进项税额－当期免抵退税不得免征和抵扣税额）－上期留抵税额

$\qquad = OB \times OR_1 - [(OD+OC) \times OR_1 - (OA-CE) \times (OR_1-OR_2)] -$ 上期留抵税额

$\qquad = (OB-OD) \times OR_1 + (OA-CE) \times (OR_1-OR_2) - OC \times OR_1 -$ 上期留

抵税额

　　＝［（OB－OD）×OR$_1$＋（OA－CE－OC）×（OR$_1$－OR$_2$）］－OC×OR$_2$－上期留抵税额

　　其中：

　　免抵退税不得免征和抵扣税额

　　＝当期出口货物离岸金额×外汇人民币牌价×（出口货物征税税率－出口货物退税率）－免抵退税不得免征和抵扣税额抵减额

　　＝OA×（OR$_1$－OR$_2$）－免抵退税不得免征和抵扣税额抵减额

　　＝OA×（OR$_1$－OR$_2$）－CE×（OR$_1$－OR$_2$）

　　＝（OA－CE）×（OR$_1$－OR$_2$）

　　免抵退税不得免征和抵扣税额抵减额

　　＝免税购进原材料金额×（出口货物征税税率－出口货物退税率）

　　＝CE×（OR$_1$－OR$_2$）

　　当期应纳税额计算结果＞0时，体现税法中"抵"顶不完的增值税应纳税的金额。

　　当期应纳税额计算结果＜0时，则当期期末留抵税额＝－当期应纳税额，是否退税还要取决后面③的计算，"退税"是指出口货物在当月内应抵的进项税额大于应纳税额时，对未抵顶完的部分予以退税。上述结果也说明CE越大，使用保税料件也多，国产料件越少应纳税额就越小，客观上促使了"料件一日游"的产生。

　　②免抵退税额的计算。

　　免抵退税额

　　＝扣除免税购进原材料的外销销售额×出口货物退税率

　　＝出口货物离岸金额×外汇人民币牌价×出口货物退税率－免抵退税额抵减额

　　＝OA×OR$_2$－CE×OR$_2$

　　＝（OA－CE）×OR$_2$

　　其中：

　　免抵退税额抵减额＝免税购进原材料金额×出口货物退税率＝CE×OR$_2$

　　免税购进原材料包括国内购进免税原材料和进料加工免税进口料件，其中进料加工免税进口料件的价格为组成计税价格。

　　进料加工免税进口料件的组成计税价格＝货物到岸价格＋海关实征关税＋海关实征消费税

　　出口货物离岸价（FOB）以出口发票计算的离岸价为准。出口发票不能如实反映实际离岸价的，企业必须按照实际离岸价向主管国税机关进行申报，同时主管税务机关有权依照《中华人民共和国税收征收管理法》《中华人民共和国增值税暂行条例》等有关规定予以核定。

　　③当期应退税额和当期免抵税额的计算。

　　a. 当期期末留抵税额≤当期免抵退税额时，（即OD＜OB，OC＜OA）。

　　体现税法中"退"，当期应退税额＝当期期末留抵税额

　　当期免抵税额

　　＝当期免抵退税额－当期应退税额

$$= (OA-CE) \times OR_2 + (OB-OD) \times OR_1 + (OA-CE) \times (OR_1-OR_2) - OC \times OR_1 - 上期留抵税额$$

$$= (OB-OD) \times OR_1 + (OA-CE-OC) \times OR_1 - 上期留抵税额$$

b. 当期期末留抵税额＞当期免抵退税额时（即 OD＞OB，OC＞OA，即当期采购的国内原材料金额超出了当期销售金额，显然有部分原材料会留待生产下期成品用。）

体现税法中"退"，当期应退税额＝当期免抵退税额

当期免抵税额＝0

一般贸易中以上公式中抵减额为零。上述公式中的"当期"是指"本半年（季、月）"或"本年"，"上期"是指"上半年（季、月）"或"上年"。"当期期末留抵税额"为当期《增值税纳税申报表》的"期末留抵税额"。

"免税"是指免征本企业出口货物的生产销售环节增值税（实际情况是免征本企业生产销售环节准予退还的增值税）；图上表示为：$(OA-OC-CE) \times OR_2$。即相当于我国对于符合条件的出口货物实行出口环节增值税零税率，对于增值税来说销售环节零税率的实质含义是本环节应纳税额为负数，即销项税额－进项税额＜0，也就意味着本环节要退还相应货物包含的进项税。

（2）消费税实行"免"税。

①实行从价定率征收办法。

$$应免消费税税率额＝出口销售额 \times 消费税税率$$

②实行从量定额征收办法。

$$应免消费税税率额＝出口销售数量 \times 单位税额$$

2. 贸易型出口企业及实行贸易型出口企业财务制度的工贸企业收购货物出口

（1）本环节免征，进项应退增值税的计算。

①出口货物应退增值税的计算。

$$应退税额＝出口货物的进项金额（不含进项税） \times 出口增值税退税率$$

对出口货物库存账和销售账均采用加权平均价核算的企业：

$$应退税额＝出口货物数量 \times 加权平均进价 \times 出口退税率$$

②对外修理修配的出口退税计算。

$$应退税额＝修理修配金额 \times 出口退税率。$$

③委托生产企业加工收回后报关出口的货物退税计算。

应退税额＝（购买加工货物的原材料等发票进项金额＋工缴费发票金额）×退税率

注：

出口货物的进项金额（不含进项税）＝采购成本÷（1＋增值税征税率）

采购成本＝普通发票所列（含增值税）销售金额

增值税即进项税。

贸易型出口企业（外贸企业）进料加工有两种方式：

（1）委托加工。

贸易型出口企业（外贸企业）进料加工委托加工，可按照原材料的进口增值税缴款书和加工费的专用发票计算退税，如果进口没有缴税，只有加工费发票，凭加工费专用发票退税。

（2）作价加工。

外贸企业进料加工作价加工和外贸企业一般贸易退税政策相同。外贸企业一般贸易委托加工，购进原材料后委托国内加工企业加工货物，外贸企业须将原材料销售给国内加工企业，国内加工企业加工成货物后开具原材料和加工费合计金额的增值税专用发票，给外贸企业用于办理出口退税。

例如，瓶子家女装工贸公司出口印花布，采购坯布再委托印染厂加工染色，需要作价卖给印染厂，再买回印染含加工费的印花布出口。

瓶子家女装公司采购坯布时产生的增值税费计入进项税额，将坯布委托印染厂染色时，需要将坯布作价卖给印染厂，给印染厂开具增值税专用发票，瓶子家女装公司计提销项税额。印染厂收到专用发票将增值税费计入进项税额，染色加工成印花布后，再将印花布卖给瓶子家女装公司，给瓶子家女装公司开专用发票（即坯布和加工费合计金额），印染厂计提销项税额，瓶子家女装公司凭印染厂专用发票申报退税。

瓶子家女装公司购进坯布时，取得增值税专用发票，进项税额填入增值税纳税申报表附列资料表二申报抵的进项税额第 2 栏本期认证相符且本期申报抵扣处；瓶子家女装公司将坯布作价卖给印染厂，给印染厂开具增值税专用发票时，瓶子家女装公司计提销项税额，销项税额填入增值税纳税申报表附列资料表一按适用税率征收增值税货物及劳务的销售额和销项税额明细第 1 栏防伪税控系统开具的增值税专用发票处。印染厂染色后将印花布卖给瓶子家女装公司，给瓶子家女装公司开专用发票（即坯布和加工费合计金额），瓶子家女装公司出口，进项税额填写在增值税纳税申报表附列资料表二待抵扣税额第 26 栏按照税法规定不允许抵扣处；出口额填写在增值税纳税申报表附列资料表一免税货物第 16 栏。

（3）应退消费税计算。

①实行从价定率征收办法。

$$应退税款＝购进出口货物的进货金额×消费税税率$$

②实行从量定额征收办法。

$$应退税款＝出口数量×单位税额$$

③实行复合征收办法。

$$应退税款＝出口数量×单位税额＋出口销售额×比例税率$$

3.2.5　出口退税的会计做账

1. 财务上做出销售处理：货物出口并确认收入实现时，根据出口销售额（FOB价）做如下会计处理：

借：应收账款（或银行存款等）

　　贷：主营业务收入（或其他业务收入等）——外销收入

2. 月末根据《免抵退税汇总申报表》中计算出的"免抵退税不予免征和抵扣税额"做如下会计处理：

借：主营业务成本

　　贷：应交税费——应交增值税（进项税额转出）

3. 月末根据《免抵退税汇总申报表》中计算出的"应退税额"做如下会计处理：

借：其他应收款——出口退税

　　贷：应交税费——应交增值税（出口退税）

4. 月末根据《免抵退税汇总申报表》中计算出的"免抵税额"做如下会计处理：

借：应交税费——应交增值税（出口抵减内销应纳税额）

　　贷：应交税费——应交增值税（出口退税）

5. 收到出口退税款时，做如下会计处理：

借：银行存款

　　贷：其他应收款——出口退税

3.3 操练与深化——生产型出口企业的出口退税核算

大家和小彭经过以上系统的学习后，明白了出口企业要出口退税通常要满足四个条件。出口退税根据企业的业务类型有两种常见的方式，可以登录国家税务总局网站查到最权威出口退税的信息，如增值税退税率，找出口退税办事指南和流程、政策等。另一个可供学习的网站是为国家税务总局设计退税软件的大连龙图信息技术股份有限公司架设的中国出口退税咨询网（www. taxrefund. com. cn），知识体系也非常系统。

生产型出口企业通常涉及进料加工，以制衣厂为例出口退税追问布料进口的情况下出口退税的核算。记得在项目 1 提到瓶子家公司从上海立取服饰有限公司购进无袖背心款雪纺衫出口。经小彭的申请这笔生意总共可以得到退税款 7658. 12 元（1. 094017094×7000）。小彭在想如果上海立取公司绕过瓶子家公司自己以每件 8 元出口是不是可以得到相同的退税款？小彭很爱思考，加上老板娘叮嘱他处处是学问，将来生意做大了，自己可以开厂。

任务 3-2：雪纺衫生产厂家的出口退税核算。

大家来想一想，上海立取公司就这单货要申请退税需要哪些数据？根据上面的学习需要做些假定。先简化程序，假定当月无内销只有此笔外销，这些雪纺衫的布料全是国内采购的，上月也没有留底税额。则上海立取公司的具体核算内容如下所述。

（1）当期应纳税额。

当期应纳税额

＝当期内销货物的销项税额－（当期进项税额－当期免抵退不得免征和抵扣的税额）－上期留抵税额

＝－当期进项税额＜0

当期期末留抵税额＝当期应纳税额＝当期进项税额时，要弄清楚这批布料的进项税额，很显然要先弄清楚 7000 件雪纺衫用了多少布料。小彭在 2.5.2 已经核算过成衣布料用量了，7000 件共耗布料 3117. 604 米

小彭假定布料是从东莞市东运布业有限公司买的，CNY 8/M，

则该批布料上海立取公司的进项增值税为：

3117.604×8÷（1+17%）×17%＝CNY 3623.881573

所以当期期末留抵税额＝CNY 3623.881573

（2）免抵退税额。

免抵退税额

＝出口货物离岸金额×外汇人民币牌价×出口货物退税率－免抵退税额抵减额

＝8×7000×16%＝CNY 8960

注：因为卖给外商的价格刚好也是 CNY 8/PC。

（3）当期期末留抵税额 CNY 3623.88＜当期免抵退税额 CNY 8960。

当当期期末留抵税额 CNY3623.88＜当期免抵退税额 CNY8960 时，可得当期应退税额＝当期期末留抵税额＝CNY 3623.88

而任务 3－1 计算的出口退税额为 CNY 7658.12，看来上海立取服饰有限公司去办理退税并不能比瓶子家公司退得多，因为后者的计税价格较前者大。

3.4 归纳与评析——企业出口退税的设计原理和退税帮手

中国出口退税政策参考了国际上通行的做法意在避免货物流通的双重课税，降低企业税务负担；但办理流程复杂、会计做账繁复使得很多企业望而却步，特别是小微企业。国家的出口退税政策的设计原理是什么，小微企业如何能获得帮助？这些不仅是小彭想知道的，各位同学也是兴致勃勃，因为大家毕业后是小微企业业主的最大来源。

3.4.1 出口退税的设计原理

我们把研究的焦点放在生产型出口企业的增值税"免、抵、退"管理办法上。为什么增值税出口退税要采用这样一种程序呢？为什么不能直接规定出口产品增值税退税率就是所适用的增值税征税率呢？抵顶的实际意义何在？为什么要比较免抵退税额与当期留抵税额来确定实际退税额呢？按照"财税〔2002〕7 号"文件，实行免抵退税方式时，有一系列计算公式，但是文件中的这些公式是经过优化或者说是将把退税制度按照理论进行实践可操作性转化的，使用起来固然比较方便，但是理解起来却存在一定难度，这就需要将公式的原理做一些简单的分析，着重把握几个关键词：应纳税额、免抵退税额、实际应退税额、期末留抵税额等。"免、抵、退"管理办法的原理主要是以出口应免退税额抵顶内销产品应纳税额，抵顶的过程称为"免抵"，免抵的金额称为"免抵额"，在实践中，"免、抵"两个环节是同步进行的，免抵之后再确定是否应退及应退多少税额。以免抵的过程将内销应纳税和出口免退税两项业务连接起来，简化了征纳过程。抵顶制，相当于债务重组、净额结算，把企业对国家的债务/债权做净额结算。"财税〔2002〕7 号"解释为："实行免、抵、退税办法的'免'税，是指对生产企业出口自产货物所耗用的原材料、零部件、燃料、动力等所含应予退还的进项税额，抵顶内销货物的应纳税额"。

增值税的征税原理决定了在每一个流转环节只对本环节的增值额按适用税率征税，但理论上的增值额在实践中是难以认定的，所以采用销项税额抵减进项税额后为应纳税额的实用征收办法。括号里面两项相减的是实质含义就是当期准予从内销货物销项税额中抵扣的进项税额以及本应出口退税的进项税额。理论上说，准予抵扣的进项税额只能是当期进项税中属于生产内销产品所消耗的料件对应的部分，但企业的生产流通环节是一个连续而非一一对应的过程，本期购进原材料、零配件、燃料、动力并不一定在当期消耗，反之当期所实际消耗的料件和燃料动力所包含的进项税也未必同当期可以抵扣的进项税相吻合，在操作上无法明确区分当期的进项税对应哪一期的销项税，只能进行人为简化，即通过当期全部进项税额减去当期免抵退税不得免征和抵扣额这种方式来计算。减后的结果不仅有当期内销货物可以抵扣的进项税，还有出口货物应退的进项税额，结果余额用来抵扣当期内销货物的销项税额，实际体现的是免抵退的抵顶过程，即应免退税额抵顶内销应纳税额的过程。本公式的本质是内销所对应增值税计算时，允许不仅可以减内销进项税，还可以减外销进项税，而外销进项税是估计得来的。

1. 当期应纳税额的计算

当期应纳税额＝当期内销货物的销项税额－（当期进项税额－当期免抵退税不得免征和抵扣税额）－上期留抵税额

所谓当期免抵退税不得免征和抵扣额，意味着按照免抵退税制度进行计算时，"不得免征"和"不得抵扣"这两部分进项税额。免抵退税不得免征和抵扣税额，实行免抵退管理办法的，退税率是国家规定的，所以出口货物名义征税率和退税率之间存在一个差额，如名义征税率 17%，退税率 16%，差额 1%，这部分实际上是既不免税也不得抵扣的，反过来说就是应纳税额的增加项目，这也可以从应纳税额的公式看出来。

免抵退税不得免征和抵扣税额＝出口货物离岸价×外汇人民币牌价×（出口货物征税率－出口货物退税率）－免抵退税不得免征和抵扣税额抵减额

免抵退税不得免征和抵扣税额抵减额＝免税购进原材料价格×（出口货物征税率－出口货物退税率）

将后一个公式代入前一个合并后可得：

免抵退税不得免征和抵扣税额＝$(OA-CE) \times (OR_1-OR_2)$

这样一来，不得免征和抵扣的税额就表现得比较明晰起来，也就是从认定的出口销售额中，剔除掉免税购进的原材料价款后的剩余部分对应的征退税差额。这样计算的原因包括三个，第一，免税购进材料本身不包含进项税，所以不应该计算免征和抵扣税额，因此要予以剔除；第二，大多数企业的销售都是既有外销，又有内销，所以当期出口货物实际消耗的料件对应的进项税额无法准确确定，因此计算免抵退税额时假定其进项税额是按照销售额的一定比例计算，这个比例就是外销销售额除以总销售额；第三，基于第二条同样的理由，因为无法直接计算应退税额，所以变通的办法是，先计算不得免征和抵扣的税额，并以此作为间接计算免抵退的一个中间数据，然后将其从公式一中的进项税额中剔除。剔除后的部分就是当期全部进项税额中可以免征和抵扣的金额，实际上就是税法允许从当期内销部分销项税额中抵扣的进项税额。抵顶过程可能存在两种情况：

（1）当期应纳税额＞0 时，表明当期出口应退的进项税额不足抵顶内销货物应纳税额（即不足抵顶），当期仍有需要缴纳的税额。在这种情况下，应无期末留抵税额。

（2）当期应纳税额＜0时，还存在以下第3点中的两种情况。

2. 免抵退税额的计算

免抵退税额＝出口货物离岸价×外汇人民币牌价×出口货物退税率－免抵退税额抵减额；

其中：

免抵退税额抵减额＝免税购进原材料价格×出口货物退税率

当期免抵退税额，也就是按照免抵退政策计算的当期应抵顶的进项税额，也可以理解为按企业当期出口额以所适用的名义退税率计算的名义退税额。为什么要说是名义应退税额呢？因为后面还有一个实际退税额。因征纳税管理需要，税法规定采用了设定假定出口退税额的办法来解决这个问题，也就是人为设定退税率，用以计算免抵退税额（名义退税额），而无论其所耗料件燃料动力等实际包含多少进项税；基于前述原因，退税率的调整实际上更多地体现国家的财政和产业政策，而不是体现出口产品实际所包含进项税额的变化。

实际退税额，这是与名义退税额即当期免抵退税额相对而言的，为什么这样说呢，因为假设不实行免抵退管理办法而是该缴的缴，该退的退，这部分所谓的免抵退税额就是企业应该收到的退还税款，而在抵顶制下，要先以这部分应退的进项税额抵顶内销产品应纳税额，抵顶之后还有剩余的，才退还抵顶剩余部分的税款，在实际计算的时候，还要再作一个比较，详见第3点。

税收实践就采用了人为确定退税率，并且首先以计算出来的当期免抵退税额（即当期名义退税额或者称当期应抵顶的进项税额）抵顶内销产品应纳增值税的处理简易处理，实际是减化了增值税征纳环节的征税、退税过程。

注意"免抵退税额抵减额"与前面"免抵退税不得免征和抵扣税额抵减额"的相区别，"免抵退税额抵减额"实质是不予抵免的金额，实际账务处理中是不存在的，但是作为免抵退这种管理办法的计算思路，必须将这部分予以剔除。而通过前面对计算公式的分析，可以理解因为前面对免税购进原材料也相应计算了不得免征和抵扣的税额，所以单独计算"免抵退税不得免征和抵扣税额抵减额"作为修正。这个公式中计算的"免抵退税额"就是名义应退税额或者免抵退制度下的可抵顶进项税额。公式最后一个减项"免抵退税额抵减额"的实质含义是，免税购进的原材料本身是不含进项税额的，所以在计算免抵退税额时就不应该退还这部分原本不存在的税额，因此要通过计算予以剔除。

另外，从公式可以看出，这两者的联系：免抵退税额抵减额＝免税购进原材料价格×出口货物退税率；免抵退税不得免征和抵扣税额抵减额＝免税购进原材料价格×（出口货物征税率－出口货物退税率）＝免税购进原材料价格×出口货物征税率－免税购进原材料价格×出口货物退税率＝免税购进原材料价格×出口货物征税率－免抵退税额抵减额。即：

免税购进原材料价格×出口货物征税率＝免抵退税不得免征和抵扣税额抵减额＋免抵退税额抵减额

$$CE \times OR_1 = CE \times (OR_1 - OR_2) + CE \times OR_2$$

3. 当期应退税额和免抵税额的计算

期末留抵税额存在"实际期末留抵税额"和"名义期末留抵税额"两个概念。"当期期末留抵税额"实际上是"名义期末留抵额","实际期末留抵税额"就是可以留待以后期间抵扣的进项税额,为什么这样说呢?在金额上,实际期末留抵税额＝名义期末留抵税额－当期实际应退税额;因为最终的实际期末留抵额＝名义留抵额－当期实际退税额,而此处的名义期末留抵额＝－当期应纳税额,当然这要满足当期应纳税额小于零这个大前提。"名义期末留抵税额"是计算免抵退税和实际期末留抵税额的一个中间概念,也只有明确了这点才能明白以免抵退税额与当期末留抵额进行比较的作用,其实是在判断当期的名义退税额到底应该实际退税多少以及已经实际抵顶多少。因为经过引申,这里的对比实际上是在对比"当期名义退税额"与"当期应纳税额的绝对值"。

当期期末留抵税额根据当期《增值税纳税申报表》中"期末留抵税额"确定。这实际上是一组当期实际应退税额的判断公式。采用的思路是:当期应退税额＝MIN(当期期末留抵税额;当期免抵退税额)。即取二者中较小的一个,就是看企业当期名义期末未抵顶完的与名义退税额孰高孰低,然后以较低者为限实际退还税款。这样的过程是免抵退管理办法的精髓所在,因为所谓的免抵,其实就是确认有无抵顶额以及抵顶额为多少的过程,以进一步确定应退税额。

(1) 如当期期末留抵税额≤当期免抵退税额,即"当期应纳税额的绝对值"≤"当期名义退税额",则:

当期应退税额＝当期期末留抵税额,即实际退税额以"当期应纳税额的绝对值"为限。

当期期末实际留抵额＝名义留抵额－当期实际退税额＝当期应纳税额的绝对值－当期实际退税额＝当期应纳税额的绝对值－当期应纳税额的绝对值＝0,也就是说实际上已经没有可以留抵的税额了。抵顶之后当期不需要再纳税,即抵顶有余,但是还有未抵顶完的应退税额,这时就将未抵顶完的应退税额退还企业,这部分应退税款在金额上等于计算的企业当期应纳税额,这种情况下期末无留抵税额,则:

当期免抵税额＝当期免抵退税额－当期应退税额,即当期抵顶金额等于当期名义应退税额与当期实际退税额之间的差额。

(2) 如当期期末留抵税额＞当期免抵退税额,即"当期应纳税额的绝对值"＞"当期名义退税额",则:

当期应退税额＝当期免抵退税额,即实际退税额就是当期名义退税额。

当期免抵税额＝0

而"当期期末实际留抵额＝名义留抵额－当期实际退税额＝当期应纳税额的绝对值－当期实际退税额＞0,可以说这时的"当期期末实际留抵额"才是真正意义上的当期末留抵税额。此时的期末留抵税额就是未抵扣完(注意是未抵扣完,不是未抵顶完)的进项税额。企业的生产经营活动是连续,所以不能断定这部分留抵税额是将来属于外销还是内销所对应的。抵顶之后,还应该缴纳一定数额的增值税,即不足抵顶,这意味着当期应退税额已经全部抵顶应纳税额，而且还有未抵顶完的税额。

4. 内销产品应纳税额的计算

按照制度设计，名义退税额即免抵退税额是与内销产品应纳税额有关的，内销产品的应纳税额也可以通过以下公式计算出来：

内销产品应纳税额＝内销产品当期销项税额－（当期进项税额－当期免抵退税额－当期免抵退税不得免征和抵扣税额）

为什么要减出口产品应退税额呢？因为按照这种管理办法认定的出口货物所包含的进项税额，本应该另行退税的，因此要从当期进项税额中剔除。至于"当期免抵退税不得免征和抵扣税额"，其名称本身就已经明白地告诉我们，是既不能作为出口免征也不能作为内销抵扣的税额，虽然叫税额，但显然不是销项税额，而是进项税额，所以实质上就是指不能抵扣的进项税额，会计上要做进项税转出，所以这里就要从进项税额中剔除。这样一来，稍加注意就会发现，计算内销产品应纳税额的公式与前面计算的当期应纳税额的公式只差一个要素，就是当期免抵退税额。当期应纳税额公式中没有减去这个免抵退税额，就是体现抵顶的过程。如此推导出：

内销货物应纳税额＝当期应纳税额＋当期免抵退税额

这是一个重要的公式，但我们先暂且将其放下，再从免抵退的原理上来分析一下，企业名义上的应退税额即当期免抵退税额，最终可能出现两种情况，三种处理结果。

（1）内销货物应纳税额小于零，因为无须纳税，所以无须抵顶。无须抵顶，所以当期应退还全部出口应退税额，企业当期期末留抵税额为正。这种情况下：

实际退税额＝免抵退税额

这种情况的适用条件：当期应纳税额小于零且当期内销货物应纳税额小于零，即：当期应纳税额＋当期免抵退税额小于零，也就是：当期免抵退税额＜－当期应纳税额＝当期留抵税额；反过来就是：当期免抵退税额＜当期留底税额时，当期实际退税额＝当期免抵退税额。

（2）计算出的内销部分应纳税额为大于等于零，这时就先以出口应纳额抵顶，抵顶的结果也存在两种情况。

①内销货物应纳税额大于零，且大于出口应退税额，因此全部用来抵顶内销产品应纳税额，仍有不足，即不足抵顶，这种情况下不需退税。这是当期应纳税额大于零时的情况，实际意味着出口应退进项税不足抵顶内销应纳税税额。这时的实际抵顶额＝免抵退税额。退税额＝0。

②内销货物应纳税额大于等于零，但小于出口应退税额，即抵顶有余。这种情况下以出口应退税额抵顶内销货物应纳税额后仍有余额，因此：

实际退税额＝当期免抵退税额－当期内销货物应纳税额＝当期免抵退税额－（当期应纳税额＋当期免抵退税）额＝－当期应纳税额＝当期留底税额；

这种情况的适用条件：当期应纳税额小于零且当期内销货物应纳税额≥0，即：当期应纳税额＋当期免抵退税额≥0，也就是：当期免抵退税额≥－当期应纳税额＝当期留底税额；反过来就是：当当期免抵退税额≥当期留底税额时，当期实际退税额＝当期留底税额。

3.4.2　外贸综合服务企业的兴起

经过以上的解说，想必还是有相当多的同学一个头两个大。整个出口退税的策划，最难的是对其设计原理的理解，其次是流程操作、财务做账。特别是中小企业，请不到或请不起专门的人员来做出口退税，但又想得到这笔退税款，一直以来只好走法律的灰色地带，请税务中介来处理。可喜的是国家税务总局终于在 2014 年把外贸综合服务企业的这项服务正名了。

为进一步发挥外贸综合服务企业提供出口服务的优势，支持中小企业更加有效地开拓国际市场，经商财政部、商务部同意，国家税务总局公告 2014 年第 13 号发布了《关于外贸综合服务企业出口货物退（免）税有关问题的公告》，公告内容规定外贸综合服务企业以自营方式出口国内生产企业与境外单位或个人签约的出口货物，同时具备以下情形的，可由外贸综合服务企业按自营出口的规定申报退（免）税：

（1）出口货物为生产企业自产货物；

（2）生产企业已将出口货物销售给外贸综合服务企业；

（3）生产企业与境外单位或个人已经签订出口合同，并约定货物由外贸综合服务企业出口至境外单位或个人，货款由境外单位或个人支付给外贸综合服务企业；

（4）外贸综合服务企业以自营方式出口。

上述出口货物不适用《国家税务总局、商务部关于进一步规范外贸出口经营秩序切实加强出口货物退（免）税管理的通知》（国税发〔2006〕24 号）第二条第（三）项规定、《财政部 国家税务总局关于出口货物劳务增值税和消费税政策的通知》（财税〔2012〕39 号）第七条第（一）项第 7 目之（3）的规定。

外贸综合服务企业应加强风险控制，严格审查生产企业的经营情况和生产能力，确保申报出口退（免）税货物的国内采购及出口的真实性。外贸综合服务企业如发生虚开增值税扣税凭证（包括接受虚开增值税扣税凭证，善意取得的除外）、骗取出口退税等涉税违法行为的，应作为责任主体按规定接受处理。主管税务机关应按规定受理外贸综合服务企业的出口退（免）税申报，并加强对外贸综合服务企业的预警监控、审核、评估分析，如发现涉嫌骗取出口退税疑点的，应按现行规定进行处理。

外贸综合服务企业是指为国内中小型生产企业出口提供物流、报关、信保、融资、收汇、退税等服务的外贸企业。这个公告相当于为外贸综合服务企业这一出口退税的中介正名，换句话说，就是出口退税可以外包。这意味着国税总局监管思路的重大变化，过去为了防止骗税，对出口退税的中介避之犹恐不及，现在则是借助外贸公共服务市场化的思路，规范出口退税中介的发展。之前由于出口退税中介未得到正名，中小微企业很多出口退税都要亲力亲为，小面额的退税发票往往办理的成本都不止退税额。

随着跨境电商的发展，成千上万的小微企业涌入外贸市场，彻底改变了中国外贸格局。剧烈变化的格局也需要外贸公共服务提供方式的变革。随着出口退税中介得到正名，通过电子商务，化零为整，批量化处理降低了成本，而基于真实贸易背景下的服务又降低了风险，这将大大推动中小企业开拓国际市场。

3.5 巩固训练——出口企业的两种出口退税操作

同学们，下面我们来讨论瓶子家女装公司雪纺衫不同出口退税操作方式。

3.5.1　两家公司不是关联企业

生产型出口企业采用自行办理出口退税或委托出口的形式，同把货物销售给贸易型出口企业出口，贸易型出口企业办理出口退税的形式税负有何差异呢？经过前面的引导任务和操作深化的计算，发现这两种形式因为在退税方面采用不同的退税方式，由此产生了不同的结果。

7000 件无袖款雪纺衫的出口任务，上海立取服饰有限公司自己出口自行前往办理可得 3623.88 元的退税；而同样价钱卖给瓶子家女装工贸有限公司，瓶子家公司出口后办理出口退税可得 7658.12 元。很显然生产型出口企业可得的出口退税远少于贸易型出口企业，这样看来有点荒诞，如果政策对生产型出口企业不利，以后谁还会愿意从事制造业呢，吃力不讨好。小彭很想弄明白，我们大家也很想知道。

经过再三分析之后，小彭发现了前面计算的一个小缺陷：

可以用来抵顶的进项税额是指出口货物所耗用的原材料、零部件、燃料、动力等所含应予退还的进项税额，而在计算中只算入布料的进项税，燃料、动力、机器零部件的进项税我们没有计入，实际上即使计入该部分进项税也无法改变现有出口退税政策不利于生产型企业的事实，因此为了鼓励制造业的发展，国家有必要做些政策调整。

3.5.2　两家公司是关联企业

贸易型出口企业，把这批货物以 8 元卖给这家独立核算的关联贸易出口企业上海立取进出口公司，而上海立取进出口公司以同样的价钱卖给外商。假设可以忽略不计，7658.12 元扣去 3623.88 元给上海立取服饰有限公司付增值税进项税，还可以有 4034.24 元余款，上海立取进出口公司没一分钱利润完全可以靠出口退税来维持公司的运营。

出口退税政策本来的目的是鼓励出口，增加外汇，吸引外资，促进就业。自 1985 年出口退税政策实施以来，我国已于 2009 年超过德国，成为世界第一大出口国。外汇储备也在 2006 年 2 月底超过日本，位居世界第一。

然而，一项政策就像是一个药方。开始吃时，药效显著，长期吃下去的话，副作用就会显现。我国吃了出口退税这个药方 20 多年了，副作用有些骇人。

第一，我国经济的对外依存度已超过 60%，国外经济波动对国内经济发展和就业影响很大，使得我国企业陷入被动格局。

第二，很多出口企业的主要利润来自于出口退税，这表明这些企业的竞争力不足。没有生存压力，就没有动力去提高企业自身盈利能力以及产品竞争力。财政补贴影响了价格信号，让具有落后产能的企业在市场上生存，从而导致资源配置不合理。

有些企业会去钻政策空子来获取不当之利。以一个电子企业为例，电子元件出口可以享受 13％～17％不等的出口退税，等于价格成本降低了 13％～17％。而下游企业用更低的价格进口时，只要持有加工贸易手册，就不用另外缴纳进口关税和环节税，这其实影响了价格信号的资源配置功能。

第三，经济增长严重依赖外需使得国内市场的潜力没有被正视。最近几年，经济学家一直在呼吁扩大内需，官方也逐渐认识到了扩大内需的必要性，但雷声大，雨点小。决策层习惯性地沿用先前的药方，当危机出现时，只是加大剂量而已，并没有做出实质性的改变来引导内需，减少对外的依赖。

第四，我国外汇占款的货币发行模式结合出口退税导致了通货膨胀问题。出口退税鼓励出口，出口越多，外汇越多，外汇占款所增发的国内基础货币也就越多，再经由信贷系统的乘数效应，就会导致日益严重的通货膨胀问题。鼓励出口和抑制通货膨胀，在外汇占款的影响下，形成了一对悖论政策。由此导致的通货膨胀问题是不能用简单的调整准备金率来获得彻底解决的，银行准备金率自 2012 年达到历史最高点以来，这几年一直在高位运行，何时是尽头呢？

第五，我国与世界的贸易摩擦越来越多，这很大程度上得归咎于我国巨大的贸易顺差，这也或多或少导致了世界经济的失衡。经济失衡正如一个人内分泌紊乱或者发高烧，看起来代谢很旺盛，但那是不健康和不可持续的。国家在贸易顺差方面也做了很多努力，但我们不能只看表面的数字，还要看数字的背后，也就是进口和出口的产品结构。出口的是低端产品，进口的是高科技产品，利润额高低立现。

逐步取消出口退税政策，有利于抑制低端产品出口，加快淘汰落后产能，加快产业结构调整、推进节能减排。并且，用节约下来的税款，用在国内物流渠道的基础建设上来，将外需引导转变为内需，有利于调整结构，以及科学和经济发展。

【项目训练总结】

本项目认证了核算出口退税收入，对于进口税费的核算简单提及留待后面的项目兼顾。实训小组学习了查找商品的增值税率和退税率方法，进一步算出实际进货成本；了解增值税和消费税的含义和出口退税的设计原理，掌握了货物出口退税的几个关键点：增值税消费税的课税对象、出口离境、销售处理、外汇核销；及时上网了解出口退税的基本条件和最新政策；掌握出口退税的处理方法。项目的重点、难点在于对核算公式的理解和会计记账，实训小组可通过复习数学知识和学习会计基础知识来突破。当然通过学习，大家也知道寻求外贸综合服务企业来帮忙解决出口退税问题，也明白了出口退税制度的利弊和将来的发展趋势。

【推荐阅读】

1. 国税部门"答疑"出口退税（图）. 网易新闻 . http：//news. 163. com/10/0901/00/6FF2LFAC00014AED. html.

2. 海搜 . http：//chs. so/Pages/SearchList. aspx? st＝女式背心 ＆page＝1.

3. 关于外贸综合服务企业出口货物退（免）税有关问题的公告 . 中国国家税务总局 . http：//www. chinatax. gov. cn/n2226/n2271/n2272/c670348/content. html.

4. 中国出口退税咨询网. 生产企业免抵退税从入门到精通［M］. 北京：中国海关出版社，2010.

5. 中国出口退税咨询网. 外贸企业出口退税操作手册［M］. 北京：中国海关出版社，2011.

6. 徐文英 . 2014 年纺织品出口退税率不会下调 . 中国纱线网 . http：//www. chinayarn. com/news/ReadHui. asp？NewsID=76139.

7. 吴侨发 . 出口退税外包落地 . 经济观察网 . http：//www. eeo. com. cn/2014/0321/257934. shtml.

8. 出口退税的原理分析 . 投行老人的 BLOG. http：//blog. sina. com. cn/s/blog_5393945d0100cqof. html.

9. 为什么要区别价内税和价外税在计算应缴税款时 . http：//wenda. so. com/q/1371702084062210？src=140.

【课后训练——出口退税几个情景的核算】

出口退税是我国国际贸易不可或缺的一项重要政策，通过训练可以让我们学会在国际贸易操作中选择合适的退税方式得到国际贸易的利润最大化。

1. 生产型出口企业的出口退税

情景 1：上海立取公司系符合免、抵、退税政策的一家生产企业，2015 年 6 月发生如下经济业务：自营出口服装 10 万件，离岸价格（FOB）平均每件 10 美元，外汇人民币牌价为 1 美元兑换 6.0 元人民币，内销货物不含税的销售额为 5000 万元。本期购入布料的进项税额为 800 万元。假设该公司无上月留抵待扣进项税，无免税购进的布料，增值税征税率为 17%，出口退税率为 16%。试计算上海立取公司 2015 年 6 月份的免、抵、退税。

情景 2：上海立取公司内销货物不含税的销售额为 4500 万元，其他条件按情景 1 不变。

试计算 A 公司 2015 年 6 月份的免、抵、退税。

情景 3：上海立取公司内销货物不含税的销售额为 3500 万元，其他条件按情景 1 不变。

试计算上海立取公司 2015 年 6 月份的免、抵、退税。

情景 4：上海立取公司上月留抵待扣进项税 10 万元，本期免税购进的布料为进料加工免税进口料件，其组成计税价格为 100 万元，其他条件按情景 1 不变。

试计算上海立取公司 2015 年 6 月份的免、抵、退税。

2. 贸易型出口企业的出口退税

情景 5：一般贸易

瓶子家女装工贸公司与国外客商签订销售雨靴合同，合同为：出口雨靴 10 万双，出口金额 50 万美元。组织购货情况如下：雨靴生产企业甲供货雨靴 5 万双，增值税发票计税金额 200 万，税额 34 万；同时与生产企业乙签订购货合同，收购雨靴 5 万双，增值税发票计税金额 150 万元，税额 25500 元。该出口合同已履行完毕，货物于 2015 年出口。雨靴的退税率为 13%，试计算瓶子家女装公司应退增值税。

情景 6：进料加工——委托加工

瓶子家女装工贸公司与国外客商签订进料对口加工合同一份：从国外客商进口布料 2500 米，海关进口免征增值税。布料运到口岸，委托本地服装厂加工西服，两个月后服装厂全部加工完毕，瓶子家女装工贸公司收回西服 1000 套并出口，与上海立取服装厂签订加工合同每套西服加工费 50 元，取得增值税发票一张，计税金额 50000 元，税额 8500 元。服装退税率为 16%，试计算瓶子家女装工贸公司应退增值税。

情景 7：进料加工——作价加工

仍以上述合同为例，假设布料运到口岸，作价销售给上海立取服装厂用于加工西服，开出增值税发票一张，计税金额 250000 元，税额 42500 元，2 个月后服装厂全部加工完毕，瓶子家女装工贸公司收购回西服 1000 套并出口，与服装厂签订加工合同每套西服加工费 50 元，取得增值税发票一张，计税金额 300000 元，税额 51000 元。服装退税率为 16%。瓶子家女装将进口布料作价给工厂后，到税务机关办理了进料加工免税证明，试计算瓶子家女装应退增值税。

3. 生产型出口企业和贸易型出口企业关联

情景 8：A 公司以农产品为原材料生产工业品出口，2015 年委托 B 公司出口 20000 万元，可抵扣的进项税额为 1500 万元，该公司委托出口执行免抵退，增值税征税率为 17%，出口增值税退税率为 13%。假设 A 公司有关联外贸 B 公司，A 公司把产品以同样的价格销售给 B 公司，B 公司再以同样的价格销售到境外，A 公司开具增值税专用发票价税合计 20000 万元。分别核算一份出口退税收入并展示核算表。

项目 4 核算进出口流通费用

国际贸易合同引出了几个相关合同——运输合同、保险合同、支付合同、融资合同等。国际贸易供应链服务必然会产生相关费用，这些费用涵盖销售、管理、财务，构成了商品流通费用，分别发生在商品流通的不同阶段，参与不同环节商品价格的形成。本项目首先关心运输合同的各项运杂费和理顺保险合同的各种关系人的联系。

4.1 引导任务——进出口企业的国内流通费用核算

上海立取服饰有限公司给小彭打来电话，7000 件雪纺衫快完成了，当初老板娘和对方谈的是出厂价，如果用国际贸易术语来表示就是 EXW 价。老板娘要把这些货从上海运到广州和其他货拼在一起，再出口欧洲。

4.1.1 国内物流

1. 任务分析

任务 4-1：瓶子家女装公司雪纺衫出口前的国内费用。

本订单的包装情况：每件衣服有个塑料袋，每 20 件一个纸箱，纸箱尺码为 53 厘米×35 厘米×30 厘米，毛重 7 千克。计算该批货从上海到广州的运杂费。

这个任务对小彭说来太容易，小彭和天地华宇物流公司很熟，一下子就告诉对方把货送到华宇普陀区的营业点（N 上海 32，普陀区西康路 1415 号靠近澳门路），运费到付。但是小彭记起了老板娘的话，凡事要心中有数，这个"数"就是要自己核算一下，不是每次到物流公司，对方算多少运杂费就照付不误，到底对方算得对不对，我们有没有吃亏，要说得出个所以然。于是小彭还是留了个心眼。

上海立取公司在上海普陀区，瓶子家公司在广州番禺区，小彭登录华宇官网（http：//www. hoau. net）搜到如下价格，具体如图 4-1 所示。

图 4-1　天地华宇公司国内运价查询

2. 任务实施

（1）主运费（运费金额）。

货物计费方式取值取决于货物的轻重，"货物实际重量×重量单价"与"货物实际体积×体积单价"两者相比取大值，作为计费标准。该货物时间要求高，选定为日达，体积单价为：382 元/立方米，重量单价为 1.85 元/千克。

$$总毛重=报价数量÷每箱包装数量×每箱毛重$$
$$=7000÷20×7$$
$$=2450（千克）$$

重量运费＝货物总毛重×重货单价

　　　　＝2450×1.85

　　　　＝4532.500（元）

总体积＝报价数量÷每箱包装数量×每箱体积

　　　＝7000÷20×（0.53×0.35×0.30）

　　　＝19.4775（立方米）

体积运费＝轻货运价×出口货物的总体积

　　　　＝382×19.4775

　　　　＝7440.405（元）

显然体积运费较大为最终选择。上课老师说要先比重量与体积，看来实际操作是略有不同，比的是运费。由此可以知道服装公路运输为轻泡货，所以使用轻货价格。

（2）附加费（增值服务）。

①提货费。

网点服务半径＜30千米，收取30元/票提货费；30千米≤服务半径＜100千米，在起步价基础上，对超过30千米部分按6元/千米单边收取取货或送货费即总取货/送货费＝起步价＋（实际公里数－30）×6元/千米。网点距上海立取公司不远，小彭请上海立取公司送到天地华宇的网点，省了这笔费用。

②送货费。

网点服务半径＜30千米，收取50元/票送货费；30千米≤服务半径＜100千米，在起步价基础上，对超过30千米部分按6元/千米单边收取送货费即总取货/送货费＝起步价＋（实际公里数－30）×6元/千米。送货上门（不包含上楼），送货上楼要额外收费。

到了广州，小彭有点犯愁，因瓶子家公司没货车，所以就请对方送来，还好路程不远在30千米范围内，要付50元/票送货费。

③打包费。

缠绕膜：纸箱3元/箱、托盘或大件货物5元/立方米；打包带：1元/条；编织袋：小号5元、大号8元；纸箱：小号8元、中号10元、大号12元；木托：80元/个；木框200元/立方米、全封闭木箱300元/立方米；木框及木箱打包费单件最低收费60元。

因为立取公司都打包好了，打包费用也免了。

④保价费。

按货物实际价值的4‰标准收取，每票最低收费6元；特殊货物及贵重货物的保价费按货物价值的5‰～7‰收取。

按保价按货物采购价来保，又多出以下的保价费：

　　　　　　56000×0.4%＝224（元）

实际上小彭知道物流公司一般不去考证货物实际价值，而是叫货主随口报，小彭本来想报低些，后来一想相比运费，224元的保价费实在是小意思，也就不动这个脑筋了。

⑤代收货款费。

代收货款在 2 万元以下的业务，按 10‰收取手续费；代收货款在 2 万元以上的业务，按 8‰收取手续费；手续费不足 20 元的，每票最低按 20 元收取手续费。

瓶子家是上海立取公司的老客户，只要验货没问题，瓶子家直接汇付给上海立取，不存在代收费用之类的现象。

⑥信息费。

此服务为收货人签收后短信通知发货人，零担货物 1 元/单；定日达货物免费。

真是不算不知道，一算吓一跳，每件衣服要摊销 1 元多。天地华宇的收货员打印了"提货检验验收凭证"用手机拍了照微信给了小彭，具体如图 4—2 所示。

天地华宇	82977178							运单编号　829771				第四联
到货日期:2015/10/23　04:45　起止地:N上海16至: N广州24　到车编号 N上海N广州N 东莞												
托运人及地址：王莹上海普陀区兰溪路119号2栋213室							电话	021-62867987				
收货人及地址：彭新广州大学城新天地2层32铺							电话	13687690008				客户报账
货物名称	包装方式	件数	重量（kg）	体积（m³）	货物性质	是否特殊物品	货物类型	运输类型		服务类型	收货服务方式	
服装	纸箱	350	2450	19.4775	非危险品	否	轻货	定日达		普运	客户自送	
运费金额	计费单价	保价费	保价费率	提货运费	送货运费	包装费	特服费	燃油附加费	信息费	工本费	到货服务方式	
7440.405	382	224	4	0	50	0	0	9	0	2.00元	送货上门	
运输费用合计金额（大写:柒仟柒佰贰拾伍元肆角壹分）　　　　¥7725.41元付款方式:收货人结算												
备注：												
预约送货信息							付款方式:收货人结算					
代收货款金额（大写）:零元零角零分整							¥0		元			
收货人验收后签字					身份证							
经办人验收后签字					身份证					年	月 日	
制单员:208858钱元元　业务员:　仓管员:　出纳员:　服务质量监督:4008086666www.hoau.net												

图 4—2　提货检验签收凭证

其实天地华宇网页上有个价格计算，小彭也用网页算一下和手算及华宇的提货检验签收凭证比较，发现签收凭证上多了送货上门的费用、燃油附加费和工本费，其运费计算如图 4—3 所示。

图 4—3　天地华宇公司上海到广州的运费计算

4.1.2　运输保险

　　任务 4—1 提到的保价费是保险费用的概念，不仅国内段有运输保险的问题，国际段的运输保险更为重要。今年小彭发往菲律宾 100 个集装箱的服装，其中有 27 个集装箱由于各种原因丢失了，客户告诉小彭获赔的金额不少，比自己去卖那些服装来赚钱还划算。小彭感到很惊讶，小彭知道保价费（保险费）的计算公式为：

保险费＝保险金额×保险费率

　　至于背后的原理，不甚了了。

　　这次 27 个集装箱的服装，小彭记得是按 CIF MANILA 报价的，保费明明是瓶子家公司交的，为何获赔的是客户？小彭一头雾水，大学学的《国际贸易实务》课程对保险关系人交代甚少，保险人、被保险人、受益人是谁，记得当时还争得脸红耳赤，最终不了了之。国际贸易合同签订后，由于买卖双方相隔两地，引出了几个相关合同——运输合同、支付合同、保险合同。这里重点探讨保险合同，我们关心保险主体、客体；保险标的、保险价值、保险金额、投保金额、保险原则这几个因素。

　　被保险人本是风险的承担者，保险设计使得投保人（商业谈判决定应出保费的一方）通过缴纳保费把被保险人的风险转移给了保险人，保险人通过代位求偿原则也取得了被保险人索赔的权利。保单持有人（投保人或被保险人）还可以转让保单——保单受让，被保险人本应是受益人，被保险人也可以决定自己享受利益还是转让利益，被保险人缺席则法律决定，通过保险受让把决定受益人的权利转让给他人，受益人可以不是被保险人，当然保单的受让人还可以进一步转让保单。

想完上面的关系，不仅小彭头疼，各位同学看来也是搞不清啊。国际贸易中 CIF 与 FOB、CFR 之间的换算，实际上已经夹杂着投保人的变更，即从卖方转到买方。保险在于转移风险，转移风险的同时也要付出保费的代价，投保的险种越多，意味转移风险越多，其代价就越大。要不要投保，投多少险种，其实就是外贸从业人员对风险管控的把握。要理解风险，当然要去研究单独海损和共同海损这类的概念，而险种的挑选又少不了对平安险、一切险等的理解。以下就来系统学一学。

1. 保险主体

保险主体，即保险合同的主体，只包括投保人与保险人。被保险人、受益人、保单所有人，除非与投保人是同一人，否则，都不是保险主体。投保人，是指与保险人订立保险合同，并按照保险合同负有支付保险费义务的人。投保人可以是自然人也可以是法人。

保险人，保险人又称"承保人"，是指与投保人订立保险合同，并承担赔偿或者给付保险金责任的保险公司。在中国有股份有限公司和国有独资公司两种形式。保险人是法人，公民个人不能作为保险人。

被保险人，是指根据保险合同，其财产利益或人身受保险合同保障，在保险事故发生后，享有保险金请求权的人。投保人往往同时就是被保险人。受益人，是指人身保险合同中由被保险人或者投保人指定的享有保险金请求权的人，投保人、被保险人可以为受益人。如果投保人或被保险人未指定受益人，则他的法定继承人即为受益人。

保单所有人，是指拥有保险利益所有权的人，很多时候是投保人、受益人，也可以是保单受让人。

2. 保险客体

保险客体，即保险合同的客体，并非保险标的本身，而是投保人或被保险人对保险标的的可保利益（或称保险利益）。

可保利益，是投保人或被保险人对保险标的的所具有的法律上承认的利益。这主要是因为保险合同保障的不是保险标的的本身的安全，而是保险标的的受损后投保人或被保险人、受益人的经济利益。保险标的只是可保利益的载体。

通常投保人会因为保险标的的损害或者丧失而遭受经济上的损失，因为保险标的的保全而获得收益。只有当保险利益是法律上认可的、经济上的、确定的而不是预期的利益时，保险利益才能成立。一般来说，财产保险的保险利益在保险事故发生时存在，这时才能补偿损失；人身保险的保险利益必须在订立保险合同时存在，用来防止道德风险。

以寿险为例，投保人对自身及其配偶具有无限的可保权益，在一些国家和地区，投保人与受保人如有血缘关系，也可构成可保权益。另外，债权人对未还清贷款的债务人也具有可保权益。

其成立条件是保险利益必须是合法的、经济上有价的、确定的、具有利害关系的利益。

3. 保险标的

保险标的是指保险所要保障的对象，它是保险利益的载体，也叫保险标的物，是指保险人对其承担保险责任的各类风险载体。如人身保险中的保险标的是人的身体、生命等，财产保险中的保险标的是各种财产本身或其有关经济利益和损害赔偿责任，其中，财产损失保险的标的是被保险的财产，责任保险的标的是被保险人所要承担的经济赔偿责任，信用保险的标的是被保险人的信用导致的经济损失。

保险标的具有重要的意义：决定保险业务的种类；判断投保人是否对其具有可保利益；根据保险标的的实际价值或者存在状况确定保险金额；根据保险标的的危险程度厘定保险费率；根据保险标的的损失程度计算赔付数额；根据保险标的的所在确定诉讼管辖范围等。

4. 保险价值

保险价值是保险标的物的实际价值。根据我国《保险法》规定，"投保人和保险人约定保险标的的保险价值并在合同中载明的，保险标的发生损失时，以约定的保险价值为赔偿计算标准。投保人和保险人未约定保险标的的保险价值的，保险标的发生损失时，以保险事故发生时保险标的的实际价值为赔偿计算标准。"简单来说，保险价值可由三种方法确定（1）根据法律和合同法的规定，法律和合同法是确定保险价值的根本依据（2）根据保险合同和双方当事人约定。有些保险标的物的保险价值难以衡量，如人寿保险、健康保险，人的身体和寿命无法用金钱来衡量，则其保险价值以双方当事人约定为准。（3）根据市价变动来确定保险价值。一些保险标的物的保险价值并非是一直不变的。大多数标的物也会随着时间延长而发生折旧，其保险价值呈下降趋势。像财产保险，对于不定值保险，会根据市场供求关系随时间变化。但在通货膨胀状况下，保险价值也可能上升。

5. 保险金额

保险金额是指一个保险合同项下保险公司承担赔偿或给付保险金责任的最高限额，即投保人对保险标的的实际投保金额；同时又是保险公司收取保险费的计算基础。财产保险合同中，对保险价值的估价和确定直接影响保险金额的大小。保险价值等于保险金额是足额保险；保险金额低于保险价值是不足额保险，保险标的发生部分损失时，除合同另有约定外，保险公司按保险金额与保险价值的比例赔偿；保险金额超过保险价值是超额保险，超过保险价值的保险金额无效，恶意超额保险是欺诈行为，可能使保险合同无效。

货物运输保险的保险金额采用定值保险方式，由合同当事人双方对保险货物的实际价值事先议定，作为保险金额的依据，载明于保险单上，确定这个价值的标准。

（1）目的地成本价——一般用在买方投保即进口。

所谓目的地成本价是指货物的购进价格（包括发货票价或调拨价）加上运达目的地的一切运杂费、包装费、保险费及税款等费用。

按双方签订的预约保险合同承担，保险金额按进口货物的 CIF 货值计算，不另加减，保费率按"特约费率表"规定的平均费率计算。预约保险合同用于货物运输保险和再保险中的一种不定期总括保险合同。用于货物运输保险时，保险人自动承保被保险人分批发运的所有货物，通常以保险凭证作为每批货物的保险单。用于再保险时即为"预约再保险"，再保险人必须接受依合同规定分出的分保额。预约保险合同一般无保险期限的规定，而代之以注销条款。合同双方当事人均有权依条款规定，在一定期间（通常为 30 天）内发出解除合同的注销通知，合同自到期日终止。保险金额计算公式如下：

FOB 报价：保险金额＝［FOB 价×（1＋平均运费率)］／（1－平均保险费率）

CFR 报价：保险金额＝CFR 价／（1－平均保险费率）

（2）目的地市场价——一般用在卖方投保即出口。

所谓目的地市价是指货物到达目的地的销售价格，也就是到达目的地的实际成本价再加上合法的利润。

一般来说，各国保险法及国际贸易惯例一般规定出口货物运输保险的保险金额在 CIF 货价基础上适当加成，加成率一般是 10％，出口商也可根据进口商的要求与保险公司约定不同的保险加成率。但一般不超过 30％。出口贸易中，在以 CIF 术语成交的情况下，出口商需要首先向保险公司查询保险费率：

保险金额＝CIF 货价×（1＋保险加成率）

情景 1：商品 03001 的 CIF 价格为 USD8937.6，进口商要求按成交价格的 110％投保一切险（保险费率 0.8％）和战争险（保险费率 0.08％），试计算出口商应付给保险公司的保险费用？

解：保险金额＝8937.6×110％＝9831.36（美元）

保险费＝9831.36×（0.8％＋0.08％）＝86.52（美元）

人民币兑美元汇率为 6.25∶1，换算人民币为 540.75 元（86.52×6.25）。

（3）国内货物运输保险业务

按启运地成本价或者协商价确定。其中启运地成本价是指按货物在启运地购进时的成本价（以发票为准），或调拨价，或购进价加运费、包装费、搬运费等来确定；协商价不得超过保险价值。一张投保单不同单价、不同品名的货物，保险金额应分别列明，同时需填写总保险金额。另外，也可按照增值税发票价计算保险金额：

保险金额＝货价×（1＋增值税税率）

（4）保险价值和保险金额的区别与联系

①区别。

a. 任何保险合同，无论是人身保险还是财产保险必有保险金额，保险金额是保险人承担责任的最高限额，同时也是名义上暴露在风险中的价值。保险价值是保险标的内在的价值，不一定需要约定在保险合同中。财产保险合同中，有的约定保险价值，有的约定保险价值的确定标准，也有的没有约定保险价值——此时保险价值的确定按照法律规定确定。人身保险合同则一般不约定保险价值，因为人的生命、身体是不能以金钱来衡量的，其保险价值是无穷大的。

b. 保险合同订立时必须确定一个保险金额，但不一定确定保险价值，如不定值保险合同在订立时就无须确定保险价值。

　　c. 保险金额是保险人计收保险费的依据，而保险价值是保险人判断保险是否充足的依据。

　　d. 保险金额是投保人的实际投保金额，也是保险人的最高赔偿限额之一。保险人的赔偿除受到实际损失的限制外，还受到保险金额和保险价值的限制，即保险赔偿以实际损失为限、保险金额为限、保险价值为限。

　　②联系。

　　保险金额根据保险价值确定，并且一般不得超过保险价值。保险价值是保险赔偿金额的计算依据，而保险赔偿金额又不能超过保险金额。二者都影响到保险赔偿金额的确定。

6. 保险费与投保金额

　　保险费是指被保险人参加保险时，根据其投保时所定的保险费率，向保险人交付的费用。当保险财产遭受灾害和意外事故造成全部或部分损失，或人身保险中人身发生意外时，保险人均要付给保险金。保险费由保险金额、保险费率和保险期限构成。投保人每年向保险公司支付的保险费总数也称为投保金额，保险金额则是保险公司和投保人约定的保障额度。保险费率是指按保险金额计算保险费的比例。保险费的数额同保险金额的大小、保险费率的高低和保险期限的长短呈正比，即保险金额越大，保险费率越高，保险期限越长，保险费也就越多。交纳保险费是被保险人的义务。如被保险人不按期交纳保险费，在自愿保险中，则保险合同失效；在强制保险中，就要附加一定数额的滞纳金。

　　交纳保险费一般有 4 种方式：一次交纳、按年交纳、按季交纳、按月交纳。计算保险费率的保险金额单位一般以每千元为单位，即每千元保险金额应交多少保险费，通常以"‰"表示。保险费率由纯费率和附加费率两个部分组成。这两部分费率相加叫作毛费率，即为保险人向被保险人计收保险费的费率。

7. 保险原则

　　（1）最大诚信原则。

　　保险合同当事人订立合同及在合同有效期内，应依法向对方提供足以影响对方做出订约与履约决定的全部实质性重要事实，同时绝对信守合同订立的约定与承诺。最大诚信原则作为现代保险法的四大基本原则之一，最早起源于海上保险。在早期的海上保险中，投保人投保时作为保险标的的船舶或者货物经常已在海上或在其他港口，真实情况如何，在当时的条件下，只能依赖于投保人的告知；保险人根据投保人的告知决定是否承保及估算保险风险、确定保险费率。因此投保人或被保险人告知的真实性对保险人来说有重大的影响，诚信原则对保险合同当事人的要求较一般的民事合同要求就更高、更具体，即要遵守最大诚信原则。该原则在《英国 1906 年海上保险法》中首先得到确定，该法第 17 条规定："海上保险是建立在最大诚信原则基础上的契约，如果任何一方不遵守最大诚信原则，他方可以宣告契约无效。"

　　（2）赔偿原则。

　　经济补偿功能是保险的立业之基，最能体现保险业的特色和核心竞争力。重点谈财产保险的补偿：保险是在特定灾害事故发生时，在保险的有效期和保险合同约定的责任范围及保险金额内，按其实际损失金额给予补偿。通过补偿使得已经存在的社会财富因灾害事故所致的实际损失在价值上得到补偿，在使用价值上得以恢复，从而使社会再生产过程得以连续进行。这种补偿既包括对被保险人因自然灾害或意外事故造成的经济损失的补偿，也包括对被保险人依法应对第三者承担的经济赔偿责任的经济补偿，还包括对商业信用中违约行为造成经济损失的补偿。损失补偿原则是保险人必须在保险事故发生导致保险标的遭受损失时根据保险责任的范围对受益人进行补偿。其含义为保险人对约定的保险事故导致的损失进行补偿，受益人不能因保险金的给付获得额外利益。一般来说，财产保险遵循该原则，但是由于人的生命和身体价值难以估计，所以人身保险并不适用该原则，但也有学者认为健康险的医疗费用也应遵循，否则有不当得利之嫌。

（3）近因原则。

近因原则是指判断风险事故与保险标的的损失之间的关系，从而确定保险补偿或给付责任的基本原则。近因是保险标的损害发生的最直接、最有效、最起决定性的原因，而并不是指最近的原因。如果近因属于被保风险，则保险人应赔偿；如果近因属于除外责任或者未保风险，则保险人不负责赔偿。

（4）分摊原则。

在被保险人重复保险的情况下，保险事故发生，被保险人所得到的赔偿金由保险公司和被保险人共同分担。

（5）代位原则。

保险人根据合同的规定，对被保险人的事故进行赔偿后，或者在保险标的发生事故造成推定全损后，依法向有责任的第三方进行求偿的利益，获取的被保险人对受损投保标的的所有权。

4.2 知识链接——商品流通费用与控制方法

4.2.1 流通费用

1. 定义

流通费用（Circulation Expense）表现为一定期间内资本由商品形态转化为货币形态过程中在流通领域参与销售和管理、财务环节所产生的费用，又称期间费用。

在商品进货及销售价格确定的前提下，企业流通费用越少，盈利机会越大。众所周知，开源与节流是降低企业运行成本的两个关键性手段，比起开源，在不减少商品流通必要环节的前提下，节流显得尤为重要。而降低流通费用不能只在降低人力成本、精简商品流通环节上下工夫，更应该考虑尽可能降低商品仓储、运输等成本。

2. 分类

（1）按劳动性质分。

与活劳动相对应表现为工资等费用，与物化劳动相对应表现为折旧、低值易耗品、包装费等费用。

（2）按劳动生产性与否分。

分为可以度量和控制的生产性流通费用和不易度量及控制的非生产性流通费用。生产性流通费由商品使用价值的运动引起的，同生产过程在流通领域的继续有关，主要构成为销售费用；非生产性流通费用又叫纯粹流通费用主要构成为管理费用和财务费用，由商品价值的运动（商品价值形态的变化）引起的。

①销售费用。

销售费用，又称经营费用、营业费用，是指企业在销售产品、自制半成品和生产性劳务等过程中发生的各项费用，劳动者在流通领域中从事生产性劳动，能够把劳动过程中所耗费的物质资料的价值转移到商品中去，同时还能创造出新的价值。因此，在必要的限度内，生产性流通费用会全部加入到商品的价值中去，使商品价值增大。商品售出后，不仅可以收回生产性流通费用，还可以给企业家带来相应的利润，它是从商品的总价值和增值中得到补偿的。包括由企业负担的如运输、仓储、装卸、包装、配送、分拣等商品自销物流费用；委托代销手续费；广告费、展览费、租赁费（不包括融资租赁费）等商品促销费用，含商品信息费、邮费、单证记账、领证、商检、报关费用等销售服务费用；为销售商品而专设的销售部门的费用，包括人员工资及福利费、差旅费、办公费、折旧费、修理费、物料消耗、低值易耗品摊销和其他经费，具体如图4—4所示。

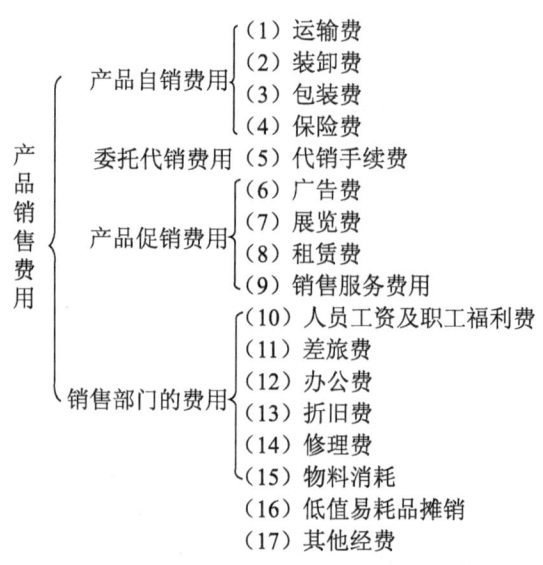

图4—4　商品销售费用

设有独立销售部门（如门市部、经理部）的生产型企业，其所发生的一切费用均列入销售费用。未设立独立销售部门且销售费用很小的生产企业，按规定，可将销售费用并入管理费用。会计处理中体现在商品价值中的销售费用可以在企业所得税税前扣除，贸易型企业在商品销售过程中所发生的各项费用均属于非生产性流通费用，与生产性流通费用无关，不能体现在商品价值中，即只能体现在售价里，归入所得税计税价格。在安全投资的经济分析中，销售费用是计算经济效益的基础数据。

②管理费用。

管理费用是指企业行政管理部门为组织和管理生产经营活动而发生的各种费用。具体包括的项目有管理人员工资及福利费、工会费、职工教育经费、劳保费、公司一级差旅费、办公费、业务招待费、董事会会费、折旧费、修理费、技术转让费、咨询费、诉讼费、坏账损失、无形资产和递延资产摊销费及其他管理费用（如车船使用税、土地使用税、房产税、印花税等税金）等。

③财务费用。

财务费用是指企业为筹集生产经营所需资金等而发生的费用，包括利息支出（减利息收入）、汇兑损失（减汇兑收益）以及相关的手续费等。包括企业生产经营期间发生的利息支出（减利息收入）、汇兑净损失（有的企业如商品流通企业、保险企业进行单独核算，不包括财务费用）、金融机构手续费，以及筹资发生的其他财务费用如债券印刷费、国外借款担保费等。

a. 利息支出，指企业短期借款利息、长期借款利息、应付票据利息、票据贴现利息、应付债券利息、长期应付引进国外设备款利息等利息支出（除资本化的利息外）减去银行存款等的利息收入后的净额。

b. 汇兑损失，指企业因向银行结售或购入外汇而产生的银行买入、卖出价与记账所采用的汇率之间的差额，以及月度（季度、年度）终了，各种外币账户的外币期末余额按照期末规定汇率折合的记账人民币金额与原账面人民币金额之间的差额等。

c. 相关的手续费，指发行债券所需支付的手续费（需资本化的手续费除外）、开出汇票的银行手续费、调剂外汇手续费等，但不包括发行股票所支付的手续费等。

d. 其他财务费用，如融资租入固定资产发生的融资租赁费用等。

这类开支是非生产性劳动，不创造价值和剩余价值，也不是商品价值的构成部分，因而不能从售卖商品的实际价值中得到补偿。但商家必须把这些费用作为商品的一种加价，加到商品的售卖价格中去，只能等商品销售出去，才能从社会总剩余价值中得到补偿。

对商家来说，垫支的生产性和非生产性流通费用不仅是个补偿问题，它们都是预付资本，还必须参加利润的分配，取得相应的平均利润。

3. 影响流通费用的因素

（1）商品流转额：它与流通费用成正比例关系，一般用流通费用率来表现商品流转额占总流通费用的比例。

（2）服务设施和服务水平：流通部门在出售商品时必然会配备相应的物质设施来方便消费者，如果在具备必要的服务设施基础上提高服务质量，加快商品流通速度，扩大商品流转额，即可降低费用率水平。

（3）商品流通时间与空间：一般来说，商品流通的时间长、空间广、范围大，流通费用的开支必然增多；反之，开支必然减少。但是，如果由于空间的扩大而开辟了广阔的市场，扩大了商品流转额，避免了积压，缩短了储存时间，虽然时间可能会延长，但流通费用率水平也会降低。

（4）商品流通环节：商品在流通过程中必然会经过必要的周转环节，每个环节都需要一定的费用开支，它与流通费用是成正比例关系的，因而应尽量减少不必要的流通环节。

（5）运输作业效率：指的是交通运输状况、劳动效率、仓库设置以及流通组织、经营方式等。这些因素对商品流通费用的支出有着不同的影响，且各因素之间又是互相制约的，它们共同决定着商品流通费用。

4. 流通费用的控制

流通费用的非增值性：在流通过程中，尽管人力、财力、物力的耗费以价值形式转移到商品中，增加商品价值。但是，一般说来，流通过程并不创造新的、更多的使用价值，劳动耗费基本上只是保护商品的使用价值不受损失，并不增加社会物质财富的绝对数量；而且，商品流通费用的增加意味着社会物质财富绝对量的减少。因此，节省流通费用应成为贸易过程的一条基本原则。

流通费用的控制原则：贸易的经济效益首先要求尽可能扩大必要劳动，减少非必要劳动，其次要尽可能在必要劳动中扩大有效劳动，减少无效劳动，最后要在有效劳动中合理地耗费生产性劳动和非生产性劳动。贸易效益在流通费用开支方面的量化指标是流通费用率，它是一定时间内商品流通费用总额与商品流转总额的比率，它要求定量的贸易流转额要尽量减少流通费用不必要的开支，或者必要的流通费用开支要支持尽可能大的贸易流转额。

4.2.2 流通费用的控制

企业在进出口贸易如何合理地控制流通费用，长期的外贸实践中总结出两类费用的控制方法：对生产性的流通费用采用包干法和对非生产性的流通费用采用定额法。这些费用中，除进出口运费、进出口保险费和佣金的计算稍微复杂以外，其他可逐项相加，从业务的角度看，上述这些费用看起来比较直观，由于在费用发生之前，需要计算企业换汇成本（详见项目6）来确定该笔业务的盈亏，因此需要预估该笔业务的费用。

从业务的角度来分析，进出口交易跨越国界，期间所发生的费用名目繁多，计算方法不尽相同，成为价格核算中复杂的一面。

1. 销售费用——包干控制

进出口企业自营或外包给外贸综合业务服务商（包含国际货运代理企业、国际物流企业、报关报检企业、外贸综合业务平台企业等）提供通关、物流、外汇、融资、税务、法务等进出口交易环节所需的服务所发生销售费用，由于名目繁多，为了便于成本核算采用总额上限包干统称包干费，从成本控制角度讲，进出口企业可以避免逐一核算，而一次性和业务员或销售部门或服务商谈好一个包干总价。当然由于这些费用涉及两个路段：国内段和国际段，可以分开包干，也可采用两个路段费用的全包干费。不管采用何种包干做法，进出口企业在付费时要叫业务员或销售部门或服务商提供明细以便今后核查，然后再付款。在流通费用中国外运费与保费占比较高，银行费用则取决于报价贸易术语，所以通常的包干费为剔除这些费用后的包干。国内段较常使用包干费做法，国际段由于涉及金额较大可能采用逐一核算实报实销。

（1）国内段产生的费用也称大陆费用、人民币包干费、国内费用等，一般由服务商先代垫。通常包括内陆集疏港运输、装卸、港区短途接驳、港口码头、仓储、装柜、码头处理费（THC）、操作费、保险、报检、报关、外汇核销、单证、电放、寄单、订舱等销售费用。

通常出口公司应和外贸综合业务服务商签订协议详细列明以上的各项费用，没有一个固定的要求，取决于公司的经营策略，如有的包含码头处理费，有的没有包含，甚至像深圳一达通采用一单不论金额大小手工下单收取 1000 元人民币的服务费，自动下单收取 0 元服务费。

（2）国际段产生的费用也称境外费用、外币包干费、国际费用，还包含一旦交货即开始计算的进出口保险费等。由于涉及金额较大，服务商很少代垫。通常包含从出口口岸到目的地所发生的一切费用，一般由基本运费和各类附加费构成，比如汇率调整指数附加费（CURRENCY ADJUSTMENT FACTOR，CAF）、油价调整指数附加费（BUNKER ADJUSTMENT FACTOR，BAF）、码头处理费等，有些特定的国家如美国、加拿大、墨西哥没有码头处理费，但是有文件费（Document Fee）。附加费通常有两种计算方式，一种是按每票货要付出固定金额核算；另一种按是基本运费的相对百分比来核算。

（3）会计账务处理。

借：商品销售费用——出口（或进口）包干费

    贷：银行存款/库存现金

2. 管理费用——定额控制

定额综合业务费，用来处理进出口企业业务操作和经营管理所发生的诸如交通差旅、业务招待、邮电通信、餐费补助等管理费用。实际工作中，包干费中某些项目有时会采用实报实销；综合业务费中很少采用实报实销，为了便于控制采用定额处理。

定额费用（Norm Expense）是指在进出口企业里，根据某一日期，一般是当月 1 日所确定的各种产品成本项目的耗费定额、当期费用预算和其他有关资料计算的一种预计费用。合理的现行费用定额是衡量企业成本费用节约或超支的尺度。把一定时期的定额费用与实际费用进行比较，便可以揭示实际脱离定额的差异，指出费用管理中的成绩和存在的问题。项目 2 提到的单耗实际上是商品成本控制的定额处理方式。

定额费用的计算基数通常是出口商的进货成本（或生产成本）或销售额。以定额法计算商品成本时，定额费用是计算商品实际成本费用的基础。为了方便估算管理费用，一般企业在进货成本或生产成本的基础上比照历年实际支出状况规定一个费用率（10% 以内），有的企业加强管理降低费用，费用率稍低一些，可根据实际情况进行加减。

定额费＝进货成本或生产成本×业务定额费率

情景 2：每打商品进货成本 96 元，定额费率 3.5%，则进出口业务定额费 3.36 元/打（96×3.5%）。

3. 财务费用——实报实销

融资费用与汇兑损失通常涉及刚性利率、汇率及金融机构业务手续费，除个别情况可以谈判减免或规避外，大部分要实报实销。

4.3 操练与深化——进出口企业的国际流通费用核算

4.3.1　出境基础服务和国际运杂费核算
1. 任务分析与实施

任务 4-2：瓶子家女装公司雪纺衫出口流通费用核算。

这个订单的目的地是荷兰的阿姆斯特丹，小彭需要一家国际货运代理企业来帮他搞定所有的出口程序，有人向小彭推荐了深圳一达通这样的外贸综合服务商，说是费用很低。但小彭比较保守，担心随意更换出口中介会给给自己带来麻烦，更何况已经和师弟小李的威航国际物流公司有了多年的往来。师弟小李通常直接就亮底价给小彭，让小彭十分受用。可是这次报价有点蹊跷，到阿姆斯特丹只有 USD 3/FT，起运港为中山港，报价已含中山民众保税仓库费用、中山港码头杂费、珠西到民众仓之转关车费用，另加收通关费 300/JOB，寄单费 100/JOB，外汇核销费 100/JOB，ENS：USD25/JOB，CISF：USD39/CBM。

出口货物国内段的费用和国际段的费用通常很难绝对分开，这个价格是部分包干费，主要包干的是物流费用，甚至部分人民币支付费用也计入外币支付如仓储、港杂等。另外按票计费有通关、外汇和寄单，加上欧洲海关提前舱单规则要求的入境摘要报关单（Entry Summary Declaration，ENS）产生的费用，类似美线的 AMS 申报，所有进口或船先挂靠欧盟港口的货物如中转货物（无论最终目的地是否属欧盟境内）、过境货物（如通过拖车、火车运到欧盟以外的国家）、船上未卸货物（如货物到乌克兰，船舶在希腊停靠但不卸货）都要申报 ENS。还有按立方数计的 CISF。

货从广州到中山港的费用要自理。根据 4.1.1 的计算，结合图 4-5，进行查询：

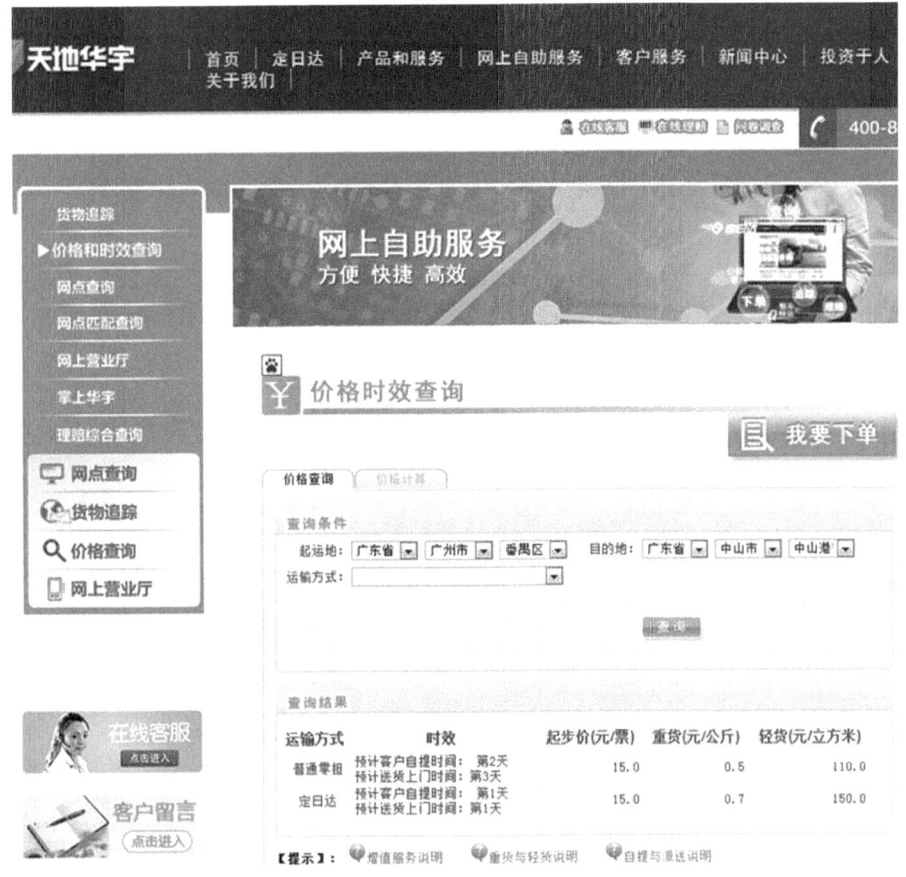

图 4—5　天地华宇公司广州到中山运价查询

选定日达算体积运费：

$$体积运费＝轻货运价×出口货物的总体积$$
$$＝150×19.4775$$
$$＝2921.625（元）$$

　　加上 224 元的保价费又是一笔不小的费用。同学可能会问，为何不直接从上海运往中山港呢？各位不要忘了，小彭还要给服装换包装啊。目前换包装作业在广州进行，小彭和老板娘合计一下，如果把换包装业务外包给物流公司，或派出员工在天地华宇的物流仓换包将节省很多费用。我们来查一下上海到中山港的陆运运价就知道了，如图 4—6 所示。定日达的轻货单价只有：352 元/立方米，比从上海到广州还低，所以该票货物节省的费用不止 3000 元人民币。如果这是经常性的发货，完全可以更改操作流程。

图 4—6　天地华宇公司上海到中山运价查询

2. 水路运输轻重货的判断

该票货体积为 19.4775 立方米；重量为 2450 千克，即 2.45 吨。按水路运输使用货物比重和水的比重相比的原则，我们可知：

19.4775/2.45＞1，该货物在水路运输中也是轻泡货，使用体积作为运输数量。

3. 运杂费的计算

$$F＝USD\ 3/FT×19.4775\ FT＝USD\ 58.4325$$

根据最新的外汇牌价 USD：CNY＝1：6.2594

$$F＝USD58.4325×6.2594＝CNY\ 365.75$$

总国际运杂费＝海运运费＋发货地相关费用＋收货地相关费用

　　　　　　＝海运运费＋（通关费＋寄单费＋外汇核销费）＋（ENS＋CISF）

　　　　　　＝365.75＋300＋100＋100＋25×6.2594＋39×19.4775×6.2594

　　　　　　＝CNY5777.02

此票货的海外运输低运价源自竞争，各种错综复杂因素后面会分析，当然我们也注意到货物经过了多次混拼，中山港、还有鹿特丹港都是必经之地，也可能是货物重拼的地点。

4.3.2　国际海运市场的博弈

当各位同学和小彭算完上面的国际运杂费，一定会惊愕得合不拢嘴。从中山港经26天航行到荷兰阿姆斯特丹的费用竟然比上海到广州的费用还低，太不可思议了。小彭虽然在大学也学过国际货运和小李同门，但毕竟出来从事贸易对货运的情况有些生疏，特别是对上面每吨运费才3美元的报价特别不理解。

和小李经过深入交流才明白个中原因，中国出口海运拼箱已经发展得相当畸形，一面是卖家惊叹低廉的运费，一面是买家惊呼高昂的当地费用。拼箱市场混乱，拼箱公司也很无辜，白热化竞争让他们不得不随大流。比如当你询问拼箱到欧洲某国内陆点的运费时，你会发现费用居然和到基本港的价格是一样的，可以肯定的是，欧洲的卡车不会是免费送货的，这种费用当然也是由无辜的买家来买单的。

这里简单说明中国拼箱的状况，帮助同学们在已经熟悉4.2.2关于销售费用中物流费用的解说后，进一步了解海运拼箱费用的来源及构成，避免以后在自己不知情的情况下错用拼箱服务，失信于贸易伙伴。

海运集装箱运输的运费由基本运费和附加运费构成，附加运费由发货地集港费、装货港区服务费、卸货港区服务费、收货地疏港费构成。包干费就是以上这些费用之和，另外还包括进出口国的通关费、出口外汇核销费及其他名目的附加费。

（1）发货地相关费用。

发货地集港费、装货港区服务费、出口通关费、出口外汇核销费等对出口企业来说容易查证，服务提供商比较难玩花样。

发货地集港费是以各种运输方式把货物集中到起运港的内陆运费。如小彭把货物从上海运到广州或从上海运到中山的费用。装货港区服务费含货物提前进站的仓储费和海关监管费、提运空箱和重箱进场的拖运费和码头费用、货物的装箱和理货费等。

通关费一般也不高，有时发生查验费，看查验的程度分半掏和全掏，至多不超过1000元，发生的概率低。发货地还有可能发生拼箱亏舱费（虚舱费），该费用是指在海运拼箱出口过程中，在截单截货日前一工作日的中午以后，因订舱人原因造成货物无法及时出运，导致拼箱公司舱位空置，拼箱公司由此向订舱人收取用于弥补损失的费用。虽然费用向货主收取，但拼箱货代要尽力避免发生。

亏舱费计算以空置舱位的成本为标准，具体计算公式如下：

亏舱费＝订舱计费立方数×（整箱海运费＋整箱起运港费用）/标准立方数

注：标准立方数$20'$、$40'$、$40'HQ$集装箱分别为25、55、60立方米。

产生亏舱费的常见原因和预防措施主要包括以下几种。

①货主货来不及进仓或临时取消出货，订舱人却没有及时取消订舱。

防范：货代业务员要在截关日前与货主保持一定的沟通频率，及时反馈信息。并告知货主如果货不出运，他有责任通知，否则要收取亏舱费。

②出现较大比例的超方、缩方、超重等。

防范：货代业务员应要求货主订舱托单与实际货物尽可能保持一致，如有任何变动及时通知。

③货物进仓后发现货物本身特性或规格问题导致无法承运，如液体、危险品、超

大超重件等。

防范：货代业务员应一开始就告知货主船公司不承接货物的范围；超大超重件必须事先确认。

④海关查验导致无法及时出运。

防范：货代业务员应要求货主报关做到单单一致，单证一致，单货一致，海关若有疑问请配合船公司报关员及时清晰地向海关答复，海关有什么要求尽可能配合，以保证货物及时出运。

（2）海运运费。

由于航线报价通常只显示海运运价附加运价不给出具体数据，所以货主只能通过比较海运运价来比较服务提供商的运价的高低。这就使得海运服务提供商不断压低价格来揽货。很多航线低廉得让人无法理解，不过便宜不一定是好事，没人会做亏本生意，背后一定是有原因的。正如小彭这次从中山发货到荷兰阿姆斯特丹，威航公司报价每吨运费 3 美元是有一定原因的，原来这票货一定要经鹿特丹，而中山到鹿特丹已经是负运价了，每吨运费承运人贴 102 美元。

承运人向托运人承诺很低的"正运费"或"零运费"或"负运费"，货到目的港后要向收货人收取高于正常进口手续费的费用，业界俗称"目的港高收"，境内损失境外补。也就是说，负运价加上这些畸高的附加费，总运价还是正的，一点也不便宜，往往还贵了。显然，实现"负运价"盈利的最后一道工序是目的港代理，只有通过他们的"高收"，才能将"负运价"变成"三得利"的现实，也即目的港代理、承运人、发货人及其经理人员通过这种商业噱头从中得利。这些航线的目的港代理以华人公司为主，在人脉和语言上方便和大陆的出口企业或承运商串谋。承运人分为有船承运人（船公司）和无船承运人两种。如果船公司坚决不参与这种目的港高收的商业把戏，则无船承运人在整箱运输上玩"负运价"花招的难度就增加了，占箱运量大头的整箱运输就不会出现大面积、长期"负运价"的现象。道理很简单，无船承运人必须支付正常海运费，然后要在目的港大大"高收"，才能抵消倒贴给发货人的"负运费"和海运费双重成本，而整箱运输的目的港收费项目比较简单，纵使进口代理动脑筋也弄不出太多的收费花样，而且极容易被收货人发觉。但如果船公司也同流合污，那收货人就不容易察觉了。

拼箱业务的情况则有所不同，无船承运人支付的是整箱海运费，而收入的方式比支出多得多。例如，对不足最低批量货物收取的"起步价"、多票货的文件费、安排多式联运等，利润空间大大提升，这种情况下承运人为了揽货，采取"零运价"甚至"负运价"不足为奇，等于商品市场上的买一送一。

日本、韩国、中国香港和东南亚航线的"负运价"现象经久不衰，一个重要原因是船公司同无船承运人同流合污。毋庸置疑，短航线上进入障碍较低，容易引起运力供应过剩的现象，但这绝不是长期出现大面积"负运价"的真正原因，关键是由不正当竞争造成的。有一种"零运价"，小彭在这里也和各位分享一下，以小彭常发的中菲航线为例，福建晋江一家航运公司长期为小彭处理集装箱运输，一直是"零运价"，条件是服装出口的单要签成他们关联贸易公司和菲客户之间的单，且保证不串他们的客户。开始小彭也很不理解，难道是天上掉下馅饼，学习了项目 3 出口退税后，小彭终于明白了,因为该公司赚了服装(棉制女式背心、内衣、浴衣及类似品)出口 16% 的出口退税,远远高过其付出的运费。

为了打击"负运价",交通运输部发布了"2009 年第 20 号公告",要求在全国范围内实施国际集装箱班轮运价备案制度,"禁止以'零运价''负运价'方式承揽货物。"那么,运价报备制度是否能遏制负运价现象呢?

据报道,运价备案制度实施后,国际集装箱班轮运价得到有效恢复,日本航线市场运价(20 尺箱)从"-280 美元"恢复到 50 美元。一纸行政命令何以有如此神效?就因为"负运价"并不反映市场的真正供求关系,所以可以人工调节。既然不许做"负运价"了,那就将目的港"高收"部分下调,挤出一点儿空间来扶正海运费到 50 美元。很显然的事实是,50 美元还是一个人不敷出的价格,连上海的装卸费都不够付,船公司如果不通过目的港高收、或增加始发港杂费等变相涨价手段仍无法长期维持。显然,50 美元的运价与"零运价"或"负运价"并无本质差异。对于"零运价"或"负运费"现象的主角,也即在目的港"高收"的进口代理商,公告并无约束力,"负运价""零运价"、超低运价现象存在的土壤未能在根本上得到根除。

那么,有人说通过船公司的价格联盟是否可以消灭"负运价"呢?上海 14 家经营中日航线的班轮公司曾共同签署了"中日航线船东行动守则",对运价备案制度的具体实施和市场的进一步规范和恢复统一了意见。然而,此类价格同盟的有效性无论从理论上还是实践上都证明是短暂的。船公司可以表面上遵守正运价的承诺,但做实质上的"零"或"负",使用先收费后退费的办法。

另外,公告对无船承运人的监管缺失,将最终迫使海上承运人同流合污。所以,光是一个运价报备恐怕压不住"负运价"这头猛兽,需要在运价报备的基础上,进一步采取配套措施,才能让运价报备真正起到作用,让运价体现其本身的价值,而非一个扭曲的价格指标。

如何遏制这种恶性商业操作?首先要明确拼箱业务中出现的"负运价"有其特殊的存在理由,且非我国出口集装箱的主流,所以可以暂且放任。目标锁定整箱运输后,建议政府指定一家有公信力、中性、专业的非营利性机构与各问题目的港的港务当局、船舶代理协会、货主协会、货代协会、货柜车行业协会等组织保持经常的事务性联系,及时将这些目的港的规范收费项目和标准公布给中国的出口商,以供他们在选择承运商时进行参考。由于据说中国进口航线上也开始出现零星"负运价"现象,所以我们有必要也将中国港口的收费项目和行业公认的收费标准告知对方港口的相关组织,以便对方发货人参考。在充分知情的情况下,如果还是有人愿意被宰,那就凸显出了利益链的暗庄,在阳光下必难持久。除此之外,该机构还可以透过海外的协作组织受理收货人的投诉,将经过核实的目的港被投诉"高收"的货运代理公布于众,将诚信收费的代理也列上诚信代理榜,供业界参考、提醒业界注意。另一方面,应通过立法,授权此中性机构对海上承运人的运价进行监督、审计,减少他们参与"负运价"或变相"负运价"活动的机会。退一步说,此机构代表价格联盟去审计成员公司是否遵守约定也是必要的。当积累了相当的经验和人才后,政府还可将无船承运人也纳入运价报备的范围。不仅如此,运价审计还可以对船公司违反价格同盟的约定价格"偷步"提前跌价起到某种阻吓作用。为了有效审计承运人的实际运价是否符合报备运价,还应逐步收窄、消除"波幅运价"报备这个孕育价格歧视的温床。

（3）收货地相关费用。

进口清关的费用客户自理，跟拼箱公司关系不大，不用多说。目的港费用是问题的关键，货到目的港后，收货人凭提单到承运人的代理处换取"提货单"，此时承运人的代理会在发放"提货单"时开具名目繁多的提货收费项目，和拼箱公司相关的有两部分，一个是换单时收取的，通常有文件费、拼箱分拨费（LCL Charge）、码头处理费等；其次，到欧洲等国家通常还会有个中国进口货物附加费（CISF），这很容易被理解为进口国政府征收的费用，其实不是，这是一个由于中国货运代理恶性竞争，争相杀价下产生的一个不正规费用，用来弥补低廉运费造成的损失。

清关结束后，收货人凭提货单到仓库提货又会面对高昂的仓储费以及装卸费等。而这部分费用通常拼箱公司是不会支付的，甚至"无法支付"，理由通常是，他们的目的港代理同时和多家仓库合作，货物到港时具体使用哪个仓库要视仓库的繁忙程度而定，而不同的仓库费用会有少许差别；目的港仓库费用是由当地相关部门监管的，有相应的标准，不会有问题；仓库费用的定价权不在发货港代理手中，随市场行情会有变动等，不一而足。同时，这个费用不可能像换单费用一样在提单上列明，因为到仓库提货使用的是用提单换来的提货单，显示在提单上也不会有任何效用，而提货单上面是没有位置可以显示费用的。这个费用是完全脱离发货人控制的。并且，如果收货人因为费用过高拒绝提货只会带来后续更加昂贵的超期仓储费。巧立名目收费的比比皆是，收货人此时不付这些费用也就意味着提不到货，往往只好妥协。有类似情况的目的港为欧洲地中海大部分国家，日本、韩国，以及大部分东南亚国家和中东印巴国家。

人们不禁要问，收货人吃了一次哑巴亏后，理应向发货人索赔，至少在以后的贸易合同中加入保护性条款，或干脆指定启运港承运人，为什么继续选择吃亏？

可以说，大部分收货人确实采取了防御措施，向发货人反馈目的港相关费用，如发现费用不合理，可以由发货人向起运港代理投诉，追讨不合理部分，办法被动，但可在一定程度上遏制乱收费现象的发生。有经验的出口企业通常都在询问运费的同时也确认好这些目的港费用。以维护买方的利益，也有要求免收CISF的，甚至要求在提单上显示目的港费用，最大程度降低买家被乱收费的可能。而事实上，能控制的环节也只能做到这个地步了。

譬如多数北美收货人维权意识明确，商业道德标准也比较高，加上政府的严厉监管，不合理的收费项目很难在这些地方流行。日韩等地的部分收货人也采取了相同或类似的措施，但另一部分收货人却发现光指定启运港承运人并不能彻底解决问题，发货人会寻找种种借口阻挠、干扰货物的出运，造成船期上的拖延和启运港内陆运输成本的上升，不如继续选择发货人喜欢的方式，任凭发货人去指定承运商，只要借此将货价压低，就可以抵消目的港被宰的损失，甚至货价的下跌幅度还可能高于目的港高收的比例。

既然如此，其实并未占到便宜的发货人为什么会自投罗网呢？理由很简单，"负运价"带来的回扣部分进了私人的口袋，部分成了发货人的另类收入。作为企业的发货人，具体出口运输的业务还是靠具体的经办人员在操作，这些经办人员就是"负运价"

的得益者之一，而始作俑者则是目的港的进口货运代理商，他们通过启运港的出口货物承运人，将好处分流到出口企业以及这些企业的经理人员头上。显然，这是一种特殊形式的商业贿赂，但因多绕了一个弯且每笔金额有限，所以进不了警方的视线。出口企业的领导或老板们对个中缘由心知肚明，但也没办法过分约束手下，水至清则无鱼了。于是只要"高收"的幅度以及高收带来对出口货价的冲击在领导或老板心目中属于"正常、合理"的范围，也就睁一眼闭一眼了。

4.4 归纳与评析——成本与费用控制

4.4.1　实践出真知

本项目我们学习商品流通费用的核算，流通费用的控制原则是对于生产性流通费用而言的，我们要学会货比三家，选出市场合适的最低价位；对于非生产性流通费用我们要尽量减少。

1. 全程最低原则

从任务 4－2 中可以看到，选最低价位并非指选某路段的费用最低，而是全程最低，不能被零运价和负运价所蒙骗，要核算全程的费用。在核算全程运费时，一定要弄清楚具体的费用明细和费用来源，以核定何种费用是合理的，善于归并各类费用。

2. 计费标准和轻重货的选择

所有的运输方式对运输数量的核定是计费的标准，这个计费标准可以是"件"如首重之内的快递，包箱计算的集装箱整箱运输；可以是货物的价值如贵重物品的运输等；但更常见的是货物的毛重和体积，到底使用毛重还是体积必须分清楚货物是轻泡货还是重货，不同的运输方式有不同的做法，如任务 4－1 天地华宇物流公司陆运因轻重货单价不用，采用算好重量运费和体积运费再比较最大值；任务 4－2 威航国际物流公司水路运输的重量或体积的运费吨单价是一致的，采用毛重和体积先比较后计算运费的做法；后面的任务 4－3 航空运输的重量或体积等效重量单价是一致的，采用毛重和体积重量先比较后计算运费，再比较较高重量分界点运费的做法。

3. 国内流通费用的高企

通过比较，发现国内流通费用远高于国际流通费用，说明我国的现代服务业的服务质量和效率有很大的提升空间。

4. 非生产性流通费用

非生产性流通费用体现在企业经营管理上，可以通过多走"网路"少走"马路"来节省费用，充分利用电子商务的功能。瓶子家公司每票货的非生产性流通费用可以压低到 500 元/票，就是成功利用了电子商务的特点，不设办公室直接在门店和仓库或住宅办公。而传统的外贸公司的非生产性流通费用采用定额控制，如我们讨论的这票货，行情 3% 的定额则至少要花费 1680 元（56000×3%）。

4.4.2　成本与费用控制

项目 2 中，小彭学习了成本控制，从某种角度来说，流通费用的控制也可以视为总成本的控制之一，但为了区别起见，可以将其称为费用控制。生产成本与采购成本不可能为"0"，因为它是商品价值的基本体现，而流通费用特别是非生产性的流通费用，企业当然希望越低越好，到底可以压到多低，"0"流通费用是追求的目标。阿里巴巴的全球速卖通（http：//seller. aliexpress. com/index. html）使我们节省了门店和办公室的费用，但是营销渠道的物流、仓储和分拨费用却免不了。加博会（http：//www. jiabo360. com/）和力川（http：//www. 3688. tv/）的 M2C 则彻底地拿掉了营销渠道的物流和库存压力，去除大部分流通费用，销售推广费用演变成利润分成，该商业模式能否成功？营销达人说"0"流通费用可能导致"0"销售，因为供货商在推广方面一毛不拔，同学们你们的看法呢？

天下没有免费的午餐，如果说费用压缩是企业自身节流技术的提升，那么费用转嫁就是体现企业对整体供应链的把控能力，通过学习，我们要相信一切皆有可能，要努力提高费用控制能力。在成本与费用控制上，首先要把公司涉及的所有成本费用项目列出详细的清单，进行归类，分析其适合的控制方法和列出不同控制方法的利弊。同样我们在本项目还是要强调计量单位的重要性，费用比较的前提是使用同样的计量单位。保险费的投入并非可有可无，其费用支出的大小反映出企业经营者对交易风险的判断和分析，也反映其对交易风险的承受能力。

外汇核销、税务、融资、法务等进出口交易环节所需的服务费用在市场上很少有参照的行情价格。原因有二，企业自行处理时，费用与企业管理费用混杂在一起并不针对某商品报价单独开列；其二，少数情况下，企业交由外部第三方处理，由于发生的频率不高，也不作为日常商品报价的常备费用。

4.5 巩固训练——进出口企业的样品空运费用核算

4.5.1　国际空运费用的一般核算

1. 任务分析与实施

任务 4-3：瓶子家女装公司雪纺衫样品空运运费核算。

阿姆斯特丹的客户要求小彭在出货之前要发 1 箱样品给他，小彭登录锦程物流网和客服了解行情，又登录老合作伙伴深圳市栢域斯物流有限公司（http：//www. pgs-exp. com/link. aspx）网站下了单。我们来核算一下这票样品的运费，由广州运往阿姆斯特丹一箱雪纺衫样品，毛重 7 千克，体积尺寸为 53 厘米×35 厘米×30 厘米，计算该票货物的航空运费。

公布运价如下：

GUANGZHOU	CN	CAN
Y. RENMINBI	CNY	KGS

AMSTERDAM	NL	M	320.00
	N		50.22
	45		41.53
	300		37.22

解：

(1) Q

Volume：53CM×35CM×30CM＝55650CU.CM

Volume Weight：55650/6000＝9.275KGS→9.5KGS

Gross Weight：7 KGS

Chargeable Weight：9.5 KGS

(2) R

Applicable Rate：GCR Q45 CNY50.22/KG

(3) F

Weight Charge：50.22×9.5＝CNY 477.09

Minimum charge：CNY 320.00

答：此票货物的航空运费为人民币 477.09 元。

以上普通货物空运公布运价的报价是典型的数量折扣分段报价，项目 7 会再次讨论。小彭这里想和大家来讨论在每次空运货物的一些心得。国际航空协会 IATA 运价体系包含普通货物运价、等级货物运价和特种货物运价。小彭在此只讨论普通货物运价，不仅服装属于普通货物，大部分各位打交道的货物也都属于普通货物。

2. 空运费用的图解

运量与运费之间的关系如图 4-6 所示。

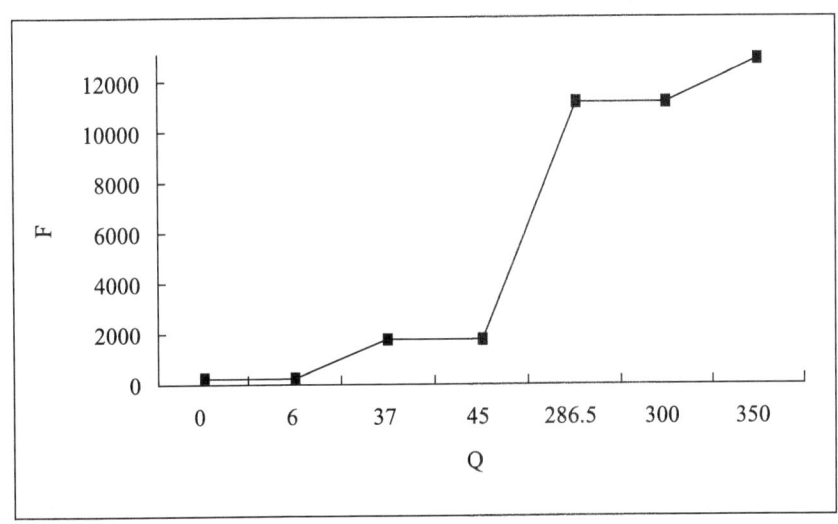

图 4-7 运量与运费关系图

图 4-7 的横轴表示空运的运输数量 Q（计费重量，单位：千克）、纵轴表示空运的运费 F（单位：元），图中前 6 个点的坐标分别为：（0，320）、（6，320）、（37，

1868.85)、（45，1868.85)、（286.5，11166)、（300，11166）。这 6 点表示含义如下所述：

（1）当运输数量 $0<Q\leqslant6$ 时，则运费为最低运费 320 元。

交易的商品或服务的提供方通常会设置最低交易金额来涵盖他们起单的费用，低于这个金额的交易数量不能决定交易金额，这就是公布运价中 M 为 320 元的用意。

（2）当运输数量落在 $6<Q\leqslant37$ 时，则运费按每千克 50.22 元递增。

交易金额大于 320 元时，运价为公布的运价中 N（低于 45 千克的普通货物的运价），这个转折点 6 千克是这样求的：

$320/50.22\approx6.37$ KGS→6.5 KGS，根据国际航协 0.5 千克进位规则，大于 6 千克且没有超过 6.5 千克的货物按 6.5 千克计算，326.43 元（6.5×50.22）超过最低运费 320 元，所以 6 千克为折线的转折点。

（3）当运输数量落在 $37<Q\leqslant45$ 时，则运费为 1868.85 元。

从公布的运价可以看到，第一个重量折扣点 45 千克运价降低了，这也是项目 7 谈到的数量折扣点；当运输数量靠近 45 千克，称为较高重量分界点的重量，此时如按原运价计算，则发现运费超出了 45 千克时的运费，举例来说，$Q=40$ 千克，则运费 F 为 2008.80 元（40×50.22）超出了 45 千克时的运费 F 为 1868.85 元（45×41.53），那么同学们发现问题了，运输数量低反而要付出更高的运费。假如航空公司没有特别的处理方式，聪明的各位一定会把你的臭鞋和砖头加到你们的货物中来凑足 45 千克占占便宜。可这些东西对航空公司来说是无效重量，增加空运负担和处理费用，所以航空公司允许采用较高重点分界点的重量来作为计费重量。那么如何来判断运输数量是否靠近 45 千克，分界点计算如下：

$45\times41.53/50.22\approx37.21$ KGS→37.5 KGS，根据国际航协 0.5 千克进位规则，大于 37 千克且没有超过 37.5 千克的货物按 37.5 千克计算，1883.25 元（37.5×50.22）超过较高重点 45 千克的运费 1868.85 元，所以 37 千克为折线的转折点。

（4）当运输数量落在 $45<Q\leqslant268.5$ 时，则运费按每千克 41.53 元递增；

（5）当运输数量落在 $268.5<Q\leqslant300$ 时，则运费为 11166 元；

我们在公布的运价看到，第二个重量折扣点 300 千克运价降低了，同样如何来判断运输数量是否靠近 300 千克，分界点计算如下：

$300\times37.22/41.53\approx268.87$ KGS→269 KGS，根据国际航协 0.5 千克进位规则，大于 268.5 千克且没有超过 269 千克的货物按 269 千克计算，11171.57 元（269×41.53）超过较高重点 300 千克的运费 11166 元，所以 268.5 千克为折线的转折点。

（6）当运输数量落在 $300<Q$ 时，则运费按每千克 37.22 元递增。

有了这个图，小彭对样品运费计算就可以简单为：$6<Q=9.5$ 千克$\leqslant37$，则运费为 477.09 元（9.5×50.22）。每一条航线的报价只要算出以上的折线转折点，就可以容易算出每一票货的运费。

3. 空运运费的计算

（1）画 F 与 Q 的关系图。

国际航协的运价体系中普通货物的运价是分段报价的，特种货物有最低起运重量，等级货物的重量分界点和普通货物是一致的。我们考虑完所有的重量分界点，画出运费与运量之间的关系图。

（2）比较轻重货，定出初步的计费重量，加上 0.5 规则。

（3）判断计费重量所在的运量区间，核算最终运费和计费重量。

4.5.2 分段报价商品的规律

企业为了促销，往往会使用数量折扣的定价方式，该方式会产生多个交易数量分界点。合理选择交易数量能够降低单位商品的交易费用。项目 2 中，买方如果合理利用，将使单位商品采购成本降低；项目 4 中，费用控制方合理利用将使单位商品的流通费用降低；项目 7 中，定价中能够合理利用，可以扩大销售量。

【项目训练总结】

成本与费用通常在企业营运中不分彼此，本书做个简单的划分，成本在项目 2 作为价格主构成用于包含生产型企业生产成本和贸易型企业的进货成本；流通费用则由三个主要费用构成：销售费用、管理费用和财务费用。本项目则用心在附加支出，各类流通费用，交易双方时空的差异必然会产生相应的支出，如何控制该支出，是压缩还是转嫁，还是另有其他选择？我们通过流通费用的两个典型任务运杂费和保险费的核算来一一说明，同时第三个任务帮我们引出了分段报价的奥妙。

【推荐阅读】

1. 最大诚信原则 . 百度百科 . http：//baike. baidu. com/link？url＝QmUfUQ643i－K7tbYKj4FUQSu8P _ TIWPfpqpTwly 4HgamoMtx－9qtPxgMmJXAF5T9.

2. "负运价"的猫腻在哪里？刘巽良，上海国际航运研究中心网站：http：//www. sisi－smu. org/viewarticle. asp？ArticleID＝1312&ClassID＝58/2009－10－12/2014－5－3.

3. 财务费用 . MBA 智库百科 . http：//wiki. mbalib. com/wiki/财务费用。

4. 销售费用 . MBA 智库百科 . http：//wiki. mbalib. com/wiki/销售费用。

5. 营业费用 . MBA 智库百科 . http：//wiki. mbalib. com/wiki/营业费用。

【课后训练——国际运输保险纠纷的剖析】

实训目标：通过对运输保险纠纷解决方案的起草，判断各保险关系人之间的法律关系及风险和费用分割。

实训背景：瓶子家女装有限公司 2015 年卖给菲律宾 Jose Manufacturing Inc. 一批总价款为 CIF Manila South Port 106200 美元的女性内衣裤，并作为托运人向晋江安通公司托运该批货物，从广州经香港运至目的地马尼拉南。该批货于 6 月 6 日用火车运抵香港，2015 年 6 月 13 日，海运承运人中远集装箱公司在香港签发香港至马尼拉南的海运记名提单，托运人为晋江安通公司。2015 年 6 月 14 日，多式联运承运人晋江安通公司广州营业点在广州签发凭通知人指示的多式联运指示提单，托运人为瓶子家女装公司。两份提单均批注"托运人自装自计"。6月17日货物运抵 Manila South Port。6月22日，货经陆运至检验地点，收货人 Jose Manufacturing Inc. 声称短少300箱货。承运人以该货物是"托运人自装自计"为由拒赔。

检验报告证明，由 Philix 集装箱拖运有限公司将货物移至海关检查之前原始箱封完好无损；在检验时收货人称当货物自马尼拉南港运至 Philix 集装箱拖运有限公司时原始铅封完好无损；6月22日在海关开箱时原始箱封仍完好无损。检验报告认为货物短少是因为短装。

提单、保险单均经过卖方背书，其中提单分别经过卖方、中国银行菲律宾分行背书。买方 Jose Manufacturing Inc. 已在目的港提取货物。平安保险广州分公司依保险单向瓶子家女装公司赔付人民币193129元，并转向多式联运经营人和海运承运人追偿，结果追偿失败。

实训内容：不同实训小组分担不同角色，分别从托运人、保险公司、承运人、收货人的角度提出自身的正确解决方案。

项目 5 核算外贸资金结算与融通

学 习 目 标

【能力目标】

1. 能能够核算国内外银行的费用；
2. 能够核算信用证结算的相关费用；
3. 能够进行进出口资金融通决策和费用核算。

【知识目标】

1. 掌握国际贸易主要结算方式；
2. 了解资金结算及融通费用与风险之间的关系。

【素质目标】

判读能力。

【关键术语】

外贸融资；小微企业；结算方式；供应链融资；销售贴现

瓶子家女装公司的老板娘谈起创业当年，忍不住落泪，她告诉小彭最难的就是没有创业资金。大学刚毕业欠了国家助学金没还，但好想有自己的门店，好不容易借了启动资金。开业的前几个月经常半夜惊醒，因为当天的营业量不够，怕还不起钱。时至今日，企业大了，但还是经常困扰于融资，担心资金周转不灵，不能及时抓住商机。小彭深受感动，决心刻苦研究进出口融资的渠道和方法。

本项目是前面项目的延续，进出口流通费用有一个不可忽视的部分就是财务费用，传统上的财务费用我们重在结算费用，随着跨境供应链的快速发展，供应链环节的资金短缺是常态，外贸环节的垫款实际上就是资金融通。国际贸易中涉及到较大笔资金应用环节表现为货源组织环节和商品销售环节。货源组织环节为资金支出，如果商品是自产的，需要购买原材料的资金；如果商品是外购的，需要采购资金。商品销售环节为资金回笼，尽快收回资金便于下一笔交易的开始。总之让同学明白一个道理：资金的运用是有成本的。

5.1 引导任务 ——出口企业的备货融资

5.1.1 任务分析

任务 5-1：瓶子家女装公司雪纺衫订单的备货融资。

小彭这一票卖到阿姆斯特丹每件 3 美元，7000 件共 2.1 万美元，对方开了信用证，但要等到货装船，瓶子家女装公司才能凭运输单据去银行议付。需要支付给上海立取公司的备货款项虽然不多，可是最近瓶子家公司订单太多，资金一时周转不开，各位同学说说有什么办法？

5.1.2 任务实施

小彭按 7 万人民币的备货资金需求来算。对于备货款项的筹措，第一，可以先从交易双方入手，买家能不能预付，供家能不能赊账；第二，银行或财务公司有贷款的来源吗？第三，外贸综合服务商的融资服务。

1. 供应链融资

当我们和供应商保持良好的关系，遇到资金问题时，可以和供应商要求赊销或延迟支付，小彭知道这个要求有点难度，因为瓶子家公司面对的中小型服装厂本身也面临资金周转的问题。

供应链融资是把供应链上的核心企业及其相关的上下游配套企业作为一个整体，根据供应链中企业的交易关系和行业特点制订基于货权及现金流控制的整体金融解决方案的一种融资模式。供应链融资解决了上下游企业融资难、担保难的问题，而且通过打通上下游融资瓶颈，还可以降低供应链条融资成本，提高核心企业及配套企业的竞争力。

2. 金融机构融资

向银行融资，一般银行都有企业经营贷款，如中国建设银行的个人助业贷款，问题是银行贷款需要采取抵押、质押、保证、信用等担保方式，手续麻烦，时间上满足不了实际经营要求，再者瓶子家公司也没有可抵押的固定资产，小彭认为不实用。如果能从普通的银行贷款业务贷到款，则按中央人民银行公布的商业贷款基准利率来进行利息计算：

588 元（21000×5.6‰×6/12）为半年 7 万元人民币的使用成本。

财务公司和网贷倒是挺方便，登录百度财富（http：//caifu.baidu.com）选择贷款，可以找到非常多的免抵押 1 天放款的项目，如图 5-1 所示；广州的海珠广场附近有民间金融一条街，有很多可以随时放贷的财务公司；在紧急的时候是一种解决方案，当然利息高，即资金运用成本高。

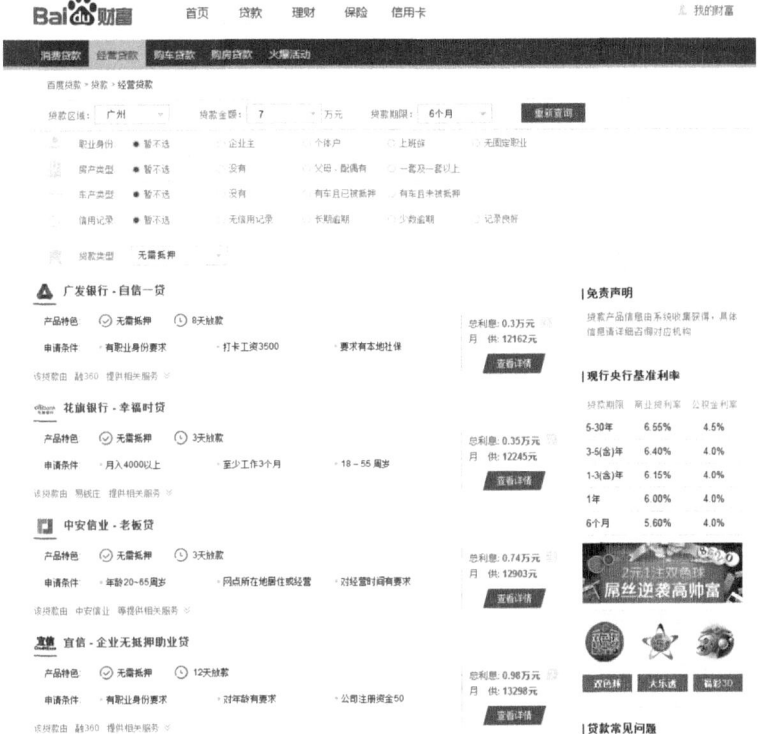

图 5—1   百度财富提供的网贷信息和入口

小彭选择花旗银行的幸福时贷来详细了解一下，利息适中，无需抵押，但其年利率 16.8% 远高于商业贷款的年利率 5.6%，如图 5—2 所示。当然上述中安信业、宜信等财务公司的是上面花旗银行的网贷利率的 2～3 倍。

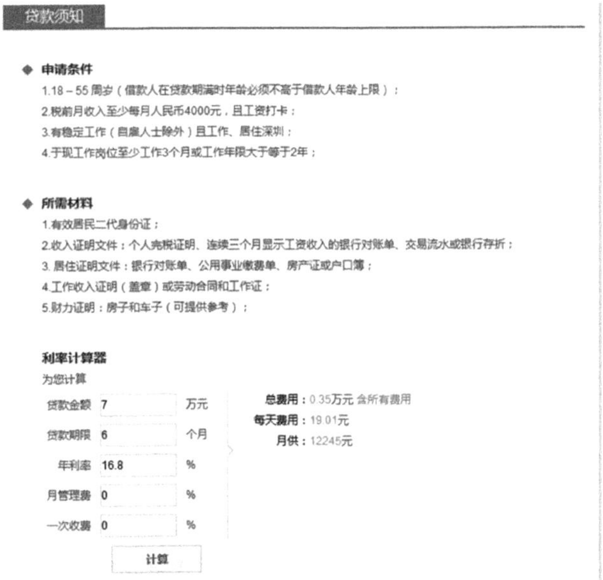

图 5—2   网贷的费用利息测算

3. 外贸服务商融资

寻求外贸综合服务商的融资服务是比较实用可行的办法，小彭朋友介绍的深圳市一达通企业服务有限公司就是一家外贸综合服务商，和财务公司相比，由于它有其他的盈利渠道，融资成本相对较低，手续比银行简单，比财务公司稍复杂些。当然从另一角度谈，外贸综合服务商也可以视为跨境供应链的一环，因此该类融资也属于供应链融资。

5.2 知识链接——国际贸易结算方式与资金融通

国际贸易驱动资金周转的最重要环节就是结算，备货需要和供应商结算，而售货方希望买家尽快付款。国际结算是指国际间由于政治、经济、文化、外交、军事等方面的交往或联系而发生的，以货币表示债权债务的清偿行为或资金转移行为。分为有形贸易和无形贸易类。有形贸易引起的国际结算为国际贸易结算。无形贸易引起的国际结算为非贸易结算。

5.2.1　国际贸易结算方式

国际贸易结算方式（Mode of International Settlement，International Trade Payment Methods）是指以一定的条件实现国际货币收付的方式。随着国际结算方式的应用和发展，国际结算方式也在演变和创新。

1. 国际结算方式的内容

一般而言，国际结算方式应包括以下内容：
（1）按照买卖双方议定的具体付款方式办理单据和货款的对流；
（2）必须明确具体类别、付款时间、使用货币、所需单据和凭证；
（3）银行充当中介人和保证人，正确结清买卖双方债权和债务；
（4）买卖双方可以向银行提出给予资金融通的申请。
以下着重讲述付款时间和使用货币。
（1）付款时间。
付款时间可分为预先付款（Payment in Advance，Advance Payment）、装运时付款（Payment at Time of Shipment）、装运后付款（Payment after Shipment）和缓期付款（Deferred Payment）四种类型。由于银行依据的装运时间是以海运提单日期（Date of B/L）为准，所以银行要求的付款时间有交单前预付；交单时付款，又称即期付款交单（Document against Payment at Sight，D/P at Sight）；交单后付款，又有远期付款交单（Document against Payment after Sight，D/P after Sight）、远期承兑交单（Document against Acceptance，D/A）。款项也可以分开在不同的时间段支付，形成混合付款（Mixed Payment），当然议付是付款时间更为复杂的情况了。
①全款预付。
只要卖方确保钱到自己账户之前，没有开展任何生产或备货行为，那么卖方基本上不存在任何风险。此付款方式虽然对卖方很有利，但通常很难被买方，尤其是初次

合作的买方接受，如能争取到，当然是最佳选择。

在这里必须注意的是钱到账和钱已汇出的概念区别：由于国际汇款通常需要几天到十几天不等的转移时间，所以买家经常以钱已汇出作为理由要求卖家发货，有些卖家会经不起买家的软磨硬泡，在钱未到账的情况下发货了，然后导致货款两空。

卖方很难区别买家给提供的汇款底单的真伪，即使借助银行等渠道鉴别出了底单是真实的，货款仍然有可能到不了账，有些买方会故意填错一个字母，导致款项不能入卖方的账，然后要求银行退回。

②预付款＋余款（at sight of B/L）。

卖方在未收到全款的情况下，生产出了货物，并做了出运，然后才去收余款。此付款方式较容易被买家接受，但卖方要估计好预付款的量，以及对提单有个稳妥的把握，这还是个相对较安全的付款方式。风险主要有两点：

a. 卖方要确保买方没有可能在未拿到正本提单的情况下提货。为了预防这一点，需要首先要对目的国有个了解，对有风险的，口碑不好的国家（如南美、东欧、西非等国家），不要做这种付款方式；其次，收货人栏最好避免直接写客户的名字，因为有些国家，只要确认了此货物属于此客户，就会比较容易放货；另外，卖方在给客户扫描件时，最好先复印后扫描，不要直接给彩色件，并且最好遮盖掉提单号等重要信息，给传真件时也类似。

b. 卖方需要确保预付款足够挽回因买方不要货而带来的损失。有时卖方只要求了10%的预付款，以为有订金就保险了，但发货后买方变卦不要了，卖方才发现自己的损失远远大于10%的货款。

③交单时全款（at sight of B/L）。

这种付款方式风险较大，对不是特别熟悉的买家，不要使用这种付款方式，同时可以投保出口信用保险。虽然买家无法轻易得到货，但因为他没有任何预先支出，所以很有可能在卖方发货后要求降价，到时卖方会非常被动，不但损失了做货的费用，还要面临是否自担运费拉回货物的选择。

④预付款＋余款（at sight of original B/L）。

除非特别熟悉并有实力的买家，否则此付款方式也不要使用，同时可投保出口信用保险。风险在两个时间点做了转移：

当买家付了预付款时，他承担起了所有风险；当卖方生产了货物并了出运，但还未寄出提单时，风险由双方承担，承担比例取决于预付款与货值的比例；当卖方寄出提单时，风险几乎全部转移到了卖方身上，并且无法再扭转。大部分买家，在收到正本提单后，都不会按事先约定的立即付余款，而会找各种各样的理由拖时间，只为了等到收货后确保没问题了再说。

⑤全款后付。

基本对卖方毫无保障，风险极大。对于合作很久，实力很强的买方可以考虑使用，但也要投保出口信用保险，因为大公司倾刻倒闭的也很多。

⑥缓期付款。

也称迟期付款。

（2）使用货币。

结算使用货币一般和计价货币是一致的，如果我国与对方国家之间有贸易支付协定，则应使用协定中的货币。如果我国与一些发展中法国家订有贸易支付协定，协定货币为瑞士法郎。如果我国与对方国家无支付协定，一般应选用可兑换的货币（Convertible Currency），即可以在国际外汇市场上自由买卖的货币，也称自由外汇。它可以是出口国货币，也可以是进口国货币，还可以是国际通用的第三国货币。美元、英镑、欧元、日元等货币是主要的世界通用货币，对于卖方和买方来说，使用世界通用货币结算易被双方接受；至于使用出口国货币或进口国货币，须经买卖双方磋商决定。

2. 国际结算方式的基本要素

（1）支付方式。

支付方式的确定是货物买卖合同的首要问题，不同的支付方式就基本决定了买卖双方的风险、责任和资金融通的划分。

（2）支付条件。

支付条件是指各种支付方式的货币条件、时间条件和空间条件。货币条件是指选择什么样的计价和支付货币（要防止汇率风险）；时间条件是指收汇和付汇的时间（注意汇率风险、资金占用问题）；空间条件是指收汇和付汇的地点（当事人的责任、义务及法律选择问题）。

（3）支付程序。

支付程序是指其业务程序，这涉及所使用的支付工具以及各当事人在支付中的权利和义务，严格按程序收付汇是使支付方式得以实现的基础。

（4）有关当事人的权利和义务。

选用不同的支付方式，各当事人的权利和义务不同，应明确各当事人在支付中的地位，严格履行其义务，应用自己的权利保护自己的利益。

（5）各种支付方式的资金融通。

资金融通对于买卖双方来说都是重要问题，在不同的支付形式下可以从对方获得资金融通，也可以从银行或金融公司及贴现公司获得资金融通。

3. 国际结算方式

考虑以上几个基本要素，结合交易情况、市场销售情况、对方资信情况，分析利弊由买卖双方协商订立的各种方式，包括直接使用资金单据（票据）、汇付、托收、信用证、保函、保付代理、福费廷等业务。主要的国际结算方式为汇付、托收、信用证三大类别，每一大类还可再分为若干具体种类。

（1）票据结算。

直接使用资金单据（票据）结算，资金单据是非现金结算工具，包含汇票（Bill of Exchange）、本票（Promissory Note）、支票（Check）。可以直接作为一种结算方式使用，也可以在以下几种结算方式中出现。

（2）汇付。

汇付是指交款人按约定的时间和条件通过银行把款项交收款人的结算方式。汇付分为信汇、电汇（Telegraphic Transfer）和票汇。按付款时间可分为预付（Advance

Payment) 和后付 (Direct Payment),在电汇的情况下,也称前 T/T (预先付款) 和后 T/T (装运后或收货后付款),前者对卖方有利,后者对买方有利。汇款结算方式的特点如下:

①简单,迅速,费用低。

汇款结算手续简单,灵活,迅速,费用低廉。如果贸易双方相互比较信任,汇款结算是十分理想的支付或结算方式。

②风险较大。

汇款的结算基础是商业信用,卖方在发货后能否顺利收回货款,买方在预付货款后能否顺利收到符合合同规定的货物都分别取决于对方,即卖方或买方的信誉。银行在汇款方式中处于简单受委托的地位,只需按常规汇款业务即可,并且只对汇款的技术性负责,不对货物买卖和货款收付的风险承担任何责任。

③资金负担不平衡。

如果是货到付款,则资金完全由出口商负担;如果是预付全部货款,则资金完全由进口商承担。并且在结算过程中,进出口商无法从银行得到贸易融资。

(3) 托收 (Documentary Collection, Cash against Documents)。

托收是指出口商开立汇票连同货运单据委托出口地银行通过进口地代收银行向进口企业收款的结算方式。托收也称跟单托收,根据交单条件不同分为付款交单和承兑交单。托收结算方式的特点如下所述。

①比较安全。

对进口商来说,托收比预付货款安全。在跟单托收中,出口商以控制货权的单据来控制货物,托收银行以交付代表货物的单据代表交货。而交单又以进口商的付款或承兑为条件。因此,在一般情况下"即期交单付款"的托收结算,出口商有一定的保障,即不会像货到付款一样,受到"财货两空"的损失。进口商只要付了款,或者进行了承兑,即可得到代表货权的单据,此一做法相对来说,比汇付安全。

②费用较高,手续较多。

银行的托收手续费比汇款手续费略高些,托收要通过银行交单,自然手续也比汇款多,但以此来换得比汇款安全的优点,还是比较合算的。和信用证业务相对比较,托收业务费用比较低廉,手续比较简便,这是相对而言的。现在由于银行同业竞争的关系,费用和汇付基本一样。

③仍以商业信用为基础。

在使用托收方式时,是否付款完全由进口商决定,银行只是转手交单的代理人,对付款不负责任,因此托收是对进口商有利的支付方式。而进口商的风险主要来源于在货到后发现货物和合同不符,因此在做托收业务时,进口商必须了解出口商。如果进口商因商情变化而拒不付款或者拒不承兑,或者承兑后拒不到期付款,或者故意拖延付款,出口商就有可能迟收货款、收不到货款,出口商可采取下列措施以降低风险:

a. 出口商应对进口商的资信和经营作风有所了解;

b. 及时了解进口国的市场销售状况等行市行情;

c. 了解进口国的外贸、外汇管制政策,海关和卫生检疫当局的规章;

d. 要求进口商预付一部分款项,即付一部分订金,但如果对方能够提供的押金数额过小，不能满足出口商对保障出口收汇的需求；

——进口国最好有代理商，万一发生意外，也能在进口国办理存货、保险、转运或运回等事宜。

就风险程度而言，选择做"D/P"比做"D/A"较为安全。因为 D/P，一般银行一定要等进口商付了货款之后才交单，出口商是不会落得"货财两空"的境地的。因为从理论上来说，只要进口商未付款，货运单据仍在银行，货权仍归出口商，出口商仍可将货物转卖给他人或者运回。相对来说，"D/A"风险比较大，因为进口商有可能不来承兑，或者签署了承兑书，取走提单等单据后，到期日不来付款，或者少付款，银行和出口商是无可奈何的，尽可能做 D/P，不做或少做 D/A。

④可以获得融资。

托收时出口商的资金负担较重，但是因为有单据，有些银行愿意做押汇，出口商因此能获得融资。

（4）信用证结算（Documentary Credit）。

信用证是一种由银行依照客户的指示和要求开立的有条件承诺付款的书面文件。一般分为不可撤销的跟单信用证和可撤销的跟单信用证。最新的 UCP600 规定银行不可开立可撤销信用证。（注：常用的都是不可撤销信用证）

信用证业务涉及六个方面的当事人：开证申请人，开证行，通知行，受益人，议付银行，付款银行。该结算方式的特点：

①开证行负有第一性的付款责任。

信用证结算方式下，只要受益人提交的单据完全符合信用证的要求，开证行必须对其或其指定人付款，而不是等进口商付款后再转交款项。可见，与汇款、托收方式不同，信用证方式依靠的是银行信用，是由开证行而不是进口商负第一性的付款责任。

②信用证是一项独立的文件。

虽然信用证以买卖合同为基础，但一经开出，就成为独立于买卖合同之外的另一种契约，各当事人的责任与权利均以信用证为准。买卖合同只能约束进出口双方，而与信用证业务的其他当事人无关。因此，开证行只对信用证负责，只凭完全符合信用证条款的单据付款，而且一旦付款，开证行就丧失了对受益人的追索权。

③信用证业务是一种纯粹的单据业务。

在信用证方式下，银行付款的依据是单证一致、单单一致，而不管货物是否与单证一致。信用证交易把国际货物交易转变成了单据交易。

④开证银行代进口商开立信用证，提供的是信用，而不是资金。

信用证结算方式以银行信用代替商业信用，解决了进出口商之间缺乏了解和信任的问题；银行在结算过程中一边收单、一边付款，便利了进出口商的资金融通。所有这些都促进了国际贸易的发展，也反映了银行对国际贸易领域的介入和影响在不断加深。

（5）保函（Letter of Guarantee，L/G）。

保函又称保证书，是指银行、保险公司、担保公司或个人应申请人的请求，向第三方开立的一种书面信用担保凭证。保证在申请人未能按双方协议履行起责任或义务时，由担保人代其履行一定金额、一定期限范围内的某种支付责任或经济赔偿责任。保函即为保证书，为了方便，一般公司及银行都印有一定格式的保证书。其作用包括凭保函交付货物、凭保函签发清洁提单、凭保函倒签预借提单等。

保函是依据商务合同开出的，但又不依附于商务合同，是具有独立法律效力的法律文件。当受益人在保函项下合理索赔时，担保行就必须承担付款责任，而不论申请人是否同意付款，也不管合同履行的实际事实，即保函是独立的承诺并且基本上是单证化的交易业务。银行保函的特点如下。

①银行信用作为保证，易于为客户接受。

②保函是依据商务合同开出的，但又不依附于商务合同，是具有独立法律效力的法律文件。当受益人在保函项下合理索赔时，担保行就必须承担付款责任，而不论申请人是否同意付款，也不管合同履行的实际事实，即保函是独立的承诺并且基本上是单证化的交易业务。

5.2.2　国际结算中的资金融通

国际结算方式虽然安排了单据和货款的对流，但卖家更关心如何尽快拿到现金。贸易融资是指银行对进口商或出口商提供的与进出口贸易结算相关的短期融资或信用便利。是企业在贸易过程中运用各种贸易手段和金融工具增加现金流量的融资方式。国内贸易以前多采取不规范的滞留应付款，在国内商业票据逐步发展之后，利用商业票据融资的方式得到了加大发展。在国际贸易中，规范的金融工具为企业融资发挥了重要作用。这里主要介绍国际贸易中运用各种金融工具融资的方式。

1. 议付（Negotiation）

"UCP600"对议付如此解释，信用证结算方式下，指定银行在相符交单下，在它应获得开证行偿付的那天或以前向受益人预付或同意预付并购买汇票及或单据的行为。即国际上规定的议付是具有追索权的信用证下资金融通，出口商所在地银行买入信用证项下跟单汇票，这家办理议付的银行称为议付行。议付行根据客户（出口商）的要求，以提交以其为受益人的信用证及信用证项下全套单据为条件，将该套出口单据项下应收货款（扣除议付利息费用）先行解付给客户，然后凭单据向付款行索汇的融资行为，也就是下面要谈到的出口押汇。本来信用证要求付给出口商钱的是开证行，或者是付款行（保兑行），但是出口商在出口地一般会找一个银行交单，如果该银行认可，可以先把信用证金额给出口商，然后拿单据去付款行索汇。如果付款行正常付款，流程完结；如付款行拒付汇票，议付行对出票人可行使追索权。议付时，议付行要求出口商出具质押书。倘若汇票遭到拒付时，银行除向出票人追索外，还有权处理抵押品。

实际业务中，至少在中国，目前出口商委托银行办理的出口贸易项下单据交单议付，大部分是指银行收到开证行的来证后，负责对信用证的真伪进行审核并通知出口商，审核单据一致后，银行按照信用证指定的索汇路线和方式经联行或代理行向寄单偿付行索汇，或根据信用证要求，全部单据到达后开证行付款。银行收到款项后，转入受益人提供的有关账户。即出口商向出口地银行交单据，出口地银行帮审单、寄单，并不为出口商提供资金融通。银行充当代理人的角色，如果拒付了，会通知出口商，开证行拒付，出口商去做进口商的工作。如果进口商付款了，银行会告诉出口商，钱回来了，给你入账了。这项业务中，银行是几乎没有风险的，实际上是代理交单而已。

（1）适用对象。

受益人为境内具有自营或代理进出口经营权的企业。

（2）适用范围。

跨境和国内一般经济区域与特殊经济区域之间的贸易项下的出口贸易项下的结算。

（3）业务基本规定。

受益人委托银行办理交单议付收汇的，应提交正本信用证及信用证项下全套单据。

外汇资金入账后，超出该账户最高限额的，应按规定予以结汇。代理出口项下的收汇及受益人在异地的出口收汇，按外汇管理局规定办理原币划转或结汇后划转。受益人从境外收到出口款项后，应履行填报国际收支表的义务。

2. 押汇（Documentary Bills）

（1）押汇的定义。

押汇即银行通过买单押有货物所有权放出专项贷款垫付全部或部分货款，又称买单结汇，是异地贸易中一种结算方式。是指银行（议付行或开证行或托收行）在审单无误情况下，按买入外贸公司（信用证结算时为受益人）的汇票和单据，从票面金额中扣除从议付日到估计收到票款之日的利息和银行费用，将余款按议付日外汇牌价折成人民币，拨付给外贸公司并保留追索权的一种短期出口融资业务。银行买入跟单汇票后，即成为汇票持有人，可凭票向付款行索取票款。银行做押汇，是为了对外贸公司供资金融通，有利于外贸公司的资金周转。

（2）押汇的种类。

在国际贸易结算中常用的有出口押汇和进口押汇。

①出口押汇。

信用证结算时，出口押汇是指出口商在供货合同签订后，根据进口商银行出具的信用证签发应由进口商付款的汇票，然后连同有关单据，主要是售出货物提单、货物保险单和发票等提交给自己的代理银行贴现。出口商银行审核出口商提交的信用证和由出口商签发的票据，允许出口商贴现后，出口商再向其代理银行出具质押书，将全套票据作为抵押。出口商银行按当日市场利率从票面金额扣除自付款日到预计收到进口商货款之日的利息，将净额垫付给出口商，然后将出口商提交的全套票据寄给进口商的代理银行。进口商代理银行认证后，即向出口商银行划出货款。出口商银行收到货款后归垫。进口商银行将提单等票据交给进口商，进口商凭票提货，同时向自己的代理银行交纳应付货款。如果出口商提交的票据因发货日期延迟或货物质量不合格遭到拒付，出口商银行作为正当持票人有权向出票人即出口商追回贴付的货款，同时作为贷款银行，有权处理抵押物品。如果进口商银行有意拒付或延付，出口商银行同样可以向出口商追索贴现的货款，同时协助出口商积极收回货款。

托收结算时，出口押汇是指出口商在供货合同签订后，出口商在提交有关单据，主要是售出货物提运单、货物保险单和发票等提交给托收银行贴现。出口商银行审核出口商提交的票据，允许出口商贴现后，出口商银行按当日市场利率从票面金额扣除自付款日到预计收到进口商货款之日的利息，将净额垫付给出口商，然后将出口商提交的全套票据寄给进口商的代理银行。进口商代理银行认证后，即向出口商银行划出货款。出口商银行收到货款后归垫。进口商银行将提单等票据交给进口商，进口商凭票提货，同时向自己的代理银行交纳应付货款。如果出口商提交的票据因发货日期延迟或货物质量不合格遭到拒付，出口商银行作为正当持票人有权向出票人即出口商追回贴付的货款，同时作为贷款银行，有权处理抵押物品。如果进口商银行有意拒付或延付，出口商银行同样可以向出口商追索贴现的货款，同时协助出口商积极收回货款。

②进口押汇。

在出口商对进口商的信用程度无把握而不愿先行交运货物的情况下，进口商为了取得信任尽早得到所需的货物，可以请求其代理银行向出口商签发信用证，保证到期付款；出口商取得信用证后即可发货，并签发汇票向其代理银行贴现，取得货款，然后由出口商银行向进口商银行收取货款。进口押汇的另一种做法是，当出口商银行与进口商银行的信用程度比较高时，进口商可请求其代理银行向出口商银行发出委托书，委托出口商银行购买出口商签发的汇票。然后，由出口商代理银行将购进的汇票及有关单据寄回进口商银行。进口商银行收到汇票和有关单据后，即通知进口商付款，并领单提货。

③押汇的作用与优点。

押汇作为一种结算方式，类似国际结算中的逆汇，但又不同于逆汇，逆汇的结算中有托收和信用证两种：托收是由出口商委托其代理银行收款；信用证是进口商请求其代理银行出具付款担保的一种形式。而押汇则是出口商直接凭票据向其代理银行贴现取得货款。托收方式的缺陷在于进口商可以以各种理由拒付，而使得出口商难以取得货款；信用证虽然避免了这些问题，但出口商仍须等进口商收到货物后才能得到货款。

押汇的优点具体如下所述。

a. 出口商收取货款安全、迅速。因为有进口商银行担保，出口商可以向自己的代理银行贴现，迅速取得所需货款，避免了因为拒付或延付而造成的资金滞留，从而加快了资金周转速度。

b. 进口商无须预先付款，只需请求其代理银行出具担保，即可货到付款，避免了预先付款而带来的利润损失。

c. 出口商和进口商的代理银行作为资金融通者，安全程度极高。在国际结算中，由于对买卖双方的信用不够了解，所以使银行贷款风险很大。在押汇方式中有票据作为抵押，实际上就是将买卖双方交易的货物作为担保品抵押给银行，银行对贷出的款项有安全感。相比于一般流动资金贷款，押汇对银行来说，更为安全且收益好。

3. 贴现 (Discount on a Promissory Note)

贴现是指银行承兑汇票的持票人在汇票到期日前，为了取得资金，贴付一定利息将票据权利转让给银行的票据行为，是银行向持票人融通资金的一种方式。一般而言，票据贴现可以分为三种，分别是贴现、转贴现和再贴现。

（1）贴现的基本概念。

①性质：贴现是银行的一项资产业务，汇票的支付人对银行负债，银行实际上是与付款人有一种间接贷款关系。

②利率：在人民银行现行的再贴现利率的基础上进行上浮，贴现的利率是市场价

格，由双方协商确定，但最高不能超过现行的贷款利率。

③利息：贴现利息是汇票的收款人在票据到期前为获取票款向贴现银行支付的利息。

$$贴现利息＝贴现金额×贴现率×贴现期限$$

（2）出口商业发票贴现的基本业务流程。

出口商业发票贴现是指出口商将现在或将来的基于出口商与进口商（债务人）订立的出口销售合同项下产生的应收账款转让给银行，由银行为其提供贸易融资、应收账款的催收、销售分户账管理等服务，为出口商增加营业额、降低收汇风险、节约成本、简化手续、扩大利润等。此类业务一般适用于卖方以远期赊销为付款方式的国际、国内贸易产生的各类应收账款，包括国内商业发票贴现和出口商业发票贴现。

①买卖双方签订贸易合同，约定以 D/A（承兑交单）或 O/A（赊销）的方式结算。

②出口商与银行建立授信关系，申请发票贴现额度。

③出口商与银行签订发票贴现业务总协议。

④出口商向进口商发货。

⑤出口商向银行申请贴现并随附商业发票等单据。

⑥银行审核完毕后向出口商进行贴现发放融资。

⑦在商业发票到期时银行向进口商催收。

⑧进口商付款，银行扣除本息后将余款转入出口商账户。

⑨如进口商到期未付款，银行向出口商追索贴现款项，并从发票到期日 30 天后计收逾期利息。

（3）商业发票贴现的优缺点。

优点：

①对于卖方来说，可以在较短时间内获得融资，解决卖方流动资金不足的困扰；

②可以在报表上减少应收账款的金额，帮助企业能够改善财务报表指标；

③有银行的加入，协助企业进行销售分户账的管理，使得企业在账户管理上更具有效率。而且由银行为卖方进行到期应收账款的催收，节约企业的人力和财力。

④业务操作相对来说比较简单，有助于企业降低财务成本。

⑤对于买方而言，几乎没有任何影响，只需到期直接按照合同上的款项进行支付就可以了。只是进行催收的对象发生了变化而已。

缺点：

对于出口商而言，虽然可以提早获得货款，而且有银行进行协助帮助其对于到期应收账款的催收，但是对于这笔应收账款来说，企业并没有进行买断，也就是说，出口商业发票贴现第一还款来源是进口商的付款，但是如果到期未收回出口货款的话，银行可向出口商行使追索权。因此出口商仍然背负进口商违约不履行付款职责的风险。所以出口商在进行发票贴现的时候也要多考虑考虑进口商的商誉，以及多年来和企业之间的贸易关系，从而确保进行发票贴现的可靠性。

4. 三者的区别与联系

议付→押汇→贴现是卖方得到现金的途径之一，议付的融资必然是押汇，而押汇是通过贴现来实现的。

（1）议付。

议付是客户在备好信用证下相关单据后向银行要求付款的过程，只要单据齐全，即期信用证下，付款银行需立即支付货款。

（2）押汇。

出口押汇是出口交单银行（议付行）凭出口商提交的信用证或托收项下单据，向出口商提供的短期资金融通，包括信用证项下即期押汇，远期押汇和托收押汇。

进口押汇是指银行应进口商要求，代其垫付进口项下货款的一种短期融资，适用于各种进口结算方式，期限一般不超过六个月。

（3）贴现。

商业发票贴现是客户将现在或将来的基于货物销售合同所产生的应收账款以商业发票形式转让给银行，由银行凭以办理贴现的一种融资服务，包括出口商业发票贴现及国内商业发票贴现。

5. 打包贷款（Packing Finance）

打包贷款是出口地银行向出口商提供的短期资金融通，又称信用证抵押贷款、打包放款。出口商与国外进口商签订买卖合同后，就要组织货物出口。在此过程中，出口商可能出现资金周转困难的情况，其具体的业务流程如图 5－3 所示。例如，出口商用自有资金购买货物，存放在仓库里，资金积压占用。在这种情况下，出口商用进口地银行向其开发的信用证，或者其他保证文件，连同出口商品或半成品一起，交付出口地银行作为抵押，向银行申请本、外币流动资金贷款，用于出口货物进行加工、包装及运输过程出现的资金缺口。

出口商借入打包贷款后，很快将货物装船运出，在取得各种单据并向进口商开发汇票后，出口商通常前往贷款银行，请其提供出口抵押贷款，该银行收下汇票和单据后，将以前的打包贷款改为出口押汇，这时的打包贷款即告结束。在打包贷款中，如果出口商不按规定履行职责，贷款银行有权处理抵押品，以收回贷出款项。打包贷款的数额一般为出口货物总值的 50%～80%。

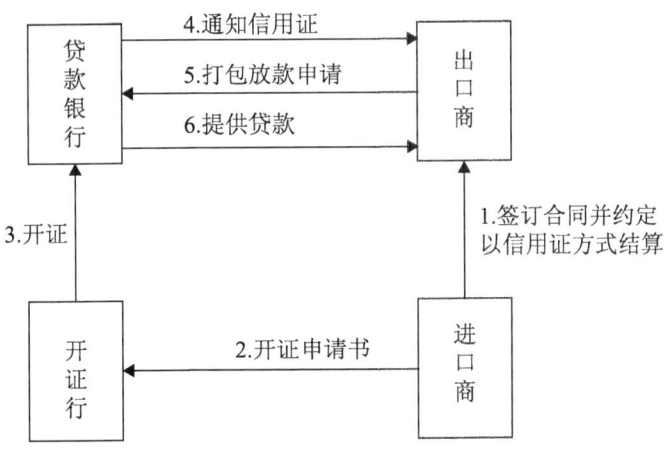

图 5－3　打包贷款业务流程图

（1）放款条件。

①在本地区登记注册、具有独立法人资格、实行独立核算、有进出口经营权、在银行开有人民币账户或外汇账户的企业。

②出口商应是独立核算、自负盈亏、财务状况良好、领取贷款证、信用等级评定A级以上的。

③申请打包贷款的出口商，应是信用证的受益人，并已从有关部门取得信用证项下货物出口所必需的全部批准文件。

④信用证应是不可撤销的跟单信用证，并且信用证的结算不能改为电汇或托收等其他的结算方式，开证行应该是具有实力的大银行。

⑤信用证条款应该与所签订的合同基本相符。

⑥最好能找到另外企业提供担保，或提供抵押物。

⑦出口的货物应该属于出口商所经营的范围。

⑧信用证开出的国家的政局稳定。

⑨如果信用证指定了议付行，该笔打包放款应该在议付行办理。

⑩信用证类型不能为可撤销信用证、可转让信用证、备用信用证、付款信用证等。

⑪远期信用证不能超过90天。

（2）申请资料。

信用证正本、流动资金借款申请书、外销合同、境内采购合同、营业执照副本、贷款证、近三年度的年度报表、最近一个月的财务报表、法人代表证明书。

（3）金额和期限。

①最高金额为信用证金额的80%。

②期限不超过信用证有效期后的15天，一般为三个月，最长不超过半年。

③展期：当信用证出现修改最后装船期、信用证有效期时，出口商不能按照原有的时间将单据交到银行，出口商应在贷款到期前10个工作日向银行申请展期。

④展期所需要提供的资料：贷款展期申请书、信用证修改的正本。

6. 保付代理（Factoring）

保付代理也叫保收代理，又称为承购应收账款，简称保理。是在采用赊销（O/A）或跟单托收承兑交单（D/A）结算方式的贸易中，保理商（Factor）通常是银行或金融机构，向卖方提供买方的资信调查，承担100%的信用风险担保应收账款的催收和追偿、资金融通、结算和财务管理的一种综合性财务服务。在保理业务中，保理商承担第一付款责任。若保理商对上述预付款没有追索权，对余款也要担保付款，即称为无追索权保理；反之，则为有追索权保理。保付代理分国内保理和国际保理两种。

通常在赊销方式下，卖方根据合同或订单发货交单后，只能被动地等待买方到期时付款，因赊销是汇款方式中货到付款，属商业信用，并不像信用证那样，由银行来承担第一性的付款责任。由于各种原因，一些买方可能会一再拖延付款时间，而有一些买方可能永远也不会付款，除非买方的资信可靠，或者双方中的一方是另一方的子公司。资金的占用也是一个突出的问题，赊销将使出口方的资金大量被应收账款所占用。如果卖方和保理商签订了协议，情况就会发生根本性的变化。

国际保理业务便是一种专门为出口赊销服务的金融工具，它可以使企业在得到赊销利益的同时，最大程度地避免赊销的负面影响如出口收汇风险，从而达到企业利润最大化的目标。具体做法是：商业信用出口货物时（如以 D/A 作为付款方式），出口人事先与保理商签订保理协议，根据协议，出口人按买卖合同规定发货后，把应收账款的发票和装运单据转让给保理商，即可取得应收取的大部分货款（一般不超过发票金额的 80%），日后一旦发生进口商不付或逾期付款，则由保理商承担付款责任。银行从出口商手中购进以发票表示的对进口商的应收账款，并负责向出口商提供进口商资信、货款催收、坏账担保及资金融通等项目的综合性金融服务，适用于赊销方式的国际结算出口商将应收账款转让给出口保理商后，可提前得到大部分货款。

7. 福费廷（Forfaiting）

为改善出口商现金流和财务报表的无追索权融资方式，包买商从出口商那里无追索地购买已经承兑的、并通常由进口商所在地银行担保的远期汇票或本票的业务叫作包买票据，又称票据买断，音译为福费廷（Forfaiting），原意为放弃。通常用于成套设备、船舶、基建物资等资本货物及大型项目交易，融资期限一般在 6 个月到 5 年甚至更长期限。

进口商以分期付款的方式支付货款。除非包买商同意，否则债权凭证必须由包买商接受的银行或其他机构无条件地、不可撤销地进行保付或提供独立的担保。福费廷业务是一项高风险、高收益的业务，对银行来说，可带来可观的收益，但风险也较大；对企业和生产厂家来说，货物一出手，可立即拿到货款，占用资金时间很短，无风险可言。因此，银行做这种业务时，关键是必须选择资信十分好的进口地银行。

8. 限额内透支

所谓限额内透支，是指银行根据客户的资信情况和抵（质）押/担保情况，为客户在其银行往来账户上核定一个透支额度，允许客户根据资金需求在限额内透支，并可以用正常经营中的销售收入自动冲减透支余额。国内银行的存贷合一即属透支融资方式。

限额内透支如客户根据贸易合同，在收到货物后需要向国外汇一笔钱，在账户里无款或款项不足的情况下，它也不必提前两周或一周向银行申请贷款，而只需在办理好相关批汇手续后，在汇款当日提交支票购汇汇出即可。但目前国内银行较少采用这种融资方式，主要原因在于它现实地降低了银行的盈利水平。从长远观点看，随着我国服务业竞争的不断加剧，银行利润率的降低是必然趋势。

9. 进口代付和假远期信用证融资

所谓进口代付，是指开证行根据与国外银行（多为其海外分支机构）签订的融资协议，在开立信用证前与开证申请人签订《进口信用证项下代付协议》，到单位凭开证申请人提交的《信托收据》放单，电告国外银行付款。开证申请人在代付到期日支付代付本息。

假远期信用证是开证行开立的规定汇票为远期，但开证/付款行将即期付款，且贴现费用由开证申请人负担。

与进口押汇相比，上述两种融资方式对进口商而言，其意义和进口押汇是一样的，运作程序也相似，都是在开证前由开证行与开证申请人签订相关协议，到单后，开证申请人凭《信托收据》换取单据凭以提货，到约定时间归还本息。不同之处在于：资金来源不同；信用证种类、利率不同。

进口代付和假远期信用证融资对开证行的风险表现在开证申请人的资信状况、开证抵（质）押/担保状况及对进口货物的监控水平三个方面。如果是综合授信项下，且出口商为世界上比较有名的公司、进口商品属于比较适销的商品，那么开证行的风险是很小的，收益是丰厚的。

10. 出口信贷

是一种国际信贷方式，它是一国政府为支持和扩大本国大型设备等产品的出口，增强国际竞争力，对出口产品给予利息补贴、提供出口信用保险及信贷担保，鼓励本国的银行或非银行金融机构对本国的出口商或外国的进口商提供利率较低的贷款。

5.2.3　国际结算方式的选择与结合使用

在国际贸易中每笔交易通常只采用一种支付方式，但根据不同的国家和地区、不同的客商、不同的市场状态和不同货源国的情况，为了把商品打入国际市场，可采用将灵活的、多样的支付方式综合运用，加强竞争，便于成交，旨在按时安全收汇，加速资金周转，争取较高的经济效益。

1. 信用证支付、托收及记付三选一

在进出口业务中，当买卖双方互不熟悉，一般可采用即期信用证作为贸易的起始结算方式。

为了推销产品，出口商给进口商提供优惠条件，可以采用远期信用证方式成交，亦可以采用付款交单托收方式成交。当买卖双方已经熟悉，互相信任对方时，卖方给买方进一步的优惠，可以采用货到汇款方式成交。为了处理货源国或出口方的积压商品或库存商品，或错过货物销售季节的滞销商品，尽快将货物变现，可采用托收承兑交单方式成交。对于紧俏商品，有时也采用 T/T 预付款形式结算。

2. 信用证支付与汇付相结合

信用证支付与汇付相结合是指部分货款采用信用证结算，余额货款采用汇款结算。例如，成交的契约货物是散装物，如矿沙、煤炭、粮食等，进出口商同意采用信用证支付总金额的 90%，余额 10%，待货到后经过验收，确定其货物计数单位后，将余额货款采用汇款办法支付。

3. 信用证支付与托收相结合

不可撤销信用证与跟单托收相结合的支付方式，是指部分货款采用信用证支付，部分余额货款采用跟单托收结算。

一般的做法，在信用证中应规定出口商须签发两张汇票，一张汇票是依信用证项下部分，货款凭光票付款，另一张汇票须附全部规定的单据，按即期或远期托收。应在合同中列明相应条款，以便明确。例如：

货款 50％在信用证项下支付，余额 50％见票付款交单，全套货运单据应附在托收部分项下，于到期时全数付清发票金额后方可交单。

采用不可撤销信用证与跟单托收相结合的支付方式，其优点是：

对进口商来讲，可减少开证保证金，用少数的资金可作大于投资几倍的贸易额，有利于资金的周转，而且可节约银行费用。

对出口商来讲，采用部分使用信用证部分托收，虽然托收部分承担一定的风险，但以信用证作保证，这是一种保全的办法。除此之外，还有保全措施，即全部货运单据须附在托收汇票项下，开证银行或付款银行收到单据与汇票时，把住关口，进口商须全部付清货款后才可得到提单。这样，可防止进口商于信用证项下部分货款付款后就取走提单。

4. 备用信用证与跟单托收相结合

采用备用信用证与跟单托收相结合的支付方式，是为了跟单托收项下的货款一旦遭到进口商拒付时，可利用备用信用证的功能追回货款。为此，在备用信用证中须载明含以下主要内容的条款：

凭即期付款交单与备用信用证相结合为付款方式，在备用信用证中应列明以卖方为受益人，并列明金额及相关业务编号，若付款人到期拒付，受益人有权凭本信用证签发汇票和出具付款人拒付证明书，依该备用信用证收回货款。

采用这种支付方式的特点是跟单托收被拒付时，出票人可凭备用信用证所列的条款，予以追偿。

5. 跟单托收与提交预付金相结合

采用跟单托收必须由进口商提交预付款或一定数量的押金作为保证。于契约货物装运后，出口商通过银行可获得货款的部分金额。若托收遭到进口商拒付时，出口商可将货物运回，并从已获款额中扣除来往运费、利息及合理的损失费用。关于预付金和押金的数目，应经协商视情况而定。

6. 不同支付方式与分期付款、延期付款相结合

在国际贸易中，进出口商双方经谈判，对大型设备、成套机械及大型交通工具的成交可采用上述支付方式。这种特定的贸易方式其特点是契约货物金额大、制造生产周期长、检验手段复杂、交货条件严格及产品质量保证期较长等，可采用两种不同的支付方式。

（1）进出口商双方对开保函与分期付款相结合。进口商依契约规定开具银行保函，而依生产进度分期交付货款。进口商为了保障本身的利益，防止出口商延迟交货，或产品质量与契约不符，或因故违约等，故亦要求出口商提供保函。

（2）预付定金与延期付款相结合。依契约，应由进口商提交一定数额的定金，并

规定延期付款。延期付款的金额系在交货后若干年付款，也称赊购支付方式。但进口商必须支付延期付款期间的利息。

在实务中，除采用上述相结合的办法作为支付方式外，还有一些其他的方式可以运用，如采用部分现汇、部分托收或部分金额采用信用证作为支付方式等。

5.3 操练与深化——国际贸易结算费用核算

虽然对国际结算三个主要方式有所了解，但小彭还是想借发往欧洲的这票货和各位讨论不同结算会产生的各位银行费用，这些是流通费用中的财务费用。

任务 5—2：瓶子家女装公司雪纺衫订单的结算费用核算。

$$银行费用＝交易金额×银行费率$$

5.3.1　任务实施 1

1. 三种主要结算方式的费用比较

不同的国际结算方式，银行收取的费用也不同。银行费率可向相关办理银行查询。瓶子家公司这笔报价总金额为 USD21000，下面分别计算 L/C、D/P、D/A、T/T 的银行费用？

（1）查询费率。

因为中国银行国际贸易业务历史最悠久，其费率具有指标性意义，在银行主首页中部便捷服务"服务价格"中找到中国银行服务收费业务价格表 2014 年 8 月版（http：//www. bankofchina. com/custserv/fd5/201408/t20140801_3697879. html），从"项目 4 公司及金融机构客户服务收费业务"找国际结算部分，具体情况如图 5—4 所示。

图 5—4　中国银行首页

查得

①汇付。

费率 0.1%，最低 50 元，最高 500 元（本系统）、1000 元（非本系统），修改、退汇、挂失止付 100 元/笔。

②托收。

光票托收、跟单托收 0.1%，最低 200 元，最高 2000 元。

③信用证。

开证费率 0.05%～1%（根据业务风险、担保等情况来定），最低 500 元。该费用通常由进口方承担，如果合同有规定，则由出口商负担。而出口商通常承担的费用为银行议付的费用。

（2）查询汇率。

2014 年 9 月 3 日：美元的汇率为 1 美元＝6.1439 元人民币。

（3）计算银行费用。

汇付、托收的银行费用为 129.0219 元（21000×0.1%×6.1439），开证费率按最高算，是前两者的 10 倍，即 1290.219 元。议付的费用放在下面讨论。

5.3.2　任务实施 2

瓶子家女装公司发往欧洲这票货采用信用证结算，信用证被广泛应用于国际贸易，信用证对我们来说不陌生，很多课程都有提及，但对于信用证的有关费用问题，却很少涉及。很多人会问，操作信用证，费用高吗？要多少费用呢？信用证银行费用标准是多少？

下面我们来分析一下信用证费用的组成部分，让大家对信用证银行费用有所了解，以免在操作信用证时或者寻找代理公司时，被其他人忽悠。以中国银行为例，出口跟单信用证有 17 项收费，进口跟单信用证有 12 项收费。以下稍作归纳。

1. 信用证受益人支付的银行费用

出口产品采用跟单信用证结算会发生如下一些费用。

（1）国内银行（议付行）费用。

国内银行费用（本国费用）主要有以下几个部分。

①信用证通知/转递费。

信用证通知费一般是 CNY100－CNY400 /BILL 不等，不同银行根据自己制定不同的标准来收费，有的银行收得高，有的银行收得低。外资银行加入国内竞争反而收得比较低。例如，中国银行、中国建设银行为 CNY200 /BILL；花旗银行收的是 USD30/BILL。开立信用证之前预先通知费或称简通知费一般只有通知费的一半。

②信用证变更相关费用。

a. 修改通知费。

如果信用证有修改（包含转让信用证修改的通知），当银行通知修改时，就产生此费用，目前不管中外资银行一般修改通知费标准在 CNY100/BILL 左右，如花旗银行收 USD15/BILL。

b. 转让费。

根据开证行指示办理转让信用证转让时收取的费用，中国银行收取费率为1‰。

c. 补制。

补制遗失的出口信用证，中国银行收取 CNY100/BILL。

③信用证转通知费。

当受益人要求客户将信用证通知到受益人开户银行时，往往由于开证银行与受益人的银行没有直接合作原因，都会找第三方银行代转信用证，对此，第三方银行是会收费的，转通知费的标准和通知费是一样的。

④信用证快递费。

这是银行寄文件给国外银行，国际快递公司收取的快递费用，一般实报实销，国家不同，快递费不同。花旗银行给出以下价目：大陆及港澳，CNY130/BILL；亚洲，CNY200/BILL；欧美：CNY260/BILL；其他 CNY320/BILL。

⑤信用证单据处理相关费用。

以中国银行为例，审核信用证下的单据费率为 1.5‰，寄单行换单的异地配单费为 50/BILL（向寄单行收取），退回信用证下的单据费用为 CNY 200/BILL。

⑥相关支付手续费。

信用证支付时的费用名目比较多，以中国银行为例，中国银行的保兑业务费率为 2‰，对信用证付款业务费率为 1.5‰，承兑业务费率为 1‰，划拨代理出口货款的转让货款划拨费 200 元/BILL（代理出口项下，向委托方收取），向款项受让方收取的款项让渡费：受让方在境内 CNY 300/BILL，受让方在境外 CNY 500/BILL，催收及其他非常规对外查询/咨询费 CNY 100/BILL。

国外就难说了，各个地区、不同银行的收费标准差别很多。有的不收，有的要几百美元。

（2）国外银行（开证行等）费用。

国外银行费用是不确定的，由于银行之间标准不一定，所以只能通过经验预测。按各个银行自己的规定和信用证上的规定，一般有不符点费用、不符点通知费、付款手续费（一般信用证有约定）、中间银行费用（经过的银行可能还要扣除一定的划款费用）等。在没有不符点的情况下，一般费用在 USD0～150 /BILL 之间。如有保兑行或偿付行等其他指定银行还要扣除这些银行的业务处理费用。所以在实务中，国外银行费用往往占大头。

银行费用是可以讨价还价的，特别是如果开证金额和发票金额比较大，可以和银行商量一个费用上限。

2. 开证人支付的银行费用

进口产品采用跟单信用证结算会发生如下一些费用。

（1）国内银行（开证行等）费用。

①开证费。

开立信用证，中国银行费率为 0.05％～1％，简单电报格式开立还用加收 CNY100/BILL。

开证费一般是由开证申请人支付，但若信用证有特别规定，是有可能向出口商收取的，要看贸易合同规定。一般为 1‰ 或 1.5‰ 的开证金额加银行的邮寄或电传费（USD20～40）。各家银行规定不一，CNY 300～550/BILL，有时还有保兑费、贴现费用等。

②信用证变更相关费用。

a. 增额或效期修改费。

已开立的信用证要修改增额和有效期，中国银行根据修改后的金额和效期计算费用，费用低于 CNY 100/BILL，按 CNY 100/BILL 计。

b. 不涉及增额或效期其他修改费。

中国银行按 CNY 100/BILL 计。

c. 延期修改费。

延长信用证期限的修改，中国银行允许两次免费修改，第三次按 CNY 100/BILL 计。

d. 不符点处理费。

中国银行按 USD60/BILL 或等值外币收取。

e. 撤销信用证费。

中国银行按 CNY100/BILL 计。

③单据处理相关费用。

a. 提货担保。

当进口货物先于货运单据到达，进口商为了办理提货，向承运人或其代理出具的，请求银行加签并负连带责任的书面担保。中国银行收取提货担保金额的 0.05%。

b. 空运单放货证明/提单背书费。

银行对提单进行背书，中国银行在收单前，按货款的 0.05% 收取，最低 CNY500/BILL，已经收取了足额保证金按最低标准收；收单后，按 CNY50/BILL 收取。

c. 来单、付款处理费。

办理换单，安排付款等，中国银行按 USD20/BILL 收取。

④承兑/远期付款承诺。

中国银行收取承兑金额的 0.1%，按月收取，不足一个月按一个收，不足 150 元，按 150 元收取。

综上所述，信用证的费用不菲，增加了贸易成本。看来，瓶子家女装公司这笔货款，不出意外，至少应该支付信用证通知费 CNY200/BILL，快递费 CNY130/BILL，信用证审单费 0.15% 和付款费。

$21000 \times (0.15\% + 0.15\%) \times 6.1439 + 200 + 130 = CNY\ 717.0657$

老板娘这次要付出人民币 717.0657 元的费用。

5.4 归纳与评析——国际贸易结算风险与费用的平衡

通过上面的核算小彭想告诉各位，结算方式与费用是相关的，越简单的方式，费用越少，如汇付，银行要处理的时间短，成本低；跟单托收，就相对复杂些，因为要检查单证是否齐全有效；信用证结算因为过程繁复，费用项目多且手续高；互联网金融的兴起，竞争激烈，目前所有的结算费用都比以往低了，像托收以往比汇付费用高，现在也持平了。

选择简单的方式可以节省时间，加速资金的周转。简单的国际结算方式是否风险就越高？这就要看情况了，以最简单的汇付来说，如果是发货前汇付，显然卖方的风险最低；如果是到货后汇付，买方的风险最低。为了平衡风险与费用，可以把不同的国际结算方式混合使用，典型的做法就是信用证与汇付按一定的比例结合使用。除了可以在买卖双方进行费用与风险的平衡，在实践中还可以引入第三方来保险或福费廷买断风险，项目的后面任务还会继续操练。

还有一个问题小彭要和大家分享的，就是做外贸要学会借钱，也就是资金融通，用他人的钱来做自己的生意。借钱不是传统上向银行贷款而已，老板娘的老家广东潮汕和小彭老家浙江温州都有民间地下借贷的行为，但小彭并不建议找地下钱庄或标会来借，不仅利息高而且不合法。小彭建议大家充分利用上面所介绍的资金融通工具，但要注意几个元素：利息、手续的简繁、审批时间等。

5.5 巩固训练——国际贸易赊销的解决办法

经过上面系统的学习，小彭和各位终于明白了一个道理，天下没有难做的国际贸易。以前外贸生意好时，国外的客户都是先打款，后出货。现在，大家都嚷着生意难做，收不到钱，小彭觉得那是大家在无病呻吟，国际卖家以前迁就中国供应商，先给钱后收货；现今竞争激烈，人家觉得中国供应商该长大了，就按国际惯例，特别是要求赊销，结果这个国际上普通的贸易做法弄得中国供应商哭天抢地的，太可笑了。小彭觉得自己应该好好训练一下，准备迎接这一挑战。

5.5.1 赊销

1. 定义

赊销（Open Account Trade，OA）是企业常用促进销售的手段之一，卖方与买方签订购货协议后，卖方让买方取走货物，而买方按照协议在规定日期付款或分期付款形式，赊销购买能够缓解企业资金周转的压力，赊销其实就是后汇付方式。

如果买方目前资金紧张，而又急需购进一批原材料或设备，赊销正好能解决其资金周转的困难，避免企业因资金紧张而错失良机。

赊销对卖方来讲任何企业卖方都希望现金交易，尽快回笼资金，然而，面对竞争日趋激烈的市场，赊销卖方并非全都是弊，如能够刺激购买力，对于那些资金暂时有困难的买方，赊销无疑具有强大的诱惑力，即使是高于市场价格。

赊销同时也面临着诸多的风险：中国赊销信用体系的不完善，赊销买方经营不得当，企业倒闭造成的坏账、时间周期过长，流动资金的周转能力下降、应对赊销的各种成本过高等一系列问题依然存在，企业应寻找规避风险的操作模式。

2. 寻求资金融通

小彭的朋友传授了他的经验，行业竞争很大，出口难做，企业将面临着新的挑战，竞争大、原材料上涨等问题，使得企业利润越来越低，随之而来的问题也越来越多。企业越来越多的客户要求做赊销。并且上游客户（原材料公司）现在一般都要求直接付款，导致企业压力日剧增大，上游客户操作并不规范，开不出税票等导致企业的进项不足，产生恶性循环，企业在没有尝试使用金融服务之前，一般资金流转都会控制在自己能力范围之内，应急情况是通过朋友筹集，没走过正规的融资渠道，由于对赊销不了解，客户要求金融服务，又无法给予肯定答复，就陷入了两难的境地。

企业与外贸综合服务商合作后，联系上有赊销需求的海外买家，实现了与之前想做不敢做的赊销海外买家的合作，通过融资服务让企业的资金链有保障，减少了出现资金紧缺，风险降低了，而企业的资金活络之后，用于更多设备和人才的完善，如今内部产业技术升级更快，提高了生产效率，买家的满意度更高，与外贸综合服务商合作实现了共赢。赊销融资服务可以加快资金的回笼，改善企业的财务状况。

如果要应付供应商的立刻付款的要求，等赊销融资是不够的，还要加上备货融资。即发货前满足一定条件，寻求外贸综合服务商给予额度范围内的资金支援用以备货生产。与外贸综合服务商合作顺利可收获海外买家的高度好评，双方合作愉快，进而持续合作，资源重复利用，实现了口碑相传的效应，达到客户与日俱增的目的。

5.5.2 任务分析与实施

任务 5－3：瓶子家女装公司国际贸易赊销的融资。

瓶子家公司欧洲的客户做久了，他们要求瓶子家公司按国际市场的做法提供赊销服务。小彭觉得很为难，毕竟公司不大没有闲置的资金，不赊销要冒着失去客户的风险。小彭学外贸的时候知道有"福费廷业务"，可是光听这个名字就有点懵，重新复习过还是觉得一头雾水。小彭同"一达通"公司小李通过一通电话，有点明白了。"一达通"公司提供的融资服务如信用证买断、赊销保，"一达通"公司包买商，买断客户的票据。开始小彭认为两者都是福费廷业务，但小李传来一张比较表，具体见表5－1，小彭才明白他要选择的赊销保是国际保理的一种。

表 5－1　福费廷业务与国际保理业务的比较

	比较项目	福费廷	国际保理
相同点	性质	综合性结算方式	
	基本内容	风险担保、贸易融资	
	服务手段	应收账款购买	
不同点	购买对象	资本品出口应收账款	消费品出口应收账款
	融资比例	票面金额的100%	发票金额的80%
	银行担保	进口地银行担保	无
	融资性质	无追索权	无追索权或有追索权
	融资期限	6个月以上10年以下	6个月内
	其他服务	无	有

续　表

不同点	比较项目	福费廷	国际保理
	基本方式	跟单托收或信用证 O/A 或 D/A 托收	
	风险转移或控制方式	二级市场转让、辛迪加购买	核准信用额度

　　小彭这次就客户提出的 OA60 DAYS 寻求一达通的帮助，一达通提供了"赊销保"产品供小彭选择。赊销保（e－Credit Line）是出口企业接赊销订单时，由阿里巴巴旗下子公司一达通为买家垫付最高 80％的应收货款，为企业分担资金压力，提前"放款"的金融服务，该服务由阿里巴巴联合中国银行和中国出口信用保险公司共同推出。一达通在信用保险的基础上为客户提供应收账款的买断服务，在出货前中信保买家资信调查通过的基础上，出货后投保出口险，融资准入需要 15～30 个工作日，准入通过，瓶子家收齐贸易票据提出申请 3 工作日内，一达通买断这些贸易票据，将最高 80％的货款提前预付给瓶子家公司。即买断后若收不到货款，已买断金额的损失由一达通承担。买断垫付资金服务的金额单笔不超过应收款金额的 80％，最高 100 万元，累计不超过 500 万元（额度循环使用）。如果收到货款，一达通扣除保险费、利息后把剩下的货款打给瓶子家公司。

　　遇到商品销售周期比较长，国外的同行竞争对手都是采用放账的方式和瓶子家公司来竞争，之前不习惯这类销售模式，所以经常是抢不到订单的。瓶子家公司有了 80％的货款，该融资服务都无需任何抵押、担保，大大降低了经营风险，剩下的就是做好企业基本事项，只要保证好产品质量，维护好客户关系，保持良性有效发展，有了外贸综合服务商提供的赊销融资。瓶子家公司实现签订大订单已经不再遥远。

　　有了赊销保服务，瓶子家甚至可以通过阿里巴巴信用卡反向操作让保理的费用由买家出。比如瓶子家公司有个越南客户需要赊销，金额比较大，小彭不答应。后来和一达通合作，阿里巴巴审核了买家资质、并承担了最高 80％的货款风险，通过阿里巴巴信用卡，中国银行将为这位越南客户提供单笔货款 80％的赊销融资，所产生的保险费、利息费等杂费均由买家承担。一达通将为整个贸易提供全程服务，并作为融资承接方在瓶子家公司发货后立即支付 80％货款，同时承担此部分货款的收款风险，一旦发生坏账损失，瓶子家女装公司仍然可以确保 80％货款入袋为安。2015 年 3 月 11 日，阿里巴巴与英国创新借贷机构 ezbob 及 iwoca 达成战略合作提供 e－Credit Line 产品，协助英国中小企业在向阿里巴巴平台上的中国供应商购买货物时，可更方便获得营运资金。这是阿里巴巴在欧洲首度与机构合作向小型企业提供借贷方案。

【项目训练总结】

　　本项目通过核算进出口企业的资金结算和融通的费用，同学明白一个道理，资金的使用与流转是有成本。国际贸易交易过程的每一个环节生产备货、流通、销售、售后，在资金周转不灵的情况下都有资金融通的需求。备货款项的支出和售货款项的回笼就是进出口流程中资金的调度，同学们通过训练，处理备货融资、信用证融资、赊销融资、退税融资等融资方法的应用与费用、时间的关系；货款及时回笼可以采用第三方资金融通互动：议付、押汇、贴现、福费廷等，也可以直接使用折扣方法向买方让利来达成。

【推荐阅读】

1. 国际结算方式，智库百科 . http：//wiki. mbalib. com/wiki/国际结算方式 .

2. 福费廷，百度百科 . http：//baike. baidu. com/view/83868. htm？fr＝aladdin.

3. 保付代理，百度百科 . http：//baike. baidu. com/view/84149. htm？fr＝aladdin.

4. 贴现，智库百科 . http：//wiki. mbalib. com/wiki/贴现♯.

5. 押汇，智库百科 . http：//wiki. mbalib. com/wiki/押汇 .

6. 中国资金管理网 . http：//www. treasurer. org. cn/webinfosmains/index/show/928. html.

7. 出口议付，智库百科 . http：//wiki. mbalib. com/wiki/出口议付 .

8. 国际保理，智库百科 . http：//wiki. mbalib. com/wiki/国际保理 .

9. 福费廷，智库百科 . http：//wiki. mbalib. com/wiki/福费廷 .

10. 以商会友 _ 商友圈 . http：//club. 1688. com/article/23421024. html.

11. 供应链融资－必应网典 . http：//www. bing. com/knows/search？q＝％e4％be％9b％e5％ba％94％e9％93％be％e8％9e％8d％e8％b5％84&mkt＝zh－cn.

【课后训练——结算方式改变产生的资金融通需求】

实训目的：解决国际结算从卖方有利的方式转变为买方有利的方式产生的风险问题。

实训内容：瓶子家女装公司和一家日本公司以往结算方式是前汇付，具体的运作模式是先收 30％订金后，瓶子家再找代工厂生产，产品完成，要求对方付余款再发货。这家日本公司最近因为日本市场不景气，要求改为远期信用证结算。从发货前拥有 30％备货订金，且发货前汇付全款到发货后 60 天才能收到货款，而且没有做过信用证的小彭完全没有把握能不能收到货款。

实训要求：请各位同学提交解决该问题的方案。

项目6 核算进出口税金利润

学 习 目 标

【能力目标】

    1. 能够核算销售利润率、成本利润率；

    2. 能够核算盈亏平衡点。

【知识目标】

    1. 了解税金与利润的区别；

    2. 熟悉利润率与盈亏率、汇率对盈利的影响；

    3. 熟悉国际贸易的各种盈亏指标。

【素质目标】

    敢于表达。

【关键术语】

    税金；合理利润；成本利润率；销售利润率；进出口盈亏率；换汇成本

在价格构成中通常讲税金利润，税（又称税赋、税负、税捐、租税等）指政府（或与政府等价的实体，如教会、部落首领）向纳税人（个人或企业法人）强制征收的货币或资源。由于历史上政教合一和公有共有的体制下，税金利润在某种程度上是一个概念，是全部要上缴再分配的所得。直到近代，才有了具体的分野。中国从 20 世纪 80 年代开始在市场经济大环境下进行了税利分流的改革，逐步形成了现在税收和利润分配体制。

6.1 引导任务——出口企业的预期利润核算

6.1.1 任务实施

任务 6−1：瓶子家女装公司欧美风雪纺衫的利润核算。

$$预期利润＝报价金额－实际成本－流通费用$$

$$＝报价金额－（进货成本－出口退税收入）－流通费用$$

根据之前的项目获得的数据，瓶子家公司的无袖背心款雪纺衫，货号 14001，增值税征税率 17％，增值税退税率 16％，体积 0.05565 CBM/CTN，共 350 箱。外币牌价 USD∶CNY＝1∶6.1439。报检费 CNY 120，报关费 CNY 150，核销费 CNY 100，公司综合业务费 CNY 3000；内陆运费 CNY 7725.41，银行结汇费用 CNY 717.0657。报价数量为 7000 PCS，FOB ZHONGSHAN 报价金额为 USD 3/PC，进货成本为 CNY 8/PC。试计算该笔 FOB 报价的利润额？

核算过程：

报价金额＝3×7000×6.1439＝CNY 129021.90

进货成本＝8×7000＝CNY 56000

流通费用＝120＋150＋100＋3000＋7725.41＋717.0657＝CNY 11812.4757

出口退税收入＝56000/（1＋17％）×16％＝CNY 7658.11966

利润＝129021.90－（56000－7658.11966）－11812.4757＝CNY 68867.54396

销售利润率＝68867.54396÷129021.90＝0.533766314＝53.37％

成 本 利 润 率 ＝ 68867.54396 ÷ ［（56000 － 7658.11966）－ 11812.4757］＝1.885263246

＝188.53％

这票货所得的利润合理吗？这里算起来的利润率相比十分之一这一国际公认的合理利润水平，可称为不合理，甚至暴利。古今中外的赋税制度，"什一"是销售利润率的概念，即在十份的所得中取出一份交给政府；而商业中谈的以十博一则是成本利润率的概念，即投入十份博取新的一份；成本利润率更能反映营商的状态。其实中国的外贸长期运行在一个不合理的利润率上，国人习以为常，原因在于改革开放 30 年来我们的生产要素成本特别是劳动力成本一直维持在一个低水平状态，国际买家可以忍受在这个低成本上多重叠加的报价。林毅夫的《新结构经济学》认为，任何经济体在一个时点的要素禀赋实际上是这个经济体在那个时点的总预算，而要素禀赋的结构决定了要素的相对价格：相对多的要素，价格就相对便宜；相对少的要素，价格就相对贵。中国局面开始变化了，劳动力要素从富余开始走向短缺。所以外贸报价要回归国际市场正常的利润率水平上来。

这里的流通费用采用实报实销的做法，具体核算方法见表 6—1。

表 6—1　货号 14001 雪纺衫出口利润核算表（总价核算法）

价格要素	核算项目	核算数据	核算过程	核算结果	计量单位
公共参数	运输数量：货物体积	53×35×30	（53×35×30）×（7000/20）/1000000	19.4775	CBM
	运输数量：货物毛重	7 KGS	7×（7000/20）/1000	2.450	TON
	成交数量（件）	7000			
	外汇牌价	6.1439			
1. 实际成本（生产或进货成本＋税费调整）	含税进货成本	8	8×7000	56000	CNY
	出口退税收入	17％/16％	56000×16％/（1＋17％）	7658.11966	CNY
	A. 实际成本		56000－7658.11966	48341.8803	CNY

价格要素	核算项目	核算数据	核算过程	核算结果	计量单位
2. 流通费用（国内和国际流通费用）	报检费，报关费，核销费等	实报实销	120＋150＋100	370	CNY
	综合业务费	实报实销		3000	CNY
	内陆运杂费＝运费＋保价费＋其他杂费	382 CNY/CBM, 0.4%, 50, 9, 2	382×19.4775＋56000×0.4%＋50＋2＋9	7725.41	CNY
	FOB/FCA银行结汇费用＝议付＋审证＋通知＋快递	0.15%/0.15%, 200, 130	3×7000×(0.15%＋0.15%)×6.1439＋200＋130	717.0657	CNY
	B. 国内流通费用合计			11812.4757	CNY
3. P利润与P%利润率	FOB销售利润		FOB×外汇牌价－A－B	68867.54396	CNY
	FOB销售利润率		68867.54396/129021.90	53.37%	
	FOB成本利润率		68867.54396 (56000－7658.11966－11812.4757)	188.53%	
4. 报价	FOB/FCA总价＝FOB/FCA成本＋P；FOB/FCA成本（C）＝A＋B	单价：3 USD/PC	3×7000	21000	USD

6.1.2　合理利润的历史根源

在商言商，做生意要赚钱天经地义，上面雪纺衫核算出来的利润为什么我们认为不合理，且不可能持久。小彭听老师说成熟的市场10%的利润率才是正常，超出则是暴利。小彭很想知道何为合理利润，范蠡"逐什一之利"为古人经商美谈，什一是什么概念？"什一"是十分之一的意思，商业上则指以十博一。

先来看看中国古代，《史记·越王勾践世家》："〔范蠡〕候时转物，逐什一之利。"《汉书·杨恽传》："恽幸有余禄，方籴贱贩贵，逐什一之利，此贾竖之事，污辱之处，恽亲行之。"泛指商人经商应得的利润。元无名氏《冻苏秦》第一折："小生姓王名真，字彦实，乃弘农人也。幼习儒业，颇识诗书；后从商贾，专趋什一。"清俞樾《春在堂随笔》卷十："玉翁以其贫也，予钱十五贯，使营什一。"

古代赋税制度，十分税一，称"什一"。在中国古代，《管子·治国》："关市之租，府库之征，粟什一。"《谷梁传·哀公十二年》："古者公田什一。用田赋，非正也。"范宁注："私得其什而官税其一，故曰什一。"《孟子·滕文公上》："夏后氏五十而贡，殷人七十而助，周人百亩而彻，其实皆什一也。"在周朝，当时实行彻法，除了公田之外，另外农民还要将其所得的十分之一纳予国家，但是在春秋战国时代之后，这种制度便逐渐地不被采用。

在基督教世界，"什一（tithe）"指的是什一奉献、什一税。据《圣经·创世记》

记载，亚伯拉罕把所得的十分之一献给撒冷城的麦基洗德，这普遍被视为什一奉献之起源。直至摩西律法将其具体制度化地执行，以色列人将此献给上帝耶和华及支持利未支派的事奉工作。公元 779 年法兰克王国查理大帝订立法律实施什一税，西欧各国在 10 世纪中叶相继实行，视之为税金。宗教改革运动之后，什一税制仍在天主教和基督新教国家里继续执行。

中国历史的税赋制度最早是夏商周时代的"二十而一"，后来也出现"十五税一"或"三十税一"不同的征收制度，不像基督教世界相对稳定在什一税制。随着基督教文明在世界的普及，"什一"的税利概念逐渐为国际市场所接受。

6.2 知识链接——国际贸易的盈亏

避害乃营商之道，利之所在，商之所在。国际贸易也在此理之中，盈亏、得失是衡量交易成败的指标。贸易商计算方法不尽相同，通常有两个指标体系，一个是绝对值，以某一固定的数额来描述单位商品的获利程度，即盈亏额；另一个是相对值，用一定的百分比来标示经营的获利程度，即盈亏率。

6.2.1　利润与利润率

盈亏额通俗称为利润，正利润为盈，负利润为亏，是价格构成的三要素之一，显然正利润是交易的最终目的，价格中所包含的利润的多少往往根据商品、行业、市场竞争状况以及企业的价格策略等因素来决定。

在使用利润率作为经营指标时，应当注意利润率计算的依据，用成本费用作为利润率计算依据的称为成本利润率或称销售成本利润率；而用销售价格作为计算利润率依据的则称为销售利润率。

1. 利润额（Profit）

（1）会计利润（Accounting Profit）。

会计学中的利润是指企业在一定会计期间的经营成果。利润包括收入减去成本费用后的净额、直接计入当期利润的利得和损失等，即厂商的总收益减去所有的显性成本或者会计成本以后的余额，显性成本是指厂商为获得生产所需要的各种生产要素而发生的实际支出，主要包括支付给员工的工资，生产中购买的各种原材料、零部件和燃料等。利润是衡量企业优劣的一种重要标志，往往是评价企业管理层业绩的一项重要指标，也是投资者等财务报告使用者进行决策时的重要参考。

利润＝收入减去费用的净额＋直接计入当期利润的利得和损失

直接计入当期利润的利得和损失，是指应当计入当期损益、会导致所有者权益发生增减变动的、与所有者投入资本或者向所有者分配利润无关的利得或者损失。

利得是指由企业非日常活动所形成的、会导致所有者权益增加的、与所有者投入资本无关的经济利益的流入。分为直接计入所有者权益的利得、直接计入当期利润的利得。损失是指由企业非日常活动所发生的、会导致所有者权益减少的、与向所有者分配利润无关的经济利益的流出。分为直接计入所有者权益的损失、直接计入当期利润的损失。

企业的利润构成分为三个层次：先是主营业务收入，其次是营业利润，最后是利润总额。

①营业利润。

$$营业利润＝主营业务利润＋其他业务利润$$

$$主营业务利润＝主营业务收入－（主营业务成本费用＋主营业务税金及附加）$$

从国际贸易角度来谈，主营业务利润为商品销售利润：

$$商品销售利润＝商品销售加代购代销收入－销售折扣与折让的商品销售收入净额－（商品销售成本＋期间费用＋商品销售税金及附加）$$

$$期间费用（流通费用）＝销售费用＋管理费用＋财务费用$$

销售费用包含了进货费用，本书核算用的利润实际就是外贸企业的主营业务利润，商品销售收入就是报价金额，商品销售成本简化为实际成本，期间费用用流通费用来替代，可以得出下列公式：

$$利润＝报价金额－实际成本－流通费用$$
$$＝报价金额－（进货成本或生产成本－出口退税收入）－流通费用$$

②利润总额。

利润总额的确认和计量，简单说就是利润总额的确定。企业的利润总额主要由营业利润、投资净收益和营业外收支净额构成，其关系为：

$$利润总额＝营业利润＋投资净收益＋营业外收支净额$$
$$＝营业利润＋（投资收入－投资支出）＋（营业外收入－营业外支出）$$

企业年度决算后实现的利润总额，要在企业的所有者和企业之间进行分配。利润分配关系着国家、企业、职工及所有者各方面的利益，是一项政策性较强的工作，必须严格按照国家的法规和制度执行。利润分配的结果，形成了国家的所得税收入，投资者的投资报酬和企业的留用利润等不同的项目，其中企业的留用利润是指盈余公积金、公益金和未分配利润。由于税法具有强制性和严肃性，缴纳税款是企业必须履行的义务，从这个意义上看，财务管理中的利润分配，主要指企业的净利润分配，利润分配的实质就是确定给投资者分红与企业留用利润的比例。

（2）经济利润（Economic Profit）。

微观经济学中的利润等于总收入减去总成本的差额，即厂商获得的所有收益中扣除土地、劳动、资本等所有生产要素的全部机会成本之后的剩余。经济利润相当于超额利润，也即总收益超过机会成本的部分。机会成本是指厂商生产某种产品或提供某种服务时，所放弃掉的其他可以获得的最大收益的产品或服务的代价。全部机会成本或称总成本既包括显性成本也包括隐性成本，

隐性成本又被称为正常利润（Normal Profit），是指经济资源投入任一种用途中应该得到的正常收入，它是企业家投入生产要素的报酬。正常利润相当于中等的或平均的利润，它是生产某种产品所必须付出的代价。

企业所追求的利润就是最大的经济利润。经济利润是资源配置和重新配置的信号。正的经济利润是资源进入某一行业的信号；负的经济利润是资源从某一行业撤出的信号；只有经济利润为零时，企业才没有进入某一行业或从中退出的动机。

如果某一行业存在着正的经济利润，这意味着该行业内企业的总收益超过了机会成本，生产资源的所有者将要把资源从其他行业转入这个行业中。因为他们在该行业中可能获得的收益，超过该资源的其他用途。反之，如果一个行业的经济利润为负，即该行业中可以获得的收益，低于该资源的其他用途，生产资源将要从该行业退出。可见如果生产某种产品连正常或平均的利润都得不到，资源就会转移到其他用途中去以获得更高的报酬，该产品就不可能被生产出来。

（3）利润、正常利润和经济利润的关系。

利润从会计角度看是商品的市场售价和销售成本之差。从经济学角度有两个相关但有区别的概念，正常利润和经济利润。

会计利润的计算中没有考虑隐性成本，也就是厂商使用的早已占有的并非购买亦非租用的要素进行生产而导致的机会成本，在会计记录中体现不出来，但经济分析中必须考虑这部分成本，这是经济学中与会计学中利润不一样的地方。会计利润减去隐性成本，就是经济学中的利润概念，即经济利润。归纳一下，可以得到如下几个等式，由此也可以清楚地看到几个概念的关系。

会计成本＝显性成本

正常利润＝隐性成本

经济成本＝显性成本＋隐性成本

　　　　＝会计成本＋隐性成本

　　　　＝会计成本＋正常利润

会计利润＝总收益－显性成本

　　　　＝经济利润＋正常利润

　　　　＝经济利润＋隐性成本

经济利润＝总收益－经济成本

　　　　＝总收益－（显性成本＋隐性成本）

　　　　＝总收益－（会计成本＋隐性成本）

　　　　＝总收益－（会计成本＋正常利润）

2. 利润率（Profit Rate）

在经济学和金融学领域，利润率是市场经济企业，或市场经济作为一个整体的投资项目的相对收益，类似投资回报率的概念。利润率反映企业一定时期利润水平的相对指标。利润率指标既可考核企业利润计划的完成情况，又可比较各企业之间和不同时期的经营管理水平，提高经济效益。

在马克思主义政治经济学领域，如果以 P 代表利润率，p 代表剩余价值率，m 代表剩余价值，C 代表全部预付资本（c＋v），c 代表不变资本，v 代表可变资本，则利润率的计算公式可以表示为：

利润率 P＝剩余价值×100%/资本投资额＝m/C＝m/（c＋v）

剩余价值率 p＝剩余价值×100%/可变资本投资额＝m/v

企业家获得的剩余价值表现为利润、利息和租金（财产收入），表面上是工人在生产过程中的无偿劳动，实际上是企业经营的报酬。利润率是剩余价值转化为利润，剩余价值率就转化为利润率。利润率是剩余价值与全部预付资本的比率。利润率和剩余价值率是同一个剩余价值量与不同资本数量的对比得出的不同比率。利润率表示全部预付资本的增值程度，而且在量上总是小于剩余价值率。

利润率是剩余价值率的转化形式，二者既有联系，又有区别。

（1）剩余价值率与利润率的联系。

利润率和剩余价值率是同一剩余价值量以不同的计算方法得出的不同比率。剩余价值同可变资本相比是剩余价值率，同全部预付资本相比是利润率。

（2）剩余价值率与利润价值率的区别。

①它们所表示的关系不同。剩余价值率表示企业家的经营能力，利润率表示预付资本的增值程度。

②二者在量上也有差别。由于预付总资本在量上大于可变资本，从而利润率总是小于剩余价值率。

③剩余价值率表明了剩余价值的真正来源是可变资本，而利润率则表示剩余价值是全部预付资本带来的。可见，利润率是剩余价值率的转化形式。

（3）决定和影响利润率的主要因素有以下几类。

①剩余价值率。在其他条件相同的情况下，剩余价值率高，利润率就高；反之，剩余价值率低，利润率也低。因此，凡是能够提高剩余价值率的方法，都会相应地提高利润率。

②资本有机构成。资本有机构成高，利润率低；资本有机构成低，利润率高。

③资本周转速度。资本周转速度加快，提高年剩余价值率，从而也提高年利润率。资本的年利润率与资本周转速度成同方向变化。

④不变资本的节省。在剩余价值率、剩余价值量一定的情况下，节省不变资本，可以减少预付资本，从而提高利润率。

（4）利润率主要表现形式。

①销售利润率，一定时期的销售利润总额与销售收入总额的比率。它表明单位销售收入获得的利润，反映销售收入和利润的关系。

②成本利润率，一定时期的销售利润总额与销售成本总额之比。它表明单位销售成本获得的利润，反映成本与利润的关系。

③产值利润率，一定时期的销售利润总额与总产值之比，它表明单位产值获得的利润，反映产值与利润的关系。

④企业资金利润率，一定时期的销售利润总额与资金平均占用额的比率。它表明单位资金获得的销售利润，反映企业资金的利用效果。

在企业的实际经营中，前两者的使用程度较高。

在市场经济下，利润率有一种越来越降低的趋势。这是因为，随着大工业的发展，资本的有机构成是不断提高的，这种提高必然要引起利润率的下降。但是，这只不过是问题的一个方面。除此之外，还必须看到有一系列因素在阻碍和延缓着利润率的下降。例如，随着市场经济的发展，由于劳动生产率的提高，机器、设备、原料等生产资料的价值也在不断地下降。此外，发达国家通过对外贸易的不等价交换，也可以提高它们的利润率。因此，马克思说："一般地说我们已经看到，同样一些引起一般利润率下降的原因，将会生出相反的作用，阻碍它的下降，缓和它的下降，并且部分地使它变得微弱。……所以，这个规律只是当作倾向来发生作用；它的作用，只有在一定情况下，并且经过长的期间，方才会明白地显示出来。"

正常利润率或报酬率是恰好足够使所有者或投资者对商家感兴趣的利润率。这种利润必须大于或等于投入的机会成本。如果报酬率低于正常报酬率，商家的所有者获取的利润就会低于他们在的其他经济领域可以获取的利润。

6.2.2　进出口盈亏概念

新中国成立之初外汇的极度缺乏，中国的国际贸易因此占有了特别重要的位置。因此在衡量国际贸易的盈亏有了一些专有的名称和指标。我们通常用进出盈亏率来描述国际贸易 FOB 价格下的成本利润率，出口商品销售成本与出口商品外汇净收入比值就构成了出口换汇成本，进口商品人民币净收入与进口商品销售外汇成本比值就构成了进口换汇成本，加工贸易中由于原材料也是用外汇购买，因此又有了外汇增值率这个指标。随着中国市场经济的发展，外汇储备位居世界前列，这些专有名称和指标逐渐失去了作用。进出口商品盈亏率的计算方法主要适用于对外贸易公司、对外经济合作公司、外商投资企业，有自营进出口权的工矿企业或工贸公司，进出口商品时，计算进出口盈亏。

1. 出口盈亏率（Profit and Loss Ratio of Export Commodity）

出口商品盈亏率是指外贸企业自营出口商品的销售净盈利额或净亏损额对出口商品销售成本的比率，反映出口盈亏程度，是决定商品出口的重要依据。

出口盈亏率＝出口盈亏额/出口商品销售成本×100%

　　　　　＝出口商品销售净盈利或亏损/出口商品销售成本×100%

　　　　　＝（出口商品销售人民币净收入－出口商品销售成本）/出口商品销售成本×100%

其中，出口商品销售人民币净收入＝出口商品外汇净收入×外汇牌价

出口商品盈亏额是指出口销售人民币净收入与出口商品销售成本的差额，其中，出口销售人民币净收入是由该出口商品的 FOB 价格（如 CIF 价格要扣除运费和保险费，其他贸易术语报价以此类推）按当时外汇牌价折成人民币。影响其盈亏率大小主要因素是出口商品的价格、商品进货或生产成本、商品流通费用和出口税金及出口退税金额。出口商品销售成本是指该商品的进货成本加上出口前的一切费用和税金。出口商品销售收入大于出口商品销售成本为净盈利，出口商品销售收入小于出口商品销售成本为净亏损。

情景 1：瓶子家公司以 USD 20/PC CIF 价格出口婚纱，已知该笔业务需要支付国际运输费用 USD 2/PC，保险费率为 0.1%，国内商品进货价格为 CNY 80/PC，其他商品管理费为 CNY 10/PC，试计算该笔业务的出口商品盈亏率。（外汇牌价为 USD：CNY＝1：6.25）

解：出口成本费用＝80＋10＝CNY 90/PC

出口净收入（FOB）＝CIF－F－I＝CIF－F－110%×CIF×I%＝20－2－1.1×

20×0.001＝USD 17.978/PC

　　出口人民币净收入＝17.978×6.25＝CNY 112.3625/PC

　　出口盈亏率＝（112.3625－90）/90＝24.85％

2. 进口商品盈亏率（Profit and Loss Ratio of Import Commodity）

　　进口商品盈亏率是指外贸企业自营进口商品的销售净盈额或净亏损额对进口商品销售成本的比率，反映进口盈亏程度，是决定商品进口的重要依据，影响其盈亏率大小主要因素是进口商品的价格、商品流通费用和进口税金。进口商品销售收入大于进口商品销售成本为净盈利，进口商品销售收入小于进口商品销售成本为净亏损。

　　进口盈亏率＝出口盈亏额//进口商品销售成本费用×100％

　　　　　　＝进口商品销售净盈利或亏损/进口商品销售成本×100％

　　　　　　＝（进口商品销售人民币净收入－进口商品销售成本）/进口商品销售成本×100％

　　其中，进口商品销售成本费用＝进口商品价格＋商品流通费用＋进口税金

　　　　　　　　　　　　　　＝进口商品销售外汇成本×外汇牌价＋商品流通费用＋进口税金

　　情景2：瓶子家公司于2015年5月，实现进口销售收入477万元人民币，进口商品的国外价格50万美元结汇日美元卖出价为6.14元人民币，已缴纳各种进口税金45万元人民币，其他费用56万元。计算该公司当月进口盈亏率。

　　进口商品盈亏额＝进口商品销售收入－进口商品销售外汇成本×外汇牌价－进口税金－商品流通费用

　　　　　　　　＝477－（6.14×50＋45＋56）＝69（万元）

　　进口商品盈亏率＝69×100％/（6.14×50＋45＋56）＝16.91％

6.2.3　换汇成本

　　换汇成本说是中国原经贸部和理论界的学者，结合购买力平价说和中国的国情于20世纪70年代未发展出来的一种汇率决定学说。它把购买力平价说中的非贸易商品加以剔除，而用国际贸易商品的价格对比来考察汇率的决定，这显然比购买力平价说更切合中国的实情，因此，可以说它是对传统的购买力平价说的一种进步。绝对购买力平价理论（也称一价定律，the Law of One Price）指当贸易开放且交易费用为零时，同样的货物无论在何地销售，用同一货币来表示的货物价格都相同。这揭示了国内商品价格和汇率之间的一个基本联系。

　　购买力平价理论是由货币学派的代表人物弗里德曼（1953）提出的。该理论认为在没有运输费用和官方贸易壁垒的自由竞争市场上，一件相同商品在不同国家出售，如果以同一种货币计价，其价格应是相等的。即是说，通过汇率折算之后的标价是一致的，若在各国间存在价格差异，则会发生商品国际贸易，直到价差被消除，贸易停止，这时达到商品市场的均衡状态。该定律适用于商品市场，与之相似的适用于资本市场的定律是利息平价理论。该理论所描述的均衡状态在经济环境很难做到，但是经济发展却是遵循这个定律的。

换汇成本可以分为出口换汇成本（出口成本平价）和进口换汇成本（进口成本平价）。出口换汇成本和进口换汇成本都是改进了的购买力平价。选择哪种换汇成本作为汇率决定的基础，取决于政府的政策取向和两种成本平价之间的相互关系。如果出口换汇成本与进口换汇成本是相等的两个值，那么，取哪一个的结果都是一样的。反之，如果出口换汇成本与进口换汇成本不相等，那就要依经济运行状况和政府的政策取向来选择其一了。在我国，由于国内外价格体系的差异，出口换汇成本和进口换汇成本是两个不等的值，过去鼓励出口是我国汇率政策的主要目标，因此，我国长期以来一直采用出口换汇成本作为依据来指导人民币汇率的决定；现在我国政府开始鼓励进口，进口换汇成本也成为指导人民币汇率的依据。表 6-2 比较了换汇成本与购买力平价的主要特征，以供参考。

表 6-2　换汇成本与购买力平价的主要特征比较

	换汇成本	购买力平价
广义基础	单位货币的购买力	单位货币的购买力
狭义基础	单位货币对国际贸易商品的购买力	单位货币对一般商品的购买力
假设前提	一价定律存在于国际贸易商品价格之中	一价定律存在于所有商品价格之中
购买力的决定	货币数量、劳动生产率等等	货币数量

从表 6-2 的比较中可以看出，两者的理论基础是基本一致的。但是，换汇成本缩小了货币购买力的对比范围和一价定律的适用范围，它仅仅从国际贸易商品这一范围来进行货币购买力的对比和承认一价定律的存在。同时，换汇成本没有假定货币的购买力，仅仅由货币的数量来决定，这也是它的一个特征。

1. 出口换汇成本

出口商品换汇成本（换汇率）是出口商品的成本核算指标，该指标反映出口商品在国际市场上每取得一美元的外汇净收入所耗费的人民币成本费用（广义上的换汇成本还要包含一定的利润），下面只讨论狭义上的换汇成本。换汇成本越低，出口的经济效益越好。

（1）企业的出口换汇成本。

出口换汇成本＝出口商品销售成本费用（人民币）/出口商品销售外汇净收入（美元）

出口商品销售成本费用＝进货成本或生产成本＋国内流通费用

出口成本价格：企业以出口总成本为基础计算出来的单位成本价格，不涉及任何有关的国外费用。

出口成交价格则可能包括商品的国外费用，如国外运费、保险费、佣金等。

出口商品销售外汇净收入：是指出口外汇总收入中扣除劳务费用等非贸易外汇后的外汇收入。以 FOB 价格成交，成交价格即外汇净收入；以 CIF 价格成交，则扣除国外运费和保险费等劳务费用支出后，即为外汇净收入。

情景 3：瓶子家公司某订单商品国内进价为 CNY 7270，加工费 CNY 900，流通费 CNY 700，税金 CNY 30，出口销售外汇净收入为 USD 1100，则：

出口商品销售成本费用＝7270＋900＋700＋30＝CNY 8900

换汇成本＝CNY 8900/USD 1100＝8 CNY/USD

同时核算一下情景 1 出口商品换汇成本。

解：出口成本＝80＋10＝CNY 90/PC

出口商品销售净收入（FOB）＝CIF－F－I＝CIF－F－110％×CIF×I％

$$=20-2-1.1\times20\times0.001=USD\ 17.978/PC$$

换汇成本＝90/17.978＝5 CNY/USD

情景 3 的换汇成本远高于当时美元兑人民币汇率 6.14，说明该交易不值得做。从出口盈亏率的角度去理解，这票交易是亏本的。从经济利润的角度谈，8 元人民币投入才能换取 1 美元远高于 6.14 元人民币可以换取 1 美元的正常情况，资金应该转移到其他用途去。反之，情景 1 的换汇成本低于同时美元兑人民币汇率 6.25，说明该交易能盈利和上面出口盈亏率的计算结论是一致的。通常把出口换汇成本与当时的外汇牌价进行对比，出口商品换汇成本如高于银行的外汇牌价，则出口为亏损；反之，则说明出口盈利。

（2）外贸企业出口退税换汇成本。

出口退税换汇成本是指商品出口后的离岸价（FOB）每 1 美元所耗费的实际人民币进货成本或生产成本。计算公式为：

出口退税换汇成本＝实际进货成本或生产（CNY）/FOB 出口外汇净收入（USD）

实际进货成本或生产（CNY）＝进货成本或生产（CNY）－出口退税收入

①出口退税审核系统中的换汇成本的计算方法。

出口退税出口明细申报表中同一关联号项下同一商品代码下每笔出口的换汇成本＝［计税金额＋计税金额×（征税率－退税率）－应退消费税］÷美元出口额

出口退税审核系统设置换汇成本高于合理上限或低于合理下限，目的是对出口退税的是否合理起到监督检查作用，因为它是唯一能在出口退税审核系统中对进货和出口起到关联的指标。虽然这项指标在出口退税审核中具有一定的局限性，但是仍然对出口退税的监督检查起到非常重要的作用。

换汇成本的合理上下限是根据高于或低于汇率来设置的。笼统地说，换汇成本的合理上限设置最高不能高于汇率，如果高于汇率，企业出口就亏损。实际上，最高上限应和汇率保持一定的距离，以使企业具有一定得盈利，企业得以持续经营。换汇成本的合理下限是考虑出口业务合理性指标，除了高技术、高附加值和垄断性产品外，企业出口普通商品的盈利具有一定空间，不可能是暴利，如果过低，则可能在购入环节税收、或者出口环节的结汇存在一定问题。但是合理上下限的提出只是针对一般情况，有一定的局限性，有很多时候，换汇成本出现疑点是正常的，在这里就不具体列举，具体问题需要税务机关具体落实。如果要落实准确就必须真正掌握商品成本、换汇成本等基本概念及增值税和出口退税原理结合起来分析。

②出口退税申报系统中换汇成本的计算方法。

出口退税出口明细申报表同一关联号项下同一商品代码的换汇成本＝［∑计税金额＋∑计税金额×（征税率－退税率）－∑应退消费税］÷∑美元出口额

计税金额为不含税价格。它是企业进货的不含税成本。

美元出口额为 FOB 价，如果企业以 CIF 价在一张出口报关单上出口多笔货物，由于企业的申报系统得不到海关的 FOB 价，则出口美元额不能和税务局的 FOB 价相吻合。在申报系统为企业录入的美元出口额；在审核系统为出口电子信息的美元出口额。

由于企业申报系统不能得到海关出口电子信息的美元出口额，因此采用了合计计算的方法。审核系统由于有电子信息美元出口额，采用了逐笔计算的方法。举例证实二者的差异。

瓶子家服饰进出口有限公司申报 2015 年 3 月 1 日批次出口退税时，在内部数据预审时按审核系统计算，关联号 0040852004 出现以下疑点：

序号 0157：换汇成本（1.06）低于合理下限；序号 0158：换汇成本（1.33）低于合理下限；

序号 0159：换汇成本（1.72）低于合理下限；序号 0160：换汇成本（4.23）低于合理下限；

序号 0161：换汇成本（11.68）高于合理上限；序号 0162：换汇成本（188.40）高于合理上限。

因同一关联号项下同一商品代码的进货单价不同，每笔出口的换汇成本是按同一关联号项下同一商品代码平均单价计算，造成换汇成本异常。

上述差异的存在反映了如下问题：

如果上述 6 笔出口在一张报关单上，那么同种商品购进单价差异如此大，税务机关应核实企业的购进情况。如果上述 6 笔出口不在一张报关单上，企业应将关联号下的单据尽可能的减少，即将该关联号再进行拆分。海关提供的出口美元价格与企业实际收到的出口收入有很大的差异。应当引起税务部门对收入情况的重视。

（3）出口退税的换汇成本和企业的出口换汇成本的区别。

通过上述内容可以看出出口退税换汇成本和企业的换汇成本有一定的区别，即退税管理系统在核算出口退税换汇成本没有纳入费用项目，因为出口退税审核系统是面向所有外贸企业，每个外贸企业的费用水平是不一致的，无法计算每一个企业的费用率，不能综合考虑出口企业的实际状况。另外也考虑到出口退税设置换汇成本的目的和出口企业计算换汇成本的目的是不完全相同的，出口退税设置换汇成本是为发现出口退税存在的问题，如高报价问题、骗税问题等。出口企业计算换汇成本，可以说是整个贸易的基础，它决定了一笔交易是否可行、交易的盈利程度及报价水平，要做出准确合理的成本核算，首先须清楚地了解出口过程中所发生的各种国内外成本和费用，然后根据预期利润做出正确的报价，最后根据报价所计算的收入与总成本的比较指标核算出该笔交易的盈利状况。

由于少计了流通费用并计入了退税收入，出口退税的换汇成本比企业的换汇成本低。如果退税换汇成本等于外汇牌价也必然亏损，因为没有考虑费用部分，那么费用是多少就亏损多少，所以需对出口退税换汇成本设定上下限。

2. 进口换汇成本

进口换汇成本是指在国内市场出售 1 美元的进口物品所能获得的人民币收入（也包括适当的利润）。

进口换汇成本＝进口商品销售收入（CNY）/进口商品销售总支出（USD）

进口商品销售总支出以 CIF 价格成交，成交价格即外汇总支出；以 FOB 价格成交，则加上国外运费和保险费等劳务费用支出后，即为外汇总支出。

3. 按换汇成本评价企业的弊端

（1）它不能综合考核进出口企业的实际状况。如果企业的进出口有占领市场保客户、处理老库存等经营性目的，亏损可能是一种正常现象，当这种情况出现时，不能用个别业务的换汇成本来考察进出口企业，需要长期、全年的换汇成本数据来衡量。同理，换汇成本也无法达到快速有效地反映企业存在的骗税行为。

（2）国家税务局的出口退税管理系统没有采集的外贸企业流通费用，如国内运费、国内保险费、佣金折扣、财务费用等费用无法准确提供，因此规定的换汇成本上限具有主观臆断性，和实际情况存在差异。

（3）进料加工贸易的存在使换汇成本公式不完整。不考虑特殊退税，换汇成本的分析应集中在一般贸易和加工贸易中的进料加工贸易。目前的电子化管理系统都是按照一般贸易计算的换汇成本，按照换汇成本计算原理，进料加工贸易换汇成本的公式则应略有不同。按现在的方法，委托加工进料加工贸易货物，出口退税的换汇成本应低于合理下限，因企业的出口总值（公式中的美元出口额）含有进口料件的价值。

（4）单一币制计算造成业务失真。换汇成本以美元进出口额为参考指标，实际上，我国企业对日本等汇率浮动大的国家进出口已经占到很高比例，以美元计算换汇成本会造成业务的不真实。

（5）以换汇成本稽查企业没有法律依据。截至目前，没有文件规定换汇成本的合理上下限，也没有作为选案、稽查退税评估的指标之一。

从改革开放到1995年，外贸企业经营机制开始发生明显转变，由于过去各级政府均下达创汇指标，而外贸企业在出口中，以完成创汇任务为第一位，成本则放在第二位，外贸企业依赖财政补贴来完成出口任务 因此，换汇成本不断提高，当国家财政不堪重负时，只能通过贬值来保证出口，这就是所谓"汇率跟着换汇成本走"的现象。每轮的贬值都只能暂时性地弥补外贸企业的亏损，很快地又会由于换汇成本的上升而进一步贬值。

从1995年起，各级政府对于创汇指标的要求减少，财政也无力大规模的补贴，由于外贸企业开始自负盈亏，在既定的汇率水平下，必须通过核算将换汇成本控制在汇率水平以下，而将换汇成本高的产品出口放弃。这就形成了新的机制，即"换汇成本跟着汇率走"。几年来的人民币汇率的稳定，有力地促进了外贸企业的经营机制的转轨。后来，外贸企业已开始转变观念，不再把希望寄托在人民币汇率贬值上，而是希望汇率保持基本稳定所有这些均表明了以往改革的显著成绩，也意味着外贸的发展进入一个全新的阶段。

6.2.4　出口创汇率

出口创汇率也称外汇增值率，它是以进口原料的外汇成本与制成品出口以后所增外汇的比率。出口创汇率是对外出口企业和加工企业考核企业经营管理的重要依据。

企业通过对出口创汇率的核算，可以从成品出口的外汇净收入和进口原料外汇成本的对比中，分析出成品出口的外汇增值情况，以便对出口原料和出口成品或进口原料与加工出口的成品进行比较，确定更有利的出口方式。这对促进改革、开放，大搞"三来一补"，从事加工贸易，贯彻实施沿海地区发展战略，发展外向型经济，加速我国四化建设，改善和提高人民生活水平都有非常重要的现实意义。

出口创汇率＝（成品出口外汇净收入－进口原料外汇成本）进口原料外汇成本×100%

情景4：瓶子家女装工贸有限公司进口布料USD 1000 FOB，经过加工后出口服装USD 1700 CIF。假设进口和出口的运费均为USD 50，进口和出口的保险费率均为0.1%，试求出口创汇率。

服装成品的外汇净收入FOB价＝CIF－I－F＝1700－50－1700×（1＋10）×0.1%＝USD 1631.3

进口布料原料外汇成本CIF价＝FOB＋F＋I＝1000＋50＋1000×（1＋10）×0.1%＝USD 1061

出口创汇率＝（成品出口外汇净收入－进口原料外汇成本）进口原料外汇成本×100%
＝（1631.3－1061）÷1051.1×100%＝54%

原料是进口的，其原料外汇成本按CIF进口价计算。如果原料是国产而非进口，其原料的外汇成本可按FOB出口价计算。

6.3 操练与深化——进出口企业两种利润率核算

6.3.1 两种主要利润率的核算

任务6-2：瓶子家女装公司新款女式小包包的盈利核算。

小彭在学习财务报表分析，老板娘出个简单的题目让他算一下，J&JULLY新款女式小包包的进货成本及相关费用为CNY 82/PC，想赚取20%利润率，请试计算应卖的价钱和能获取的利润额。穿雪纺衫的清秀女生往往喜欢斜挎个小包包，J&JULLY新款女式小包包是个很好的搭配选择。

1. 按成本利润率核算

以进货成本费用为利润计算依据（即成本利润率为20%）时：

$$售价＝成本费用＋利润额$$
$$＝成本费用＋成本费用×利润率$$
$$＝成本费用×（1＋利润率）$$
$$＝82×（1＋20\%）$$
$$＝CNY\ 98.40/PC$$
$$利润额＝成本费用×利润率$$
$$＝82×20\%$$
$$＝CNY\ 16.40/PC$$

2. 按销售利润率核算

以销售价格为利润计算依据（即销售利润率为20%）时：

$$售价＝成本费用＋预期利润$$
$$＝成本费用＋售价×利润率$$
$$售价＝成本费用÷（1－利润率）＝82÷（1－20\%）＝CNY\ 102.50/PC$$
$$预期利润＝售价×利润率$$
$$＝102.50×20\%$$
$$＝CNY\ 20.50/PC$$

由此可见，因为利润率计算的依据不同，销售价格和预期利润都将不一样。因此，在进行价格核算时必须特别注意利润率的计算依据。

小彭算了一下，并在兰亭集市（www.lightinthebox.com）找寻相似产品，如图 6-1 所示，售价 USD18.99，打 6 折为 USD 11.39，按当日外汇牌价 USD：CNY＝1：6.2541 计算，折前 CNY 118.77，打折后为 CNY 71.24。显然老板娘不论以何方式计算利润，在外销上都可以和市场价一争高低。看来老板娘在为上阿里巴巴淘宝国际版速卖通做准备。

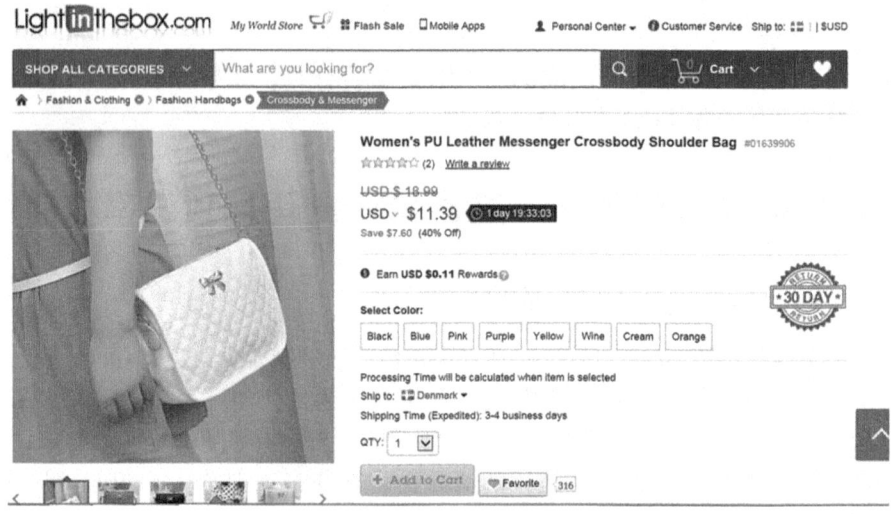

图 6-1 女士 PU 单肩包

6.3.2 盈亏平衡点

任务 6-2 计算过程中小彭突然想到一个问题，老板娘在年底清货大甩卖经常谈到至少要保本，是不是就是零利润的问题呢？以任务 6-2 来说，女士小包包售价至少要 CNY 82/PC。可是上学时，老师又提到保本与销售数量有关，这又是怎么一回事？

看看小彭要复习一下盈亏平衡点了。

盈亏平衡点又称零利润点、保本点、盈亏临界点、损益分歧点、收益转折点。通常是指全部销售收入等于全部成本时（销售收入线与总成本线的交点）的销量。以盈亏平衡点为界限，当销售收入高于盈亏平衡点时企业盈利；反之，企业就亏损。盈亏平衡点可以用销售量来表示，即盈亏平衡点的销售量；也可以用销售额来表示，即盈亏平衡点的销售额或称销售收入。

假定利润为零利润为目标利润时，先分别测算保本进货成本费用和保利进货成本费用；再分别测算产品保本销售价格和保利销售价格。

1. 按销售量计算

销售收入－成本费用＝利润＝0

当利润为 0 元时，即：

销售收入－（固定成本费用＋变动成本费用）＝0

销售收入＝固定成本费用＋变动成本费用

单位商品售价×盈亏平衡点销量＝固定成本费用＋变动成本费用

单位商品售价×盈亏平衡点销量＝固定成本费用＋单位商品变动成本费用×盈亏平衡点销量

盈亏平衡点销售量＝固定成本费用/（单位商品售价－单位商品变动成本费用）

2. 按销售额计算

销售收入－成本费用＝利润＝0

当利润为 0 元时，即：

销售收入－（固定成本费用＋变动成本费用）＝0

销售收入＝固定成本费用＋变动成本费用

1＝固定成本费用/销售收入＋变动成本费用/销售收入

1－变动成本费用/销售收入＝固定成本费用/销售收入

盈亏平衡点销售额（销售收入）＝固定成本费用/（1－变动成本费用/销售收入）

　　　　　　　　　　　　　　＝固定成本费用/（1－单位商品变动成本率）

　　　　　　　　　　　　　　＝固定成本费用/毛利率

通过上面分析小彭明白了一件事，项目 3 提到的成本费用是可以分成固定成本费用和变动成本费用，变动成本费用与生产量或销售量有关，而固定成本费用与生产量或销售量无关。所以随着销售量的增加，固定成本费用在单位商品的摊销会逐步降低，在售价不变的情况下，低于盈亏平衡点销量会导致亏损；高于盈亏平衡点销量才能盈利。任务 6－3 中其实假定了所有的成本费用都是变动成本费用，其盈亏平衡点销售额就是变动成本费用。只要单位商品售价等于单位商品变动成本费用，则任意销量和销售额都是盈亏平衡的，所以其盈亏点与销量无关。

小彭仔细一琢磨，以瓶子家公司在中大新天地商业中心的二楼的店面每个月少不了店租和水电杂费 5000 元，有没有卖出商品这些费用都免不了。假设只卖这个女士小包包，每个小包包的进货价为 60 元/个，售价 99 元/个。小包包的进货价其实就是单位商品变动成本费用，要卖多少个才能保本。

盈亏平衡点销量＝固定成本费用/（单位商品售价－单位商品变动成本费用）

　　　　　　　＝5000/（99－60）

　　　　　　　＝138.89（个）

也即每个月要卖 139 个以上才能赚钱，保本销售额要达到 13761 元/月（139×99）。如果老板娘的销售利润率要求固定在 20%，此时保利销售额是多少呢？

利润＝销售收入－（固定成本费用＋变动成本费用）

　　＝销售收入×20%

销售收入×（1－20%）＝固定成本费用＋变动成本费用

售价×销量×（1－20%）＝固定成本费用＋进货价×销量

99×保利销售量×（1－20%）＝5000＋60×保利销售量

保利销售量＝5000 [99×（1－20%）－60]

　　　　　　＝260.42（个）

保利销售量要达到 261 个/月以上，保利销售额要 25839 元（261×99）以上。

因为中大新天地商业中心人流量有限，每个月平均销量只有 100 个左右，小彭觉得要和供货厂家重新谈谈进货价，保本进货价应该计算如下。

100＝5000/（99－单位商品变动成本费用）

保本进货价（单位商品变动成本费用）＝99－5000/100＝49（元/个）

看来进货价要谈到 49 元/个以下；如果老板娘的销售利润率要求固定在 20%，此时保利进货价应该谈到多少钱呢？

利润＝销售收入－（固定成本费用＋变动成本费用）

　　　＝销售收入×20%

销售收入×（1－20%）＝固定成本费用＋变动成本费用

售价×销量×（1－20%）＝固定成本费用＋保利进货价×销量

99×100×（1－20%）＝5000＋保利进货价×100

保利进货价＝ [5000－99×（1－20%）] ×100

　　　　　　＝49.208（元/个）

6.3.3　毛利与净利

讨论了半天的盈亏平衡点，小彭注意到公式中有个"毛利率"的概念，小彭欲罢不能，想接着探究一下毛利和净利的问题了。

1. 毛利与毛利率

（1）毛利（Gross Profit）。

商业企业商品销售收入（售价）减去商品进价后的余额。净利的对称，又称商品进销差价。因其尚未减去商品流通费用和税金，还不是净利，故称毛利。在中国，工业品进销差价系指同种产品的出厂价与批发价之间的差额（批发价与零售价之间的差额称批零差价），农副产品进销差价是指同种农副产品的产地收购价格与产地批发或零售价格之间的差额。

若毛利不足以补偿流通费用和税金，企业就会发生亏损。

毛利＝商品售价－进货成本或生产成本

以上面的女式小包包为例，售价 99 元/个，进货价 60 元/个，则毛利 39 元/个。

（2）毛利率。

毛利占商品销售收入或营业收入的百分比称毛利率。毛利率一般分为综合毛利率、分类毛利率和单项商品毛利率。商品销售毛利率直接反映企业经营的全部、大类、某种商品的差价水平，是核算企业经营成果和价格制定是否合理的依据。

销售毛利率＝销售毛利/销售收入×100%

　　　　　　＝（销售收入－销售成本）/销售收入×100%

女式小包包的毛利率＝（99－60）/99＝39.4％

从上述公式中可以看出，增加销售收入或者降低进货成本（或生产成本）都可以提高毛利率。又因为商品价格影响销售数量，进而影响销售收入，所以说，该指标主要反映了成本控制和商品定价有关的问题。销售毛利率，表示每一元销售收入扣除销售成本后，有多少钱可以用于各项流通费用和形成盈利。

2. 净利与净利率

6.2.1　讲到的利润与利润率其实就是这里的净利与净利率。

（1）净利（Net Profit）。

企业主营业务收入减去主营业务成本、销售费用、管理费用、财务费用、营业税金及附加、营业外支出、所得税，加上其他业务利润、营业外收入得出的金额为净利。简单说就是商品售价扣减成本、费用、税金后所得。

（2）净利率（Net Profit Margin on Sales/Net Profit Margin）。

销售净利率是净利润占销售收入的百分比。该指标反映每一元销售收入带来的净利润的多少，表示销售收入的收益水平。它与净利润成正比关系，与销售收入成反比关系，企业在增加销售收入额的同时，必须相应地获得更多的净利润，才能使销售净利率保持不变或有所提高。通过分析销售净利率的升降变动，可以促使企业在扩大销售的同时，注意改进经营管理，提高盈利水平。

销售净利率能够分解成为销售毛利率、销售税金率、销售成本率、销售流通费用率等。

销售净利率＝（净利润/销售收入）×100％

一般地讲，该指标越大，说明企业销售的盈利能力越强。一个企业如果能保持良好的持续增长的销售净利率，应该讲企业的财务状况是好的，但并不能绝对地讲销售净利率越大越好，还必须看企业的销售增长情况和净利润的变动情况。

3. 毛利率与净利率的关系

销售毛利率是销售净利率的基础，没有足够多的毛利率便不能盈利。销售毛利率越高，说明企业销售成本在销售收入净额中所占的比重越小，在期间费用和其他业务利润一定的情况下，营业利润就越高。销售毛利率还与企业的竞争力和企业所处的行业有关。

6.4 归纳与评析——影响利润因素：税金与汇率

在进出口企业的经营评估中，在乎的是企业的净利率，而且用成本费用作为基础的进出口盈亏率。因为利润率计算的依据不同，则销售价格和利润额都将不一样。因此，在进行价格核算时必须特别注意利润率的计算依据。出口利润受制于两大因素：国家出口退税政策和国际汇率市场的变动情况。进口利润同样受制于国际汇率市场的变动和进口关税政策。故不得不叙述每个环节忽视的税金概念和税务处理流程。

6.4.1 税金

依税法缴纳的金额称为税金（Tax and Duty），由法律强制力保证，抗拒纳税的人会受到法律制裁。税收可以分为直接税和间接税，税收的形式可以是货币或劳动。依据不同课税对象，或是不同法律授权，或是不同纳税人可划分为不同的分类，称为税种或税目。政府依法对民间收取税收的行为称为课税；个人或企业向政府缴纳税金的行为称为纳税。政府要求纳税人在缴税期限后缴足应纳税金称为补税，政府退还溢收税金称为退税。中华人民共和国自 1994 年税制改革以来，形成共计 23 个税种。按课税对象区分如下。

流转税：包含增值税、消费税、营业税、关税。

所得税：包含企业所得税和个人所得税。

财产税：包含一般财产税、赠予税。

环境影响税：资源税、城镇土地使用税、房产税及未来可能的温室气体排放税。

行为税：城市维护建设税、耕地占用税、契税及印花税等。

价格核算中单独涉及的是流转税，即增值税、消费税和进出口关税，其他税种作为生产成本（见 2.2.1）或管理费用（见 4.2.1）纳入价格核算中。从生产型进出口企业和贸易型进出口企业角度去看又可具体分解为生产税金、商业税金。

本书把税金放在项目 3 讨论，提出实际成本的概念，即名义成本加上进出口关税或扣除退税收入得到的，名义成本为进口价格、含税生产成本或进货成本。

6.4.2 国际贸易税务处理

1. 进口税务处理

中国电子口岸设计了国际贸易中税费申报/缴纳系统，进口主要涉及以下 4 个系统。

（1）减免税申报系统。

减免税申报系统主要适用于依据国家政策规定等而享受减免税优惠的企、事业单位等。系统功能主要包括：征免税备案申请及变更申请、征免税证明申请、数据查询、海关回执查询等。

（2）减免税后续系统。

减免税后续系统是对减免税后续业务进行管理的系统，实现了对海关减免税后续管理中的贷款抵押、税款担保、解除监管、货物结转、货物退运、年报管理、主体变更、货物补税和异地监管等业务的电子化申报和管理。

（3）加工贸易内销征税系统。

为进一步推动和完善综合治税工作，规范海关加工贸易内销审核操作，提高加工贸易管理的信息化程度，实现加工贸易项下电子账册、电子化手册内销征税业务管理的信息化，受海关总署委托，中国电子口岸开发了加工贸易内销征税管理系统的企业端预录入系统——内销征税申报系统。通过该系统，企业用户可以方便、快捷的办理电子账册、电子化手册的内销征税业务。

（4）网上支付系统。

网上支付系统作为中国电子口岸的配套服务项目，与中国电子口岸其他业务系统及银行内部已有的业务系统相连接，改变传统的税费支付方式，为用户提供准确、方便、快捷的网上缴纳税费服务。采用网上支付的用户，通过中国电子口岸查询到税费通知后，可以在网上发布支付指令，银行接到支付指令后，可以直接从用户在银行开设的预储账号中划转税费，划转成功后，用户可以直接办理相关通关手续。网上支付业务的推出将缩短通关时间，提高通关效率，降低贸易成本。

2. 出口税务处理

中国电子口岸设计了出口退税系统来处理出口退税事务，当然出口关税的缴纳和进口是一致。

出口退税系统是针对出口退税报关单（即出口报关单退税证明联）的联网核查系统。该系统将海关总署从各口岸海关采集的出口退税报关单电子底账数据保存在电子口岸数据中心，在企业确认后，电子口岸数据中心再将该电子底账数据传送给国税总局，国税总局收到后通过网络下发给各地国税局供具体操作人员查询。系统在全国推广后，为国税局进行出口退税操作提供了可靠的电子依据，进一步提高了工作效率和执法的准确性；为纳税人办理出口退税提供良好的外部数据环境，同时有效地杜绝了利用国家出口退税政策实行骗税的不法行为。

6.5 巩固训练——进口企业内销盈利核算

任务 6-3：瓶子家女装公司雪纺布料内销。

小彭在任务 1-1 进口了 15212.87M 台湾雪纺布料，做完德国订单用掉后3117.604 M 还剩 12095.266 M，即 13227.5437 YD，一晃两个月过去了。小彭心想手头暂时没有雪纺衫的订单，不如把这些布料内销。内销应该咋卖呢，心里没个谱，还是请老板娘合计合计吧。

6.5.1 进口盈利核算

任务 1-1 涉及了加工贸易的问题，进口布料加工成衣出口，由于进口货物通常要征国内流转税，我国使用保税制度来促进加工贸易的发展，避免浪费社会资源先征后退的重复执法。当进口原料多于实际加工出口订单所需的数量时，可以采用退运出境、余料结转到下一个合同及料件内销等方法。小彭想到的就是料件内销的方法，料件内销的方法形同一般贸易同样要照章征税，甚至比一般贸易还多出了加征的缓税利息。老板娘提出任务要求，按 20% 的进口盈利率来核算内销报价。

任务数据：交易数量：13227.5437 YD，进口价格：USD 1.10/YD CFR GUANGZHOU，进口盈利率：20%，保险费率 0.3%，外汇牌价：USD：CNY＝1：6.3，银行活期存款年利率 0.35%。小彭登录商务部公共商务信息服务——中国商品网（http：//ccn. mofcom. gov. cn/）查雪纺布，很快得出商品详细信息和税则，具体内容见表6-3。

表 6-3 雪纺布的海关编码查询

海关编码	5407.61.0042
中文描述	染色其他纯聚酯非变形长丝布 聚酯非变形长丝含量≥85%，重量≤170克/平方米
英文描述	Other woven fabrics, containing greater than or equal to 85% by weight of non-te ×tured polyster filaments weight less than or equal to 170 g/m², dyed

进一步使用商务部公共商务信息服务（http：//ccn. mofcom. gov. cn/1177300/p5025596. html），查得税率如图 6-2 所示。

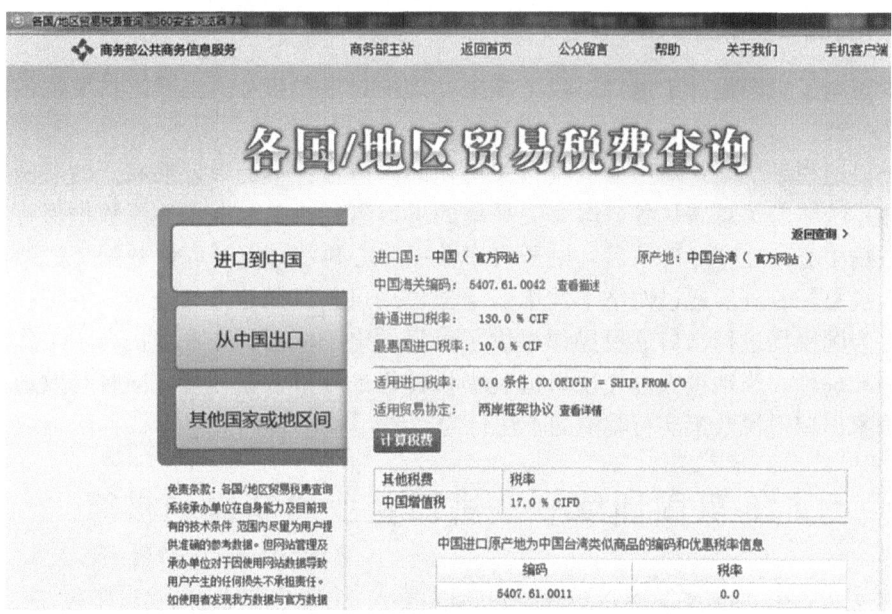

图 6-2 雪纺布输陆税率

根据两岸框架协议适用的进口关税为 0，中国增值税为 17% CIFD。

CIF＝CFR＋I＝CFR＋CIF×（1＋10%）×0.3%

$$CIF = CFR [1-(1+10\%)\times 0.3\%]$$
$$= 1.1 [1-(1+10\%)\times 0.3\%]$$
$$= USD\ 1.103642/YD$$

D（增值税）＝（CIF＋D）×17%

$$D = CIF\times 17\%/(1-17\%)$$
$$= 1.103642\times 17\%/(1-17\%)$$
$$= USD\ 0.226047157/YD$$

缓税利息＝应征税额×计息期限×缓税利息率/360

$$= 0.226047157\times 60/360$$
$$= USD\ 0.037674526/YD$$

内销售价＝进货成本＋税金＋利润

$$= (进货成本＋税金)\times(1+20\%)\times 外汇牌价$$
$$= (1.103642+0.226047157+0.037674526)\times(1+20\%)\times 6.3$$

$$=CNY10.34/YD$$
$$=CNY11.30/M$$

上面的税金包含了应征税额和两个月的缓税利息。显然这个价格和项目与国内采购价格相比是高了些，但布料是进口的，通常质量高些，价高些也在理。不过小彭担心可能在市场推不动，想劝劝老板娘不要老守着 20％的成本利润率，少赚些，至少资金回收快。

6.5.2　汇率波动对营收的影响

如图 6—3 所示，外汇牌价一年内从 6.09 变到 6.16，而瓶子家公司的出口销售收入最终还是要兑成人民币。所以签约时的预计出口盈利率和最后结汇的出口盈利率显然是不同的。

图 6—3　美元兑人民币汇率一年内走势

1. 国际贸易中的汇率风险

（1）价格风险与结算风险。

从事对外贸易的企业在经营过程中。要常常向合作伙伴报价，就面临一个选择货币的问题：以什么货币作为投标报价货币及以后用于贸易价款的结算和支付问题。如果在货币选择的过程中，由于不能适当把握汇率变动而在报价中选用了趋降的币种，一旦合同生效，就可能承担合同价格贬值的风险。对于分期分批来结算的企业，如果遇到在合同履行过程中由汇率变动造成的货币价值波动，将使企业在兑换货币时蒙受损失。

（2）企业汇兑风险。

在进出口贸易中，订立合同、开立信用证、审证改证再到装船发货，以及之后的议付，每一个过程都必将经历一段时间，在这样一段较长的时间内，如果汇率发生变动，企业将可能承受汇兑损失。当外汇汇率上涨时。如果进口货物，支付既定的外汇需更多的本币，进口商将遭受经济损失；当外汇汇率下跌时，如果出口货物收入既定的外汇结汇后获得更少的本币，出口商将会蒙受损失。

（3）影响企业利润，导致企业在国际市场上的占有率下降。

在经济全球化的今天，对外贸易十分常见。更有许多企业是依赖外贸生存的，汇率的变动对国际贸易相关企业的营业状况和企业利润影响颇深。当人民币升值时，意味着以同样的外币能够购买的我国出口商品的数量减少，我国出口商品的相对价格上升。那么，外国企业对我国产品的进口额度将会下降，我国产品出口数量就会锐减，进而导致出口企业丧失市场份额，收益下降。而当人民币贬值时，对于依赖于原料进口的加工企业来讲，从国外进口的原料等产品的相对价格上涨。生产成本将会增加，对企业的稳定发展亦十分不利。

2. 应对汇率风险的策略和措施

目前，国际金融业务已相当发达，为汇率风险的防范提供了多种途径。结合我国的实际情况，比较实用和简单易行的方法主要有以下几种。

（1）企业要树立汇率风险防范意识，建立汇率风险管理的工作机制。

国际金融环境风云变幻，企业必须充分认识到汇率变动对企业经营带来的影响，只有熟练掌握规避汇率风险的方法，对汇价变动的基本因素进行全面科学的分析才能将外汇风险对企业的影响降到最低。从事对外贸易的企业有必要把外汇风险管理列为公司日常工作的之一，建立完善的外汇风险管理体系，加强对于外汇风险的识别、风险限额的设定，加强对汇率变化的检测和预测，尽快适应汇率波动带来的风险。

（2）正确选择计价货币。

选择何种货币计价和结算是产生外汇风险的开始，正确选择计价货币对规避汇率风险十分重要。可兑换性货币根据币值是否稳定，也有软硬之分。所谓硬货币，是指币值比较稳定且呈上浮趋势；软货币是指币值比较疲软且呈下浮趋势。理论上进口选择软货币，出口选择硬货币，经营者可以从中获利，但应注意的是，货币的软硬是相对而言的，且有一定的时间性。在某一时期是软货币，而过一时期可能会变成硬货币，这种变化是难以预料的，因此，经营者在正确选择了货币之后还应在有利时机通过金融交易将汇率固定下来，才能最终达到避免外汇风险的目的。

在国际贸易中，买卖双方使用何种货币主要依据双方自愿进行选择，在选择货币时应根据国家的方针政策，外汇市场的变动，以及使用的货币本身可否兑换、是否稳定等因素综合考虑而决定。计价的货币及其金额将直接成为风险的弥补对象，因此进出口商品用何种货币计价是弥补外汇风险的关键企业在签订合同时，资金的收付可以参考以下原则。

①争取以本币作为结算货币。对任何一方来说，使用本国货币，承担的风险较小，但如果使用外币则可能要承担外汇汇率变动所带来的风险，因为当今国际金融市场普遍实行浮动汇率制，汇率上下浮动是必然的，任何一方都有可能因汇率浮动而造成损失。

②进口选择软货币，出口选择硬货币。

③如果出口时使用了软货币，应相应提高报价；进口时使用硬货币，应相应压价。

④进口选择高利率货币，出口选择低利率货币。

⑤以多种外币软硬搭配报价。

⑥一般来说，外贸企业在出口商品、劳务或对资产业务计价时，要争取使用汇价趋于上浮的货币，在进口商品或对外负债业务计价时，争取用汇价趋于下浮的货币。

⑦对外借款选择将来还本付息时趋软的货币，对外投资选择将来收取本息时趋硬的货币。

（3）选择恰当的合同价格和结算方式。

针对汇率的不稳定性和国际贸易过程中的时间性，进出口企业应根据汇率变动的趋势和大的国际经济背景选择合适的合同价格、结算方式，合理地分散交易风险。我国出口企业在与外商订立合同的过程中，如果结算货币呈现贬值趋势，可适当提高出口价格，或与进口商约定按一定比例分担汇率损失；如果结算货币可能升值，我国进口企业可要求境外出口商降低进商品价格。外贸企业还可通过提前或推迟结算时间来规避汇率风险企业可以根据结算货币的汇率走向选择提前或推迟结算，如果预测结算货币相对于本币贬值，我国进口企业可推迟进口或要求延期付款，而出口企业可及早签订出口合同收取货款；反之，进口企业可提前进口或支付货款，出口企业可推迟交货或允许进口商延期付款。

（4）有效利用贸易融资工具规避风险。

对于处于国家鼓励发展的产业的出口企业可考虑采用出口信贷规避汇率风险；采用福费廷融资，出口企业将汇票卖给银行后。可将所得外币兑换成本币以规避汇率风险，对于经营资本货物和大型项目交易的外贸企业来说，不失为一种规避汇率风险的方法；保理业务适用于赊销方式的国际结算出口商将应收账款转让给出口保理商后，可提前得到大部分货款，从而规避了汇率风险；出口押汇等提前得到货款垫付的融资方式都可以规避汇率风险。

（5）使用金融衍生工具防范汇率风险。

当企业既有外币收入又有外币支出。既有外币债权又有外币负债时，要使用衍生金融工具进行套期保值，尽可能地规避风险。金融交易是指通过银行做外汇买卖，以减少外汇变动所带来的风险。目前银行为进出口商提供的用于保值的外汇交易主要有即期、远期和期权交易，也可订立黄金保值条款、特别提款权保值条款等。

①远期外汇交易又称期汇交易，是指交易双方在成交后并不立即办理交割，而是事先约定币种、金额、汇率、交割时间等交易条件，到期才进行实际交割的外汇交易，是国际上最常用的避免外汇风险、固定外汇成本的方法。通过恰当地运用远期外汇交易，出口商或进口商可以锁定汇率，避免汇率波动可能带来的风险。

事先与银行约定好币种、金额、汇率、交割时间等交易条件并支付保证金，期间可择期进行交割。由此来防范汇率的不利变化对外贸订单不定期外汇的风险保值。

②使用掉期外汇交易是外汇交易者在买进或卖出一种期限、一定数额的某种货币的同时，卖出或买进另一种期限、相同数额的同种货币的外汇交易。这种金融衍生工具，是当前用来规避由于所借外债的汇率发生变化而给企业带来财务风险的一种主要手段。

③外汇期货是交易双方约定在未来某一时间，依据现在约定的比例，以一种货币交换另一种货币的标准化合约的交易。是指以汇率为标的物的期货合约。用来回避汇率风险。外汇期货的避险原理与外汇远期合同是相似的，即为使实际或预期的外汇头

寸免受汇率的不利影响，进行与现货头寸相反方向的外汇期货交易

④外汇期权也称为货币期权，指合约购买方在向出售方支付一定期权费后，所获得的在未来约定日期或一定时间内，按照规定汇率买进或者卖出一定数量外汇资产的选择权，外汇期权合同持有者可以根据需要选择是否行使权力。外汇期权业务的优点在于可锁定未来汇率，提供外汇保值，客户有较好的灵活选择性，在汇率变动向有利方向发展时，也可从中获得盈利的机会，对于那些合同尚未最后确定的进出口业务具有很好的保值作用。

（6）通过业务分散化来减少汇率风险。

经营者可通过业务分散化，如在扩大出口业务的同时兼营进口业务、进出口国别地区分散、增加高附加值产品出口，以及资产和负债货币币种分散化等措施来减少汇率变动的风险。

（7）通过支付时间的"前推后移"减少汇率风险。

在进口业务操作中，如企业预计外币对本币汇率将上升时，则应设法加速支付货款的时间，在外币正式升值前，企业就可以以较少的本币换成外币支付货款，这就叫"前推"。在出口业务操作中，如出口商预计本币的汇率将上升时，就可设法将收款期限延长，如以承兑交单（D/A）或远期信用证方式代替原先的付款交单（D/P）或即期信用证方式下办理出口。这样，待外汇汇率正式上升时，企业按新的汇价结算，每一单位外币，就可换算到比原先多的本币，这就是所谓的"后移"。

【项目训练总结】

税金利润历史上是不分家的，私有制度是税金、利润应该分离的基础。税利分离后，企业关心本身的净利，而把税金计入成本费用就理所当然了。本项目重点放在净利润的讨论和核算训练上，国际贸易有它的特殊指标，净利润率演化成进出口盈利率，外汇的加入衍生了换汇成本和创汇率的核算。商务的本质使得国际贸易和国内贸易一样要面对盈亏平衡点以及影响盈利的诸多因素。

【推荐阅读】

1. 税. 维基百科. http：//zh. wikipedia. org/wiki/税.
2. 盈亏平衡点. MBA 智库百科. http：//wiki. mbalib. com/wiki/盈亏平衡点.
3. 毛利. 百度百科. http：//baike. baidu. com/subview/167875/5066245. htm.
4. 中国商品网. http：//ccn. mofcom. gov. cn/.

项目 7　报价核算综合训练

以上所有的准备都是为了向客户报价，在国际或国内贸易中，买方向卖方询问商品价格，卖方通过考虑自己产品的生产成本或进货成本、商品流通费用和税金和预期利润，参考市场竞争力等因素，报出可行的价格。卖方一般报价的业务流程为报价核算—制作并打印报价单—上呈负责人签署—传送给客户—客户还价—还价核算—双方确认价格—报价结束。

价格的三要素：

商品价格＝实际成本＋流通费用＋（税金＋预期利润）

7.1 引导任务——进出口企业出口报价核算

7.1.1　任务分析

任务 7-1：瓶子家女装公司婚纱出口报价。

老板娘当年来广州创业有很大程度上受到江南大道北婚纱街的吸引，来广州之前老板娘的服装剪裁手艺已经在潮汕小有名气，一把剪刀横扫一条街，可是她并没有满足那小小成就，决心来广州进修，从婚纱街的一名小工做起，积攒多年经验对婚纱晚礼服等有些心得。当她做外贸时，自然而然要重操旧业了。小彭按照老板娘的指示开始做女式婚纱晚装出口生意，下面是一款婚纱的报价核算。

品名：Long Chiffon Sweetheart Ruffle Appliqued One Shoulder Beach Wedding Dresses 雪纺甜心皱褶饰花单肩沙滩长婚纱，如图 7—1 所示。

计量单位：Piece

包装：纸箱（40 CM×20 CM×15 CM），1 PC/CTN

报价数量/起订量：100 PCS

每箱毛/净重：4.5/4 KQS

图 7—1　雪纺甜心皱褶饰花单肩沙滩长婚纱

核算数据。

1. 实际成本

进货成本：CNY 149 /PC（含增值税）

增值税征税率：17%

出口增值税退税率：16%

2. 流通费用

包干费：CNY 2.5/PC

定额费（按进货成本计）：3.5%

内陆运输费（上海到广州）：CNY382/CBM，CNY1.85/KG

整箱海运费率（广州到多伦多）：USD 1750/TEU，USD 3400/FEU

拼箱海运费率（广州到多伦多）：USD75/FT

运输保险费率（一切险）：0.8%

投保加成率：10%

垫款周期：60 DAYS

垫款利息：6.00% ANNUAL（360 DAYS/YEAR）

银行手续费率（按报价计）：0.35%

外汇牌价：USD：CNY＝1：6.25

3. 预期利润

销售利润率：10%。

7.1.2 任务实施——单价核算

出口商品的报价核算具体内容见表7-1。

表 7-1 出口商品报价核算表（单价核算法）

价格要素	核算项目	核算数据	核算过程	核算结果	计量单位
公共参数	运输数量：货物体积	40×20×15	（40×20×15）/1000000	0.012	CBM/PC
	运输数量：货物毛重	4.5 KGS	4.5/1000	0.0045	TON/PC
	外汇牌价	6.25			
1. 实际成本（生产或进货成本＋税费调整）	含税进货成本	CNY 149		149	CNY/PC
	出口退税收入	17%/16%	149×16%/（1+17%）	20.37607	CNY/PC
	A. 实际成本		149-20.37607	128.62393	CNY/PC
2. 流通费用（包含国内和国际流通费用）	包干费	2.5		2.5	CNY/PC
	定额费	3.5%	149×3.5%	5.215	CNY/PC
	内陆运输费	CNY382/CBMCNY1.85/KG	0.012×382，4.5×1.85	8.325	CNY/PC
	备货融资利息	6%	149×6%×60/360	1.49	CNY/PC
	FOB/FCA 银行结汇费用	0.35%	FOB/FCA 单价×0.35%×6.25	0.57060	CNY/PC
	CFR/CPT 银行结汇费用	0.35%	CFR/CPT 单价×0.35%×6.25	0.59256	CNY/PC
	CIF/CIP 银行结汇费用	0.35%	CIF/CIP 单价×0.35%×6.25	0.59843	CNY/PC
	B. 国内流通费用合计：			18.1006 18.12256 18.12843	CNY/PC

价格要素	核算项目	核算数据	核算过程	核算结果	计量单位
2. 流通费用（包含国内和国际流通费用）	F. 海洋运费	USD 1750/TEU USD 3400/FEU USD75/FT	75×0.012×6.25	5.625	CNY/PC
	I. 海运保险费	一切险0.8%	CIF/CIP 单价×（1+10%）×0.8%×6.25	1.504624	CNY/PC
3. P. 合理利润	FOB/FCA 销售利润	销售利润率10%	FOB/FCA 单价×10%×6.25	16.30272	CNY/PC
	CFR/CPT 销售利润	销售利润率10%	CFR/CPT 单价×10%×6.25	16.93016	CNY/PC
	CIF/CIP 销售利润	销售利润率10%	CIF/CIP 单价×10%×6.25	17.09800	CNY/PC
4. 报价	FOB/FCA 单价=FOB/FCA 成本+P；FOB/FCA 成本（C）=A+B		(128.62393+2.5+5.215+1.49+8.325)(1−0.35%−10%)/6.25	26.08436	USD/PC
	CFR/CPT 单价=CFR/CPT 成本+P′；CFR/CPT 成本=C′+F		(128.62393+2.5+5.215+1.49+8.325+5.625)(1−0.35%−10%)/6.25	27.08826	USD/PC
	CIF/CIP 单价=CIF/CIP 成本+P″；CIF/CIP 成本=C″+F+I		(128.62393+2.5+5.215+1.49+8.325+5.625)[1−(1+10%)×0.8%−0.35%−10%]/6.25	27.35680	USD/PC

本订单为瓶子家公司采购来卖的。核算过程数字保留小数5位以提高运算精度，真实报价保留小数点后2位，报出货币的最小单位。得到三个基本报价：USD26.09/PC FOB GUANGZHOU，USD27.09/PC CFR TORONTO，USD 27.36/PC CIF TORONTO。

此时小彭发现一个问题，表中的 CIF 单价≠FOB 单价+海运保险费+海洋运费，CFR 单价≠FOB 单价+海洋运费，这到底是怎么一回事？老师在之前的国际贸易实务中常说 CIF=FOB+I+F，CFR=FOB+F，很多书也是如此写的，小彭真是一头雾水。小彭反复计算，才发现原来 FOB 中包含的银行结汇费用及利润额随报价变动，即在 FOB 报价中和在 CFR 及 CIF 报价这两部分也跟着变，因此在 CIF、CFR 中所含的 FOB 和 FOB 报价中的 FOB 单价数额是不一样的，以上核算表分别用 C、C′、C″来表示不同的出口成本价 FOB。

以上面的计算为例：

FOB 单价=实际成本+流通费用+预期利润

=128.62393+（2.5+5.215+1.49+8.325+FOB 单价×0.35%）+FOB 单价×10%

FOB 单价—FOB 单价×0.35%—FOB 单价×10%

=128.62393＋2.5＋5.215＋1.49＋8.325

FOB 单价

＝（128.62393＋2.5＋5.215＋1.49＋8.325）/（1－0.35％－10％）

＝163.0273 CNY/PC

＝163.0273 /6.25

＝26.08436 USD/PC

7.1.3　两种报价核算方式

通过任务7－1报价核算的报价核算过程，可以注意到整个过程采用单价核算，计算过程需保留多位小数，以保证报价准确；当然还可以总价核算，理论上可以减少价格核算的误差，通常比较精确，但要将核算结果折算成单价后才能对外报价。下面就用总价核算法来核算商品报价，具体内容见表7－2。

表7－2 出口商品报价核算表（总价核算法：批量为100件）

价格要素	核算项目	核算数据	核算过程	核算结果	计量单位
公共参数	运输数量：货物体积	40×20×15	100×（40×20×15）/1000000	1.2	CBM
	运输数量：货物毛重	4.5 KGS	100×4.5/1000	0.45	TON
	汇率	6.25			
1. 实际成本（生产或进货成本＋税费调整）	含税进货成本	CNY 149	100×149	14900	CNY
	出口退税收入	17％/16％	100×149×16％/（1+17％）	2037.60684	CNY
	A. 实际成本		14900－2037.60684	12862.39316	CNY
2. 流通费用（国内和国际流通费用）	包干费	CNY 2.5	100×2.5	250	CNY
	定额费	3.5％	100×149×3.5％	521.5	CNY
	内陆运输费		1.2×382，0.45×1000×1.85	832.5	CNY
	FOB/FCA 银行结汇费用		FOB/FCA 单价×0.35％	0.09130	CNY/PC
	CFR/CPT 银行结汇费用		CFR/CPT 单价×0.35％	0.09481	CNY/PC
	CIF/CIP 银行结汇费用		CIF/CIP 单价×0.35％	0.09579	CNY/PC
	备货融资利息	6％	100×149×6％×60/360	149	CNY
	B. 国内流通费用合计：				
	F. 海洋运费		100×75×0.012×6.25	562.5	CNY
	I. 海运保险费		CIF/CIP 总价×（1+10％）×0.8‰×6.25	150.4624	CNY

价格要素	核算项目	核算数据	核算过程	核算结果	计量单位
3. P. 合理利润	FOB/FCA 销售利润		FOB/FCA 总价× 10%×6.25	1630.272525	CNY
	CFR/CPT 销售利润		CFR/CPT 总价× 10%×6.25	1693.016525	CNY
	CIF/CIP 销售利润		CIF/CIP 总价× 10%×6.25	1709.799838	CNY
4. 报价	FOB/FCA 总价＝FOB/FCA 总成本＋P；FOB/FCA 总成本（C）＝A＋B		(12862.39316＋250＋521.5＋149＋832.5)(1−0.35%−10%)6.25	2608.43604	USD
	CFR/CPT 总价＝CFR/CPT 总成本＋P′；CFR/CPT 总成本＝C′＋F		(12862.39316＋250＋521.5＋149＋832.5＋562.5)(1−0.35%−10%)6.25	2708.82644	USD
	CIF/CIP 总价＝CIF/CIP 总成本＋P″；CIF/CIP 总成本＝C″＋F＋I		(12862.39316＋250＋521.5＋149＋832.5＋562.5)(1−(1＋10%)×0.8%−0.35%−10%)6.25	2735.67974	USD
	FOB/FCA 单价		2608.43604/100	26.08436	USD/PC
	CFR/CPT 单价		2708.82644/100	27.08826	USD/PC
	CIF/CIP 单价		2735.67974/100	27.35680	USD/PC

从核算表 7−2 可以看出，在计算过程小数点精确到第 5 位时，单价核算法和总价核算法的结果没有区别。

7.2 知识链接——报价数量、渠道、影响因素

7.2.1　报价数量

从买方的角度讲，最好不要有报价数量的限制，1 个单位商品起报最方便。从卖方角度讲，如果是零售，当然可以满足买方没有报价数量限制的要求。但如果是批发业务，由于生产设备开动最低产出数量和运输设备最低运量的要求，通常对同一规格商品最低订单数量（Minimum Order Quantity）有了要求，也即成交数量要大于或等于这个数量，在考虑最低订单数量的基础上，买卖双方综合考虑该笔交易其他因素形成了本订单的报价数量。当然批发商起批的数量也有可能取决于包装、仓储、分拨等众多物流环节因数。

当考虑生产设备开动最低产出数量时，以该笔婚纱的订单为例，小彭和上海立取服饰有限公司在谈下单时，立取的小王说打版、原料布使用、剪裁及加工诸多原因，最少要 100 件起订。小彭说婚纱不同其他服装，大部分人一生才结一次婚，最怕撞衫了，可是立取是大公司，船大难调头，小彭谈了半天最低数量就是压不下来。这天小

彭打开阿里巴巴，一看婚纱几乎是 1 件起订，压力山大啊。目前小彭只剩下一个价格优势了，可是要做电商，零售是不能不碰的话题，随着流通成本的降低，越来越多的批发商开始批零同价加入零售行列了。小彭打算到老板娘战斗过的地方广州江南大道找那些婚纱档口谈谈，价格是高了些，但 1 件起订没问题。

当考虑运输设备最低运量时，一般以 20 尺海运集装箱的装货数量为报价数量。

7.2.2　报价渠道

1. 交易会面对面报价

传统的报价方式是事先准备好报价方案，参加广州进出口商品交易会等国外进口商上门谈价。

2. 黄页查询电话报价

根据采购商联系方式，直接打电话与对方进行交流，判断对方合作意向、询价真实性，以及把握客户需求和预算。

3. 电子商务网上报价

根据电子商务网站网上报价功能，卖方看到感兴趣的求购信息，可填写发送"报价单"，为了让采购商迅速收到您的反馈，可以通过以下方式进行操作。

（1）在"报价单"中选择"手机短信"，将您的报价内容发送到对方手机上，或短信提醒对方查看您的报价。最快速地将您报价信息传达给采购商，取得进一步的意向商谈。从而避免报价的不及时，失去潜在客户。

（2）当您 E—mail 或系统留言收到客户的询价单时，可选择直接通过 E—mail 或回复留言进行报价。

（3）您可以利用即时通信工具进行网上报价，把握商机。

①如果向您询价的采购商"正在网上"时，您可以马上与他洽谈。详细了解对方的采购需求和进一步核实对方身份及意向程度。可随时向对方进行报价，并获得对方对价格的反馈。

②如果采购商召开网上会议谈生意，您还可通过贸易通进行多方商务洽谈。了解同行的报价，并结合公司实际状况和利润空间，及时调整策略，进行报价，最终获得成功。

7.2.3　价格影响因素

1. 佣金

佣金（Commission）是指代理人或经纪人为委托人介绍生意或代买代卖而收取的报酬，卖方应在收妥货款后，再向中间商支付佣金；买方应在买到货物后，再向中间商支付佣金。

根据佣金是否在价格条款中表明，可分为明佣或暗佣。

（1）明佣是指在合同价格条款中明确规定佣金率。销售佣金是指企业在销售业务发生时支付给中间人的报酬，中间人必须是有权从事中介服务的单位或个人，但不包括本企业的职工。出口企业向国外中间商的报价出现该佣金的概率较高。它是根据成交的价格在出口发票上注明的内扣佣金。在会计上可按出口发票所列货款的净额作"自营出口收入"。我国的外贸专业公司，在代理国内企业进出口业务时，通常由双方签订协议规定代理佣金比率。中间商从买卖双方都获得佣金，则被称为"双头佣"。采购企业向中间商支付佣金的做法是很少见，除非商品的采购技术性很强需要借用中间商的专业知识或者是采购商缺乏相应的采购渠道。

（2）暗佣是指暗中约定佣金率，不明示在价格。它又称发票外佣金，是指不走商业发票上列明的佣金，而是在买卖合同中规定佣金率和支付方法。这种佣金一般是支付给中间商或代理商的。支付方法有两种，一是议付佣金，采用议付佣金的，由于银行已代扣应付佣金，在收汇时已将议付的佣金在"应收外汇账款"中直接扣减；另一种汇付佣金，是出口方收妥全部货款后对外支付，将佣金另行汇往国外。财会部门收到业务部门送交的有关单据时，分别支付方法，做会计分录。

暗佣主要出现在没有中间商的回佣情况，企业员工在经营过程和业务交往中，私自向对方索取有损本企业利益的回佣，通常称为回扣，这种做法是非法的。

（3）含佣价。

包含佣金的合同价格，称为含佣价，通常用含佣价乘以佣金率，得出佣金额；也有不管以何种贸易术语均用 FOB 为基础算佣金。计算公式为：

佣金＝含佣价×佣金率

佣金＝含佣价－净价

整理后得含佣价和净价的关系：

含佣价＝净价／（1－佣金率）

佣金通常以英文缩写字母 C 表示。比如每件婚纱 60 美元 CFR 西雅图包含佣金2%，可写成：每件婚纱 60 美元 CFRC2 西雅图。其中的"C2"即表示佣金率为2%。

国家规定企业为促进销售支付必要的佣金、回扣、手续费、劳务费、提成、返利、进场费、业务奖励等支出的，应当签订相关合同，履行内部审批手续。佣金也可以采用支付，即累计佣金。它是指出口企业对包销、代理客户签订合约，规定在一定时间内推销一定数量（或金额）以上的某种商品后，按其累计销货金额和佣金率支付给客户的佣金。

2. 折扣与折让（Discount and Allowance）

折扣是买卖双方达成在基本价格上进行扣减的优惠，形式上可以表现为卖方向买方提供结算价款以外的各种现金、有价证券或实物（如返现、打折卡、折扣券、优惠券、赠物、礼品等），现金折扣通常标示为照原标价减去的成数，如打八折。货价中是否包括折扣和折扣率都影响商品的价格，折扣率越高，价格越低。折扣是市场经济的必然产物，是商品买卖中的让利、减价的优惠，主要用于激励分销商或终端消费者的购买活动，正确运用折扣，有利于调动采购商的积极性和扩大销路，销售过期库存、酬谢重要客户和酬谢有利折扣发布者的行为等。在国际贸易中，它是加强对外竞销的一种手段。凡在合同、协议价格条款中注明折扣率或折扣标准、金额及结算方式的，叫"明扣";反之,为"暗扣"。

按销售促销规定给出的折扣为一般折扣(Normal Discount),除此之外,还有为了实现某种特殊目的而给予的特别折扣(Special Discount)等。折扣虽然可以发生在交易发生前(将来的交易)、交易发生时现场兑现及交易发生后不同的时段,交易完成后的折扣返比较多使用"回佣、返利(Rebate)"这个词,前面暗佣的讲解已涉及。

常用的类型如下所述。

(1)付款折扣。

①回款速度折扣。

为了加快回款速度所给的折扣,例如:"2/10 net 30",在发票开出 30 日内付款,如 10 天付款可得 2% 的折扣。"3/7 EOM net 30",在发票开出 30 日内付款,但在开票的下个月 7 日之前付款可获 3% 折扣。"2/15 net 40 ROG",在收据开出 40 日内付款,但在开票的 15 日内付款可获 2% 折扣。

②付款方式折扣。

为了避免买方用信用卡支付,鼓励对方使用现金而给的折扣。

③部分付款折扣。

为了鼓励部分客户无法在规定时间内付完全款,根据其支付能力支付的部分款项给予相应的折扣。

④按购买能力折扣,根据客户的偿付能力来打折,常用于慈善销售。

⑤季节折扣,在特定的季节打折,可以使通常打折再延一定的日期,如:"3/7 net 30 extra 10",表示其折扣可再延 10 天。

(2)交易折扣。

①砍价(Bargaining)。

②功能折扣(Functional Discount)。

当零售商对分销商控制力强大,供应商为了增加销量可要求分销商履行部分物流功能所给的折扣,如"20/12/5"表示负责库存商品可以得 20% 的折扣,负责运输部分商品可以得额外的 12% 折扣,负责货架库存可再得 5% 折扣。再如零售业中,供应商为了让零售商把自己的商品摆位显眼、首次或持续销售存货给的折让(Allowance),开始或维持店内展示和合作广告的促销折让(Promotional Allowance)。

③转售折扣,该折扣用于转售货物的买方,不是给最终消费者的。

④实物折扣(折价物折扣 Trade-in Credit,免费货物折扣 Free-good Rebate),该折扣以还返较低价值的实物如旧款的货物、可再售卖的二手货等,卖方认为这样做使得折扣不是简单免费给予而是买方需要做出一定的努力来换取,这样使得将来双方的价格协商相对容易些。在一定时间内,顾客的采购额对应可获得的不同数量的免费货物,这些免费货物可包含在下一个订单中。

⑤可消费回佣(Consumable Rebate)。

分销商在一个季度的采购额可折算为信用积分,该积分可用来返还滞销库存等。

(3)数量折扣(Quantity Discount,Volume Rebate)。

客户可以通过大量采购来节省单位采购费用,买方也可以通过团购和合作采购来获取该折扣。该折扣可表现为累计更高的百分比返点、直接回佣(一般还会留下部分应付回佣）或赊销。直接回佣类似一般折扣，直接在销售发票上体现出来。数量折扣受制于两个节点，在项目 4 也提到了，一个是最低订单金额，如最低采购量低于该金额，则买方要支付最低订单金额；二是采购数量介于两数量折扣点之间，买方有两个选择，不得不购买更多以达到第二折扣点或干脆取消多出第一个折扣点的数量，因为多出的部分可能导致运输费用大量增加反而有害了（比如在集装箱运输中）。

①可累计数量折扣。

买方根据一定时间内采购的金额可获得相应的折扣。可以驱动买方一直购买以达到可折扣金额，帮定买卖双方。

②不可累计数量折扣。

买方只能根据单一订单的数量来获取该折扣，卖方以此来分摊交易的单证费、订货费、物流费用和销售人工费等。

对长期的用户，在年终根据其销量而给予的折扣也称年终回扣（Turnover Bonus）。

（4）顾客性质折扣。

残疾人福利折扣、学生教工折扣、职工折扣、年龄折扣（婴儿、年轻人、老人）、亲友折扣、街坊折扣等。

单位货物折扣额＝原价（或含折扣价）×折扣率

卖方实际净收入＝原价－单位货物折扣额

3. 市场竞争力

市场营销竞争力是指企业根据市场营销环境和自身资源条件，通过系统化的营销努力在市场竞争中获得比较优势，创造顾客价值，达成互利交换，实现企业及相关利益方目标的能力。市场营销竞争力在企业竞争力理论中占有非常重要的地位。越来越多的证据和研究表明，核心竞争力是企业赖以长期生存和发展的深厚基础，而市场营销竞争力则是企业核心竞争力中最重要的构成要素。通过调低价格来获得市场竞争力是千古以来商战屡试不爽的策略。

7.3 操练与深化——讨价还价

讨价还价是贸易中的常态，国际贸易也不例外。当国外进口商压价，小彭有如下几种选择，一是少赚些，原来预期销售利润率为 10％，现在只要高于 5％就可，薄利多销；二是保持利润率不变，压缩生产或进货成本、压缩流通成本。压低生产或进货成本是把降价压力向下传递的做法，很容易引起供应商的反弹；压缩流通成本才是上策。

7.3.1　还价核算

1. 还价核算 1

小彭向多伦多的客户报价后接受到其还价，对方认为他们能接受的价格为 USD27.00/PC CIF TORONTO，其出口商品报价核算的具体内容见表 7－3。

表7－3　出口商品报价核算表（单价还价核算1）

价格要素	核算项目	核算数据	核算过程	核算结果	计量单位
公共参数	运输数量：货物体积	40×20×15	（40×20×15）/1000000	0.012	CBM/PC
	运输数量：货物毛重	4.5 KGS	4.5/1000	0.0045	TON/PC
	汇率	6.25			
4. 还价	CIF 单价			27.00	USD/PC
1. 实际成本（生产或进货成本＋税费调整）	含税进货成本	CNY 149		149	CNY/PC
	出口退税收入	17%/16%	149×16%/（1+17%）	20.37607	CNY/PC
	A. 实际成本		149－20.37607	128.62393	CNY/PC
2. 流通费用（包含国内和国际流通费用）	包干费	2.5		2.5	CNY/PC
	定额费	3.5%	149×3.5%	5.215	CNY/PC
	内陆运输费	CNY382/CBM CNY 1.85/KG	0.012×382，4.5×1.85	8.325	CNY/PC
	备货融资利息	6%	149×6%×60/360	1.49	CNY/PC
	CIF/CIP 银行结汇费用	0.35%	CIF/CIP 单价×0.35%×6.25	0.59063	CNY/PC
	B. 国内流通费用合计：				
	F. 海洋运费	USD 1750/TEU USD 3400/FEU USD75/FT	75×0.012×6.25	5.625	CNY/PC
	I. 海运保险费	一切险 0.8%	CIF/CIP 单价×（1+10%）×0.8%×6.25	1.485	CNY/PC
3. P. 合理利润	CIF/CIP 销售利润		27.00×6.25－（128.62393+2.5+5.215+1.49+8.325+5.625+1.485+0.59063）	14.89544	CNY/PC
	销售利润率		14.89544/（27.00×6.25）	8.82693%	

当小彭算完表7－3，长长舒了一口气，利润下降不到两个百分点，还是可以接受的。当然老板娘给出了底线是销售利润率5%，小彭思考能不能事先把底线报价算出来，这样对客户的还价反应就可以快些，高于这个底线，接受；低于该底线，不接受或请老板娘定夺。小彭琢磨了一下，列出以下算式：

销售利润率 ＝ [CIF－（A＋CIF×0.35%＋CIF×（1+10%）×0.8%）] CIF＝5%

⇒[1－0.35%－（1+10%）×0.8%] －A/CIF＝5%

⇒CIF＝A/ { [1－0.35%－（1+10%）×0.8%] －5% }

A代表不随报价变动的那部分成本：128.62393＋2.5＋5.215＋1.49＋8.325＋5.625

该作为底线的临界报价应该为：

CIF＝（128.62393＋2.5＋5.215＋1.49＋8.325＋5.625）／｛［1－0.35％－（1＋10％）×0.8％］－5％｝

＝161.86299 CNY/PC

＝161.86299/6.25

＝25.90 USD/PC

各位同学你们的想法呢？

2. 还价核算 2

老板娘叫来小彭说："你能不能和我们的供货商上海立取公司谈谈，力求保证自己的利润，把进货价压下来。"小彭决定试一试，于是制作了出口商品报价核算表，具体见表 7-4。

表 7-4   出口商品报价核算表（单价还价核算 2）

价格要素	核算项目	核算数据	核算过程	核算结果	计量单位
公共参数	运输数量：货物体积	40×20×15	（40×20×15）/1000000	0.012	CBM/PC
	运输数量：货物毛重	4.5 KGS	4.5/1000	0.0045	TON/PC
	汇率	6.25			
4. 还价	CIF 单价			27.00	USD/PC
3. 利润	CIF/CIP 销售利润	销售利润率10％	27.00×6.25×10％	16.875	CNY/PC
2. 流通费用（包含国内和国际流通费用）	包干费	2.5		2.5	CNY/PC
	定额费	3.5％	含税进货成本×3.5％	5.13872	CNY/PC
	内陆运输费	CNY382/CBM CNY 1.85/KG	0.012×382，4.5×1.85	8.325	CNY/PC
	备货融资利息	6％	含税进货成本×6％×60/360	1.46820	CNY/PC
	CIF/CIP 银行结汇费用	0.35％	27×0.35％×6.25	0.59063	CNY/PC
	B. 国内流通费用合计：				
	F. 海洋运费	USD 1750/TEU USD 3400/FEU USD75/FT	75×0.012×6.25	5.625	CNY/PC
	I. 海运保险费	一切险 0.8％	27×（1＋10％）×0.8％×6.25	1.485	CNY/PC
1. 实际成本（生产或进货成本＋税费调整）	含税进货成本		（27×6.25－16.875－8.325－2.5－5.625－1.485－0.59063）(1－16％/（1＋17％）＋3.5％＋6％×60/360)	146.82046	CNY/PC

续　表

价格要素	核算项目	核算数据	核算过程	核算结果	计量单位
	出口退税收入	17%/16%	含税进货成本×16%/（1+17%）	20.07801	CNY/PC
	A. 实际成本		含税进货成本－20.07801	126.74245	CNY/PC

小彭算完表7-4得出采购成本只要谈下3元钱，就可以到达老板娘的预期。还有难度不是很大。

7.3.2　含佣与打折

1. 国际贸易中的佣金

国外客户佣金为（按报价计）3%。

含佣价的出口商品报价核算见表7-5。

表 7-5　出口商品报价核算表（含佣价）

价格要素	核算项目	核算数据	核算过程	核算结果	计量单位
公共参数	运输数量：货物体积	40×20×15	（40×20×15）/1000000	0.012	CBM/PC
	运输数量：货物毛重	4.5 KGS	4.5/1000	0.0045	TON/PC
	汇率	6.25			
1. 实际成本（生产或进货成本＋税费调整）	含税进货成本	CNY 149/PC		149	CNY/PC
	出口退税收入	17%/16%	149×16%/（1+17%）	20.37607	CNY/PC
	A. 实际成本		149－20.37607	128.62393	CNY/PC
2. 流通费用（包含国内和国际流通费用）	包干费	2.5		2.5	CNY/PC
	定额费	3.5%	149×3.5%	5.215	CNY/PC
	内陆运输费	CNY382/CBM CNY 1.85/KG	0.012×382，4.5×1.85	8.325	CNY/PC
	备货融资利息	6%	149×6%×60/360	1.49	CNY/PC
	FOB/FCA 银行结汇费用	0.35%	FOB/FCA 单价×0.35%×6.25	0.57060	CNY/PC
	CFR/CPT 银行结汇费用	0.35%	CFR/CPT 单价×0.35%×6.25	0.59256	CNY/PC
	CIF/CIP 银行结汇费用	0.35%	CIF/CIP 单价×0.35%×6.25	0.59843	CNY/PC
	B. 国内流通费用合计：				
	F. 海洋运费	USD 1750/TEU USD 3400/FEU USD75/FT	75×0.012×6.25	5.625	CNY/PC
	I. 海运保险费	一切险 0.8%	CIF/CIP 单价×（1+10%）×0.8%×6.25	1.55725	CNY/PC

价格要素	核算项目	核算数据	核算过程	核算结果	计量单位
3. P. 合理利润	FOB/FCA 销售利润	销售利润率 10%	FOB/FCA 单价×10%×6.25	16.8671875	CNY/PC
	CFR/CPT 销售利润	销售利润率 10%	CFR/CPT 单价×10%×6.25	17.5163125	CNY/PC
	CIF/CIP 销售利润	销售利润率 10%	CIF/CIP 单价×10%×6.25	17.6960625	CNY/PC
4. 报价	FOB/FCA 单价（含佣）＝FOB/FCA 成本＋P；FOB/FCA 成本（C）＝A＋B＋佣金	佣金 3%	(128.62393＋2.5＋5.215＋1.49＋8.325) (1−3%−0.35%−10%) 6.25	26.98745	USD/PC
	CFR/CPT 单价（含佣）＝CFR/CPT 成本＋P'；CFR/CPT 成本＝C'＋F＋佣金	佣金 3%	(128.62393＋2.5＋5.215＋1.49＋8.325＋5.625) (1−3%−0.35%−10%) 6.25	28.02612	USD/PC
	CIF/CIP 单价（含佣）＝CIF/CIP 成本＋P''；CIF/CIP 成本＝C''＋F＋I＋佣金	佣金 3%	(128.62393＋2.5＋5.215＋1.49＋8.325＋5.625) (1−(1＋10%) ×0.8%−3%−0.35%−10%) 6.25	28.31366	USD/PC

注：此处佣金以发票总值为计算基础。

2. 折扣

小彭在广交会经常遇到这样的尴尬事，有时告诉客户报的已经是最低价，可是客户被市场惯坏了，等小彭报完，再提出打 9 折，否则不订。吃过一次亏后，小彭长了个心眼，报价都留出余量，以防客户杀个回马枪要求打折。

7.4 归纳与评析——报价核算注意事项、定价方式及技巧

由以上报价不难看出，进出口报价核算并不深奥，其中的关键是掌握各项内容的计算基础并细心地加以汇总。上述的报价核算可以说是一个比较精确的出口报价核算范例。在实际交易中，进出口企业往往会采用一些简单粗略或简化的计算方法以使报价更为快捷。进出口报价中的流通费用部分在价格中所占比例虽然不会很大，但由于内容较多且计费方法又不尽相同，所以在计算时应特别注意。

7.4.1　报价核算注意事项

为了做到对一笔交易的综合经营状况心中有数，业务员在对外磋商之前务必填好进出口商品报价核算表，进行报价核算。核算结果出来之后，可以采用逆算方法验算，这也是还价核算的方法，即用销售收入减去预期利润和流通费用等于生产或进货成本的原理来核算对外报价是否正确。核算过程请注意以下四个方面。

1. 与销货相关的核算项目：银行结汇费用、远期收款利息、保险费和佣金是根据进出口发票金额（售货价格）的一定百分比收取，以成交价格作为计算基础的这些费

用注意采用一次求出的方法，以免过程计算精度的缺失造成报价的低估。

2. 与进货相关的核算项目：出口退税、税金、定额费用、备货融资利息、缓税利息是根据含税进货成本的一定百分比核算的，以含税进货成本作为计算基础的内容同样可以采用一次求出的方法，以免过程计算精度的缺失造成报价的低估。

3. 运输数量影响流通费用；成交数量则影响折扣率。

4. 币制、贸易术语、计量单位的变化直接影响报价的金额。

7.4.2　定价方法

定价方法是企业为实现其定价目标所采取的具体方法，可以归纳为成本导向、需求导向和竞争导向三类。

1. 成本导向定价法（Cost-orientated/Cost-driven Pricing）

以营销产品的总成本费用为主要依据制定价格的方法统称为成本导向定价法，这是最简单、应用相当广泛的一种定价方法，本教材的核算就是基于成本导向定价的。大多数美国公司、中国公司及几乎所有的欧洲公司，都是以成本加上利润率来制定产品的价格。商品总成本又以原材料成本占的比重最大，香港富商李嘉诚在创立长江塑料厂时常常以原材料成本×（1+25%）作为商品定价制胜之道。管理学大师彼得·杜拉克（Peter F. Drucker）并不认可定价应受成本驱动，他认为这是企业五大致命过失（Five Deadly Business Sins）之一，早期美国民用电子行业的覆灭就是这个致命过失的结果。在快速变化的市场中，企业刚把产品推向市场，就可能因为价格不正确，不得不放弃一种很好的产品或重新设计那些成本太高的产品以消减价格，并承担之前造成的损失。

（1）总成本定价法。

①成本加成定价法（Cost-plus Pricing），即按产品单位成本加上一定比例的毛利定出销售价，对应单价核算法，其计算公式为：

$$P = c \times (1 + r)$$

式中：P——商品的单价；

c——商品的单位总成本；

r——商品的目标成本利润率，也称成本加成率，即目标利润以成本为基础。

②目标利润定价法（Target Profit Pricing），是根据商品总成本和预期销售量，确定一个目标成本利润率，并以此作为定价的标准，对应总价核算法。其计算公式为：

$$P = tc \times (1 + r) \div Q$$

式中：P——商品的单价；

tc——商品的总成本；

r——商品的目标成本利润率；

Q——预计销量。

（2）边际成本定价法。

边际成本定价法是在市场需求曲线和厂商边际成本曲线给定的情况下，由两条曲线的交点来确定产品价格的方法。

在竞争市场上，由市场需求曲线和市场供给曲线形成的均衡价格等于厂商的边际成本，从长期来看，也等于厂商的最低平均成本。这样，边际成本定价一方面保证了厂商获得最大收益，另一方面又保证了消费者能够获得低价，从而获得最大效用。所以，在竞争市场上，边际成本定价是符合帕累托最优条件的一种定价方法，但是，在自然垄断行业，由于厂商是在平均成本下降阶段进行生产。根据边际成本下降拉动平均成本下降，边际成本上升促使平均成本上升理论，此时，边际成本一定位于平均成本的下方。也就是说，按边际成本决定的价格一定小于平均成本。因此，厂商此时是亏损的，会退出生产。

（3）盈亏平衡定价。

考虑到销售额变化后，成本也在发生变化，这种方法是运用损益平衡原理实行的一种保本定价法，详见 6.3.2，其公式是：

盈亏平衡点销售量＝固定成本费用/（单位商品售价—单位商品变动成本费用）

盈亏平衡点销售额＝固定成本费用/（1—单位变动成本率）

2. 需求导向定价法（Demand-orientated Pricing）

需求导向定价法是指根据市场需求状况和消费者对产品的感觉差异来确定价格的定价方法。它包括以下三种。

（1）认知导向定价法，是根据消费者对企业提供的产品价值的主观评判来制定价格的一种定价方法。

（2）逆向定价法，商品的研发应以市场乐意支付的价格为前提，它是指依据消费者能够接受的最终销售价格，考虑中间商的成本及正常利润后，逆向推算出中间商的批发价和生产企业的出产价格，这也是本书还价核算采用的方法。丰田和日产把德国的豪华型轿车挤出了美国市场，便是采用市场价格引导成本（Price—driven Costing）的结果。可通过公式计算价格：

出厂价格＝市场可零售价格×（1—批零差率）×（1—进销差率）

（3）习惯定价法，是按照市场长期以来行成的习惯价格定价。

3. 竞争导向定价法（Competitive Bidding/Competition-orientated Pricing）

竞争导向定价法是企业通过研究竞争对手的生产条件、服务状况、价格水平等因素，依据自身的竞争实力，参考成本和供求状况来确定商品价格。收集和推算竞争者类似产品的上市价，并以此为参照制定本公司的商品价格。主要包括以下三个方面的内容。

（1）随行就市定价法：在垄断竞争和完全竞争的市场结构条件下，任何一家企业都无法凭借自己的实力而在市场上取得绝对的优势，为了避免竞争特别是价格竞争带来的损失，大多数企业都采用随行就市定价法，即将本企业某产品价格保持在市场平均价格水平上，利用这样的价格来获得平均报酬。此外，采用随行就市定价法，企业就不必去全面了解消费者对不同差的反应，也不会引起价格波动。

（2）产品差别定价法：产品差别定价法是指企业通过不同营销努力，使同种同质的产品在消费者心目中树立起不同的产品形象，进而根据自身特点，选取低于或高于竞争者的价格作为本企业产品价格。因此，产品差别定价法是一种进攻性的定价方法。

（3）密封投标定价法：在国内外，许多大宗商品、原材料、成套设备和建筑工程项目的买卖和承包、以及出售小型企业等，往往采用发包人招标、承包人投标的方式来选择承包者，确定最终承包价格。一般来说，招标方只有一个，处于相对垄断地位，而投标方有多个，处于相互竞争地位。标的物的价格由参与投标的各个企业在相互独立的条件下来确定。在买方招标的所有投标者中，报价最低的投标者通常中标，它的报价就是承包价格。这样一种竞争性的定价方法就称密封投标定价法。

7.4.3　定价技巧

怎样定价才有效呢？对待新客户，报价太高，容易吓跑客户；报价太低，客户一看就知道你不是行家里手，不敢冒险与你做生意。对老客户报价也不容易，你接到他的询盘时会担心他自恃实力压价很厉害，以致不知如何报价，报得太低，没有钱赚；报得太高，又怕他把订单下给别人。根据前面所谈的定价方式，定价技巧就是卖方如何在商品成本的基础上充分考虑市场需求。

1. 报价前充分准备

在客户询价后到正式报价前这段时间，认真分析客户的信誉、真正的购买意愿和意图，了解他们的真正需求，拟就一份有的放矢的好报价单，然后才决定给他们尝试性报价（虚盘），还是正式报价（实盘）。根据进出口的地域特点、买家实力和性格特点、商品特点来调整报价。报价前或报价中设法提一些专业性的问题，显示自己对商品或行业很熟悉、很内行，体现报价的专业性。

出口报价中，针对订单比较集中的国别、地区市场定有比较统一的价格，回复外商查询时比较好处理；面对比较区域分散的订单，在保证公司盈利的基础上，予以灵活掌握报价。有的客户将价格低作为最重要的因素，一开始就报给他接近你底线的价格，那么赢得订单的可能性就大；有的客户习惯于讨价还价，你所报出的价格，他如果没有砍一点下来就不太甘心，那么，第一次报价时可以预留出他希望砍掉的幅度。

虽然很多外商到处比价询盘，但良好的公司的形象和口碑能够帮助你吸引和留住客户，是招徕客户的金字招牌。只有对你和你公司具有充分的信心时，客户才有可能考虑你的交易条件，下单时就容易下决心。对自己的产品和质量要有信心，对自己的综合实力有信心时，就用不着一味地以低价取悦客户。

对新客户报价前，让客户了解清楚自己的情况很重要，如公司的实力和业务运作模式，可以请他们去看工厂，这一点很多没有经验的出口商常常忽略。

2. 做好市场跟踪调研

长期经营某些品类的专业公司，长时间在业内经营拓展，不但要了解这个行业的发展和价格变化历史，业务人员要经常去工厂搜集货源，对当地的一些厂家的卖价要很清楚，清楚市场的最新动态，而且能对走势做出合理分析和预测。由于市场信息透明度高，市场价格变化更加迅速，因此，进出口商必须依据最新的行情报出价格，"随行就市"买卖才有成交的可能。一些正规的、较有实力的采购商在中国和世界各地都有办事处，对中国内外行情、市场环境都很熟悉和了解。这就要求进出口供应商也要信息灵通。从你的报价，非常了解和熟悉该行业的买家能够觉察到，你是否也是该行业中的老手，并判断你的可信度，过低的价格反而让客户觉得你不可信，不专业。

根据销售淡、旺季之分，或者订单大小也可以调整自己的报价策略。如果一种产品在一段时间里行情低迷，为了抢下定单，就不妨直接报出你的最低价。对于服装等季节性很强的商品，在你的报价中给客户承诺快速而又准时的交货期无疑可以让客户关注你的报价单。

3. 选择合适的贸易术语

在一份出口报价中，贸易术语是核心部分之一。因为采用哪一种贸易术语实际上就决定了买卖双方的责权、利润的划分，所以，出口企业在拟就一份报价单前，除要尽量满足客户的要求外，自己也要充分了解各种贸易术语的真正内涵并认真选择，然后根据已选择的贸易术语进行报价。

（1）报 FOB/FCA 价。

在运费和保险费波动不稳的市场条件下于自己有利。但也有许多被动的方面。例如，由于进口商延迟派船，或因各种情况导致装船期延迟，船名变更，就会使出口商增加仓储等费用的支出，或因此而迟收货款造成利息损失。出口商对出口货物的控制方面，由于是进口商与承运人联系派船的，货物一旦装船，出口商即使想要在运输途中或目的地转卖货物，或采取其它补救措施，也会颇费一些周折。

（2）报 CIF/CIP 价。

该贸易术语使船货/车货/机货衔接问题可以得到较好的解决，使得出口商有了更多的灵活性和机动性。在一般情况下，只要出口商保证所交运的货物符合合同规定，只要所交的单据齐全、正确，进口商就必须付款。货物上船/车/机后，即使在进口商付款时货物遭受损坏或灭失，进口商也不得因货损而拒付货款。也就是说，以 CIF/CIP 价成交的出口合同是一种特定类型的"单据买卖"合同。

一个精明的出口商，不但要能够把握自己所出售货物的品质、数量，而且应该把握货物运抵目的地及货款收取过程中的每一个环节。注意对于货物的装载、运输、货物的风险控制，这样贸易的盈利才有保障。

（3）FOB/FCA 价和 CIF/CIP 价的比较。

一些大的跨国公司，以自己可以在运输、保险方面得到优惠条件而要求中国出口商以 FOB/FCA 价成交，就是在保证自己的控制权。例如，出口日本的货物大部分都是 FOB 价，即使出口商提供很优惠的条件，也很难将价格条件改过来。所以到底是迎合买家的需要，还是坚持自己的原则，出口商在报价时多加斟酌十分必要。

在出口利润普遍不是很高的情况下，对于贸易全过程的每个环节精打细算比以往任何时候更重要。国内有些出口企业的外销利润不错，他们的做法是，对外报价时，先报 FOB 价，使客户对本企业的商品价格有个比较，再报 CIF 价，并坚持在国内市场安排运输和保险。这样做，不但可以给买家更多选择，卖家有时在运保费上还可以赚一点差价。

在影响成交的因素中，价格只是其中之一，如果能结合合同其他要件如付款方式、交货期、装运条款、保险条款等要件与买家讨价还价，也可以凭借自己的综合优势，在报价中掌握主动。例如，对于印度、巴基斯坦、斯里兰卡等国或地区的客户，有时候卖方给买方 30 天或 60 天远期付款信用证的条件，或许对买方具有更大的吸引力。

7.5 巩固训练——进出口企业进口报价核算

7.5.1　任务分析

任务 7－2：瓶子家女装公司羊毛呢大衣外套进口报价核算。

这几年，服装界"韩风"挺盛，老板娘也想抓住机会做些进口，和小彭商议后想先从代购做起。老板娘是个循规蹈矩的人，不想做那些商业包裹混入民用包裹的偷鸡摸狗之事，要求小彭在核算进口报价时一定要把相应的税金计算进去。下面就是任务 7－2 的进口报价核算，其商品进口税费见表 7－5。

品名：SZ 韩国 2014 秋冬新款宽松中长款撞色糖果色羊毛呢大衣外套（见图 7－2）
SZ Korean Fashion 2014 Autumn & Winter New Style Loose Long Pattern Candy Color Lamb Fur Woman Coat

版型：直筒；风格：通勤；衣长：中长款；袖长：长袖；领子：西装领；袖型：蝙蝠袖衣；门襟：单排扣；图案：纯色；面料：粗花呢；面料主材质含量：31%～50%；里料图案：纯色；里料材质：涤纶；颜色分类：亮黄 白色 宝蓝 玫红 姜黄 皮粉。

表 7－6　商务部公共商务信息服务网站的商品进口税费资料

中国海关编码：6202.11.0090
中文描述：毛制女式大衣、斗篷及类似品等 包括短大衣、短斗篷，羊毛或动物细毛制
英文描述：Women's or girls' overcoats, car－coats, capes, cloak and similar articles, of wool or fine animal hair

进口国：中国	原产地：韩国
普通进口税率	130.0 % CIF
最惠国进口税率	16.0 % CIF
适用进口税率	11.7 % CIF
适用贸易协定	亚太贸易协定
其他税费	税率
中国增值税	17.0 % CIFD

计量单位：件，包装：纸箱（60 厘米×50 厘米×35 厘米），60 件/箱
报价数量/起订量：20 件/款
每箱毛/净重 28/27.3 千克

图7-2　SZ韩国羊毛呢大衣外套（姜黄色）

核算数据

1. 进口价格：KRW 40000/PC

进口关税税率：11.5%

增值税征税率：17%

2. 流通费用：

（1）销售费用。

①物流（适用批量进口）。

报关费：CNY 60，报检费：CNY 200

整箱海运费率（釜山到广州）：USD 130/TEU，USD 290/FEU

拼箱海运费率（釜山到广州）：USD 20/FT

国际运输货物保险费率为（一切险）：0.8%

投保加成率：10%

②快递（适用代购进口）。

国内快递费：首重6元（0.5千克以内），4元/0.5千克

国际快递费（以DHL为例），如图7-3所示。

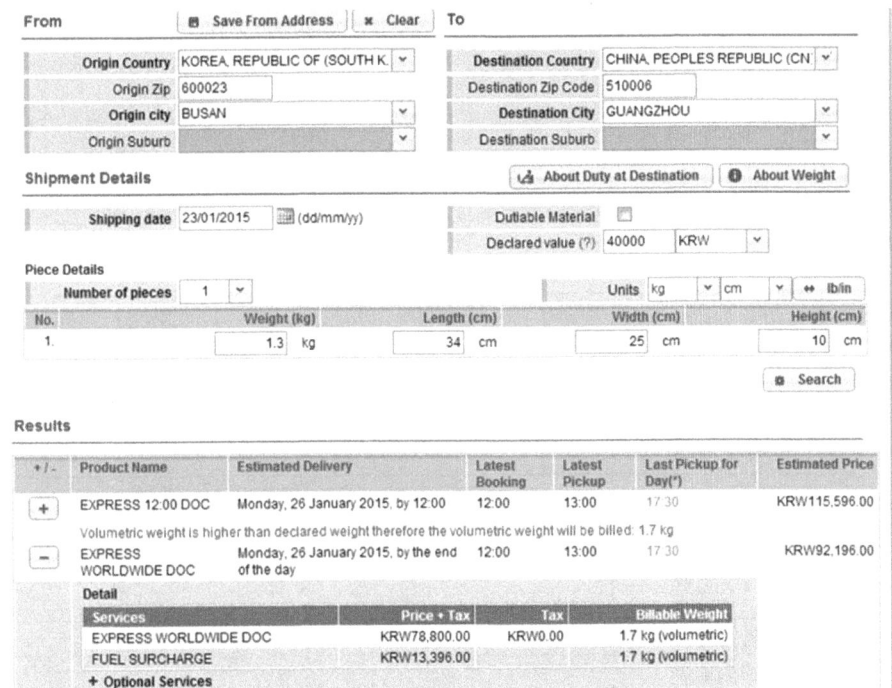

图 7-3　釜山到广州包裹的快递费

选择 DHL E×PRESS WORLDWIDE 服务，快递费为 KRW92196.00。

以下两类费用也是批量进口才发生的：

（2）管理费用。

综合业务费 CNY 1000

（3）财务费用。

垫款周期：60 DAYS

垫款利息：9.00％ ANNUAL（360 DAYS/YEAR）

银行手续费率（按进口成交价计）：0.45％

汇率：1 CNY＝177.620 KRW，1 USD＝6.25 CNY

3. 预期利润率（成本利润率）：20％

7.5.2　任务实施——代购单价核算

单价核算法下进口商品报价核算具体内容见表 7-7。

表 7-7　进口商品报价核算表（单价核算法）

价格要素	核算项目	核算数据	核算过程	核算结果	计量单位
公共参数	运输数量：货物体积	34×25×10	34×25×10	8500	CU. 厘米/PC
	运输数量：货物毛重	1.3		1.3	KG/PC
	汇率			1：177.620	CNY：KRW

价格要素	核算项目	核算数据	核算过程	核算结果	计量单位
1. 实际成本（生产或进货成本＋税费调整）	成交价格 FOB BUSAN	40000		40000	KRW/PC
	F. 国际快递费	8500 CU. CM 1.3 KG	8500/5000＞1.3	92196.00	KRW
	I. 国际保价费	0.8％	CIF/CIP 单价×（1＋10％）×0.8％/177.620	8.590170689	CNY/PC
	进口到岸价 CIF/CIP		（40000＋92196）[1－（1＋10％）×0.8％] 177.620	750.8706956	KRW/PC
	进口关税	11.7％ CIF	CIF/CIP 单价×11.7％	87.85187	CNY/PC
	进口流转税（增值税和消费税）	17％ CIFD	（750.8706956＋87.85187）×17％	142.5828362	CNY/PC
	实际成本 CIF＋D＋VAT		750.8706956＋87.85187＋142.5828362	981.3054018	CNY/PC
2. 流通费用（国内流通费用）	国内快递费	17000 CU. CM 1.3 KG		18	CNY/PC
	报关费			60	
	B. 国内流通费用合计：			78	
3. 利润	成本利润	成本利润率20％	（981.3054018＋78）×20％	211.8611	CNY/PC
4. 报价	1＋2＋3		981.3054018＋78＋211.8610804	1271.166482	CNY/PC

经过核算，瓶子家公司老板娘看到合法代购最大的硬伤是国际快递费，是出口国货价的两倍，另外税费也是大头，一件大衣卖到一千多元，要走量的可能性就很小了。如果 SZ 品牌能在中国设有保税仓先存货，客人有订单直接从保税仓发货，费用就会大大降低。看来广州南沙自贸区的运营是广大消费者的福音啊。

7.5.3　任务实施——批量进口单价核算

经过核算，小彭告诉老板娘代购是小生意人的业务，瓶子家公司应该是大气的，有追求的。老板娘痛下决心明年开春在南沙自贸区租个保税仓，全面开展跨境电商，就羊毛呢大衣而言，老板娘要求小彭核算 1200 件批量的报价，消费者单件购买内陆运输默认快递，具体内容见表7-8。

表7-8　进口商品报价核算表（单价核算法，批量1200件）

价格要素	核算项目	核算数据	核算过程	核算结果	计量单位
公共参数	运输数量：货物体积	60×50×35 60 PCS/CTN	（60×50×35×200）／（1000000）	21	CBM
	运输数量：货物毛重	28 KGS	28×200/1000	5.6	TON
	汇率			1：177.620 1：6.25	CNY:KRW USD:CNY

续　表

价格要素	核算项目	核算数据	核算过程	核算结果	计量单位
1. 实际成本（生产或进货成本＋税费调整）	成交价格	FOB BUSAN 40000KRW/PC	40000/177.620	225.1998649	CNY/PC
	F. 国际海运运费	USD 130/TEU，USD 290/FEU，USD20/FT	$\because 20×21>130$ $\therefore 130×6.25/1200$	0.677083333	CNY/PC
	I. 国际运输保险费	0.8%	CIF/CIP 单价×（1+10%）×0.8%	2.005364351	CNY/PC
	进口到岸价 CIF/CIP		（225.1998649＋0.677083333）[1−(1+10%)×0.8%]	227.8823126	USD/PC
	进口关税	11.7% CIF	CIF/CIP 单价×11.7%	26.66223057	CNY/PC
	进口流转税（增值税和消费税）	17% CIFD	（227.8823126＋26.66223057）×17%	43.27257234	CNY/PC
	A. 实际成本 CIF＋D＋VAT		227.8823126＋26.66223057＋43.27257234	297.8171155	CNY/PC
2. 流通费用（国内费用）	报关报检费	60，200	（60＋200）/1200	0.216666667	CNY/PC
	综合业务费	1000	1000/1200	0.833333	CNY/PC
	国内快递费	17000 CU.CM 1.3 KG		18	CNY/PC
	备货融资利息	9%	4000×9%×60/360/177.620	0.3378	CNY/PC
	FOB/FCA 银行付汇费用	0.45%	4000×0.45%/177.62	0.101339939	CNY/PC
	B. 国内流通费用合计:		0.216666667＋0.833333＋18＋0.3378＋0.101339939	19.48914	CNY/PC
3. 利润	利润	成本利润率 20%	（297.8171155＋19.48913961）×20%	63.46125102	CNY/PC
4. 报价	实际成本＋流通费用＋利润		297.8171155＋19.48913961＋63.46125102	380.7675061	CNY/PC

同样一件衣服，批量与代购进口最后的售价天差地别，小彭终于明白"马太效应"的实质了，销量与售价相互影响，批量使定价有竞争力，行业最低价吸引了更多的消费流量，使得昂贵售价的代购业务越来越乏人问津，最后是卖家富者更富、贫者更贫。

但是算完上面的价格，小彭总觉得有不对的地方，小彭当过报关员，脑袋通常装着一般贸易和加工贸易这两种监管方式。可是这里是进出境货物的监管吗？小彭记起了一类常被忽略但时下又很重要的监管对象，那就是进出境物品。消费者如果被海关认定为个人购买而非企业贸易，个人物品就可以缴纳行邮税而非一般贸易税。行邮税是综合税率，没有关税、增值税以及消费税层层叠加的关系。比如购买一罐国外奶粉，走一般贸易流程，加上关税、增值税等，可能高达 43％，而相比之下，行邮税只有 10％。如果看来，小彭上面的表格要重算，进口成本还会进一步降低，各位同学动手吧。

【项目训练小结】

本项目是整本教材的最终目标综合价格核算，进出口报价由三个基本要素组成：实际成本、流通费用和预期利润。但定价是有方式和技巧的，成交是第一要务，利润应该有充分弹性。佣金、折扣、折让是价格的影响因素，也是成交的辅助利器。要让价格具有竞争力，规模效应从来就是降低总成本的重要方法，这也是盈亏平衡定价法告诉我们的真理。

【推荐阅读】

1. Rebate Management. http：//wenku. baidu. com/link？ url＝Pm×6wKKjG6m t66gM2zDowSP8yM ＿ zpbwAYcEQw39My0CdwTAbgaEmfVDVCslNmeWilSrQ × Zk-Zlh4m5 ＿ ×557fC2fGuOBdKCP8EZPJeCjkTPo3.

2. 公司"回佣"管理规定 . http：//wenku. baidu. com/link？ url＝wmctiAK9Vpv3 TPoU8b9ObPUpWBjyBc ＿ De ＿ ePPqEQv ＿ WQHN7HFi7 × NiGdmf-Ho0N6n0v1IkIGBNe－6n2KZCVvjUCEiLmOHAgDIGgsITEJ0gyq.

3. Allowance Policy. http：//wenku. baidu. com/link？ url＝j3uh×jChc3×OZ ＿ S07iWpVHGySW ＿ avhQyDbVr1VFyC0u4DNirFY8bvl684MA4TFiVY3HGv × RTy A3×dYzDc7oZV0s1MAVs5UFiuoAD3p2wRTq.

4. Discounts and allowances，http：//en. wikipedia. org/wiki/Discounts ＿ and ＿ allowances♯Trade－in ＿ credit.

5. 定价方法 ＿ 百度百科 . http：//baike. baidu. com/link？ url＝DZe50DfQR3CSZ10wb t－q7RviOpmdjVcCsuyU3bRoOl59DunD4－agp3mSaG ＿ 0GD7T2Je53d8C5IkaH5RFpGepV ＿

6. 边际成本定价法 ＿ 百度百科 . http：//baike. baidu. com/link？ url＝ZhVsIJI ＿ 7DvvnVecKBjRsNuflIIuL－N7LNHenAc2GEsaLWvM33Fp1RVzEYpwVtB7q4k0TZBS 57NMtC8IbUJTI ＿

【课程产品】

本书所涉及的"课程产品"是指学生系统学习完一门课程后提供可以检验学习效果的一种展示，该展示可以用实施方案、行动剧、模拟演绎等多种形式表现出来，本门课要求学生以《商品综合报价方案》展示出来。

一、报价方案的写作要求

1. 阅读课程标准；

2. 选出一种感兴趣的商品，核算商品定价的全过程；

3. 上网、调研及到图书馆查找有关内容；

4. 记录并核算，完成一篇 1500 字左右的方案报告；

5. 字迹工整、格式规范、文面整洁、标点正确、语句通畅；

6. 格式要求：WORD 文档，可先发电子版给老师批改，定稿后打印提交。

正文一级及以下子标题格式如下：

一、；（一）；1.；（1）；①

报告应包含如下内容：

（1）选择该商品的理由；

（2）商品的生产成本或进货成本；

（3）商品的实际成本；

（4）商品的流通成本；

（5）利润率的选择与理由；

（6）价格影响因素的设计；

（7）计算出 FOB 价、CFR 价和 CIF 价；

（8）定价方案总结和调整。

二、评分标准：

1. 优秀（24～30 分）

核算生产型企业的商品价格，成本结构完整，言之成立，言之有物，言之有序，核算步骤清晰逻辑分明，内容充实，判断准确。

语句通畅、准确、严谨、排版工整、规范、标点正确。

2. 良好（17～23 分）

核算生产型企业或贸易型企业的商品价格，成本结构基本完整，核算步骤基本清晰，核算结果正确，内容符合专业要求。

语句较通顺、排版工整、规范、标点正确。

3. 中等（9～16 分）

商品虽然简单，但成本核算过程尚清楚；有一定的逻辑美，但计算有失误。

语句较通顺、尚有少许病句，字迹较整洁，文面格式较规范，标点欠正确。

4. 及格—不及格（8 分以下）

模仿痕迹严重，不经本人思考；纯属应付敷衍，判断错误。

语句较通畅、字迹欠整洁、格式欠规范、标点不正确。

××外贸大学

《国际贸易操作与核算》课程产品
××××商品综合报价方案

学生姓名＿＿＿＿＿＿＿＿＿＿＿＿＿＿＿

学　　号＿＿＿＿＿＿＿＿＿＿＿＿＿＿＿

班　　级＿＿＿＿＿＿＿＿＿＿＿＿＿＿＿

专　　业　××××级××××专业

指导教师　杨鹏强

××××年××月

外语外贸学院

参 考 文 献

1. 杨鹏强. 报关实务 [M]. 第 3 版. 北京：中国海关出版社，2011.

2. 加工贸易成品单耗如何确定，考试大网站. http：//www. e×amda. com/bgy/hudong/haiguan/trade/20080508/09394031. html.

3. 加工贸易成品单耗的确定方法，"天使都哭了"博客. http：//hym19910112. blog. 163. com/blog/static/169188090201101601112542997/.

4. 署加发〔2005〕12 号 海关总署 国家发展改革委关于印发《外毛羊毛条加工贸易单耗标准》、《精梳纯羊毛针织绒线加工贸易单耗标准》、《粗梳纯羊毛针织绒线加工贸易单耗标准》和《棉及合纤针织短袜加工贸易单耗标准》的通知. 中华人民共和国广州海关网站. http：//guangzhou. customs. gov. cn/Portals/31/zhuanti/dhbz/2005－12. PDF.

5. 《中华人民共和国海关加工贸易单耗管理办法》解读，海关总署网站. http：//www. customs. gov. cn/publish/portal0/tab1/info86340. htm.

6. 说错一句话损失 50 万，赛文海关账吧. http：//tieba. baidu. com/f? kz＝676008098.

7. http：//www. 56customs. com/bbs/redirect. php? goto ＝ findpost&pid ＝ 143417&ptid＝28453/2009－8－5 08：26.

8. http：//www. 56customs. com/bbs/images/common/back. gif.

9. 新西兰辐射松板材质量标准，中国原木网. http：//www. ymunet. com/news/yuanmuzhishi/2/7446. html，2012－3－6.

10. 辐射松等级介绍. http：//www. dealwood. cn/html/7239. htm，2012 － 03－06.

11. 国际贸易从业技能综合实训（POCIB）官网. http：//www. pocib. com/.

12. 中国进出口商品交易会电子商务平台. http：//www. e－cantonfair. com/.

13. Cash _ on _ delivery，wikipedia. http：//en. wikipedia. org/wiki/Cash _ on _ delivery.

14. Settlement，wikipedia. http：//en. wikipedia. org/wiki/Settlement _ （finance）.

15. Letter _ of _ credit，wikipedia. http：//en. wikipedia. org/wiki/Letter _ of _ credit.

16. 施亦东. 边用边学服装 CAD 制板 [M]. 第 1 版. 北京：人民邮电出版

社，2010.

17. 李惟诗编著. 现代会计基础知识手册 [M]. 北京：中国广播电视出版社，1991.08.

18. 金振生主编. 新财会方法与计算技术实用手册 [M]. 沈阳：东北大学出版社，1995.

19. 熊斌. 加工贸易实务操作与技巧 [M]. 北京：中国海关出版社，2011.